le Guide du **routard**

Directeur de collection et auteur
Philippe GLOAGUEN

Cofondateurs
Philippe GLOAGUEN et Michel DUVAL

Rédacteur en chef
Pierre JOSSE

Rédacteurs en chef adjoints
Amanda KERAVEL et Benoît LUCCHINI

Directrice de la coordination
Florence CHARMETANT

Directeur de routard.com
Yves COUPRIE

Rédaction
Olivier PAGE, Véronique de CHARDON,
Isabelle AL SUBAIHI, Anne-Caroline DUMAS,
Carole BORDES, Bénédicte BAZAILLE,
André PONCELET, Marie BURIN des ROZIERS,
Thierry BROUARD, Géraldine LEMAUF-BEAUVOIS,
Anne POINSOT, Mathilde de BOÌSGROLLIER,
Gavin's CLEMENTE-RUÏZ, Alain PALLIER
et Fiona DEBRABANDER

D1323734

2005

Hachette

Avis aux hôteliers et aux restaurateurs

Les enquêteurs du *Guide du routard* travaillent dans le plus strict anonymat, afin de préserver leur indépendance et l'objectivité des guides. Aucune réduction, aucun avantage quelconque, aucune rétribution ne sont jamais demandés en contrepartie. Face aux aigrefins, la loi autorise les hôteliers et restaurateurs à porter plainte.

Hors-d'œuvre

Le *GDR*, ce n'est pas comme le bon vin, il vieillit mal. On ne veut pas pousser à la consommation, mais évitez de partir avec une édition ancienne. D'une année sur l'autre, les modifications atteignent et dépassent souvent les 40 %.

Spécial copinage

Le Bistrot d'André : 232, rue Saint-Charles, 75015 Paris. ☎ 01-45-57-89-14. Ⓜ Balard. À l'angle de la rue Leblanc. Fermé le dimanche. Menu à 12,50 € servi le midi en semaine uniquement. Menu-enfants à 7 €. À la carte, compter autour de 22 €. L'un des seuls bistrots de l'époque Citroën encore debout, dans ce quartier en pleine évolution. Ici, les recettes d'autrefois sont remises à l'honneur. Une cuisine familiale, telle qu'on l'aime. Des prix d'avant-guerre pour un magret de canard poêlé sauce au miel, rognon de veau aux champignons, poisson du jour... Kir offert à tous les amis du *Guide du routard*.

ON EN EST FIER : www.routard.com

Tout pour préparer votre voyage en ligne, de A comme argent à Z comme Zanzibar : des fiches pratiques sur 125 destinations (y compris les régions françaises), nos tuyaux perso pour voyager, des cartes et des photos sur chaque pays, des infos météo et santé, la possibilité de réserver en ligne son visa, son vol sec, son séjour, son hébergement ou sa voiture. En prime, *routard mag,* véritable magazine en ligne, propose interviews de voyageurs, reportages, carnets de route, événements culturels, dossiers pratiques, produits nomades, fêtes et infos du monde. Et bien sûr : des concours, des *chats,* des petites annonces, une boutique de produits voyages...

Mille excuses, on ne peut plus répondre individuellement aux centaines de CV reçus chaque année.

Le contenu des annonces publicitaires insérées dans ce guide n'engage en rien la responsabilité de l'éditeur.

TABLE DES MATIÈRES

COMMENT Y ALLER?

INTRODUCTION

GÉNÉRALITÉS

LYON

NOUVEAUTÉ

NOS MEILLEURES FERMES-AUBERGES EN FRANCE (février 2005)

En ces périodes de doute alimentaire, quoi de plus rassurant que d'aller déguster des produits fabriqués sur place ? La ferme-auberge, c'est la garantie de retrouver sur la table les bons produits de la ferme. Ce guide propose une sélection des meilleures tables sur toute la France, ainsi qu'une sélection d'adresses où sont vendus des produits du terroir. Ici, pas d'intermédiaire, et on passe directement du producteur au consommateur. Pas d'étoile, pas de chefs renommés, mais une qualité de produits irréprochable. Des recettes traditionnelles, issues de la culture de nos grands-mères, vous feront découvrir la cuisine des régions de France. Au programme ? Pintade au chou, lapin au cidre, coq au vin, confit de canard, potée, aligot, ficelle picarde, canard aux navets... Bref, un véritable tour de France culinaire de notre bonne vieille campagne.

LES GUIDES DU ROUTARD
2005-2006

(dates de parution sur **www.routard.com**)

France

- Alpes
- Alsace, Vosges
- Aquitaine
- Ardèche, Drôme
- Auvergne, Limousin
- **Bordeaux (mars 2005)**
- Bourgogne
- Bretagne Nord
- Bretagne Sud
- Chambres d'hôtes en France
- Châteaux de la Loire
- Corse
- Côte d'Azur
- **Fermes-auberges en France (fév. 2005)**
- Franche-Comté
- Hôtels et restos en France
- Île-de-France
- Junior à Paris et ses environs
- Languedoc-Roussillon
- **Lille (mai 2005)**
- **Lot, Aveyron, Tarn (février 2005)**
- Lyon
- Marseille
- Montpellier
- Nice
- Nord-Pas-de-Calais
- Normandie
- Paris
- Paris balades
- Paris exotique
- Paris la nuit
- Paris sportif
- Paris à vélo
- Pays basque (France, Espagne)
- Pays de la Loire
- Petits restos des grands chefs
- Poitou-Charentes
- Provence
- **Pyrénées, Gascogne et pays toulousain (février 2005)**
- Restos et bistrots de Paris
- Le Routard des amoureux à Paris
- Toulouse
- Week-ends autour de Paris

Amériques

- Argentine
- Brésil
- Californie
- Canada Ouest et Ontario
- Chili et île de Pâques
- Cuba
- Équateur
- États-Unis, côte Est
- Floride, Louisiane
- Guadeloupe, Saint-Martin, Saint-Barth
- Martinique, Dominique, Sainte-Lucie
- Mexique, Belize, Guatemala
- New York
- Parcs nationaux de l'Ouest américain et Las Vegas
- Pérou, Bolivie
- Québec et Provinces maritimes
- Rép. dominicaine (Saint-Domingue)

Asie

- Birmanie
- Cambodge, Laos
- Chine (Sud, Pékin, Yunnan)

- Inde du Nord
- Inde du Sud
- Indonésie
- Israël
- Istanbul
- Jordanie, Syrie
- Malaisie, Singapour
- Népal, Tibet
- Sri Lanka (Ceylan)
- Thaïlande
- Turquie
- Vietnam

Europe

- Allemagne
- Amsterdam
- Andalousie
- Andorre, Catalogne
- Angleterre, pays de Galles
- Athènes et les îles grecques
- Autriche
- Baléares
- Barcelone
- Belgique
- Crète
- Croatie
- Écosse
- Espagne du Centre (Madrid)
- Espagne du Nord-Ouest (Galice, Asturies, Cantabrie)
- **Finlande (avril 2005)**
- **Florence (mars 2005)**
- Grèce continentale
- **Hongrie, République tchèque, Slovaquie (avril 2005)**
- Irlande
- **Islande (mars 2005)**
- Italie du Nord
- Italie du Sud
- Londres
- Malte
- Moscou, Saint-Pétersbourg
- Norvège, Suède, Danemark
- Piémont
- **Pologne et capitales baltes (avril 2005)**
- Portugal
- Prague
- Rome
- **Roumanie, Bulgarie (mars 2005)**
- Sicile
- Suisse
- Toscane, Ombrie
- Venise

Afrique

- Afrique noire
- **Afrique du Sud (oct. 2004)**
- Égypte
- Île Maurice, Rodrigues
- Kenya, Tanzanie et Zanzibar
- Madagascar
- Maroc
- Marrakech et ses environs
- Réunion
- Sénégal, Gambie
- Tunisie

et bien sûr...

- Le Guide de l'expatrié
- Humanitaire

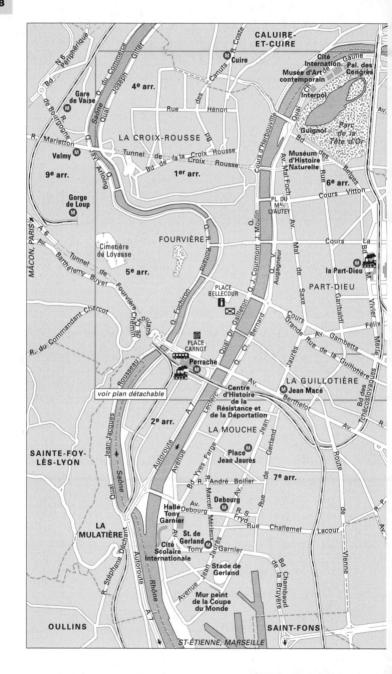

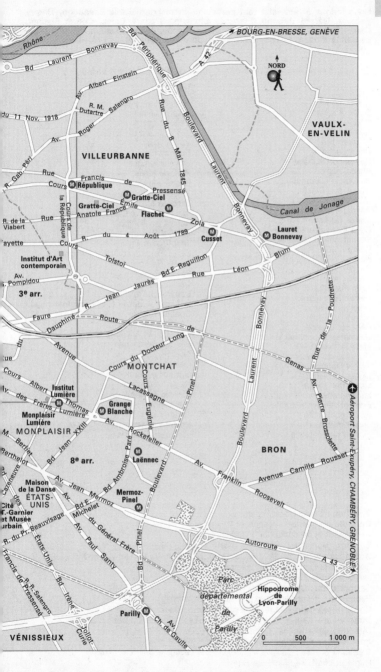

LYON - PLAN D'ENSEMBLE

Nous tenons à remercier tout particulièrement Loup-Maëlle Besançon, Thierry Bessou, Gérard Bouchu, François Chauvin, Grégory Dalex, Cédric Fischer, Carole Fouque, Michelle Georget, David Giason, Jean-Sébastien Petitdemange, Laurence Pinsard et Thomas Rivallain **pour leur collaboration régulière.**

Et pour cette chouette collection, plein d'amis nous ont aidés :

David Alon
Didier Angelo
Cédric Bodet
Nathalie Boyer
Ellenore Bush
Florence Cavé
Raymond Chabaud
Alain Chaplais
Bénédicte Charmetant
Geneviève Clastres
Nathalie Coppis
Sandrine Couprie
Agnès Debiage
Célia Descarpentrie
Tovi et Ahmet Diler
Claire Diot
Émilie Droit
Sophie Duval
Pierre Fahys
Alain Fisch
Cécile Gauneau
Stéphanie Genin
Adrien Gloaguen
Clément Gloaguen
Stéphane Gourmelen
Isabelle Grégoire
Claudine de Gubernatis
Xavier Haudiquet
Lionel Husson
Catherine Jarrige
Lucien Jedwab
François et Sylvie Jouffa
Emmanuel Juste
Olga Krokhina
Florent Lamontagne

Vincent Launstorfer
Francis Lecompte
Benoît Legault
Jean-Claude et Florence Lemoine
Valérie Loth
Dorica Lucaci
Stéphanie Lucas
Philippe Melul
Kristell Menez
Xavier de Moulins
Jacques Muller
Alain Nierga et Cécile Fischer
Patrick de Panthou
Martine Partrat
Jean-Valéry Patin
Odile Paugam et Didier Jehanno
Xavier Ramon
Patrick Rémy
Céline Reuilly
Dominique Roland
Déborah Rudetzki et Philippe Martineau
Corinne Russo
Caroline Sabljak
Jean-Luc et Antigone Schilling
Brindha Seethanen
Abel Ségretin
Alexandra Sémon
Guillaume Soubrié
Régis Tettamanzi
Claudio Tombari
Christophe Trognon
Julien Vitry
Solange Vivier
Iris Yessad-Piorski

Direction : Cécile Boyer-Runge
Contrôle de gestion : Joséphine Veyres et Céline Déléris
Responsable de collection : Catherine Julhe
Édition : Matthieu Devaux, Stéphane Renard, Magali Vidal, Marine Barbier-Blin, Dorica Lucaci, Sophie de Maillard, Laure Méry, Amélie Renaut et Éric Marbeau
Secrétariat : Catherine Maîtrepierre
Préparation-lecture : Nathalie Foucard
Cartographie : Cyrille Suss et Aurélie Huot
Fabrication : Nathalie Lautout et Audrey Detournay
Couverture : conçue et réalisée par Thibault Reumaux
Direction marketing : Dominique Nouvel, Lydie Firmin et Juliette Caillaud
Direction partenariats : Jérôme Denoix et Dana Lichiardopol
Informatique éditoriale : Lionel Barth
Relations presse : Danielle Magne, Martine Levens et Maureen Browne
Régie publicitaire : Florence Brunel

SPÉCIAL DÉFENSE DU CONSOMMATEUR

Un routard informé en vaut dix ! Pour éviter les arnaques en tout genre, il est bon de les connaître. Voici un petit vade-mecum destiné à parer aux coûts et aux coups les plus redoutables.

Affichage des prix : les hôtels et les restos sont tenus d'informer les clients de leurs prix, à l'aide d'une affichette, d'un panneau extérieur ou de tout autre moyen. Vous ne pouvez donc contester des prix exorbitants que s'ils ne sont pas clairement affichés.

HÔTELS

1 - Arrhes ou acompte ? : au moment de réserver votre chambre par téléphone – par précaution, toujours confirmer par écrit – ou directement par écrit, il n'est pas rare que l'hôtelier vous demande de verser à l'avance une certaine somme, celle-ci faisant office de garantie. Il est d'usage de parler d'arrhes et non d'acompte (en fait, la loi dispose que « sauf stipulation contraire du contrat, les sommes versées d'avance sont des arrhes »). Légalement, aucune règle n'en précise le montant. Toutefois, ne versez que des arrhes raisonnables : 25 à 30 % du prix total, sachant qu'il s'agit d'un engagement définitif sur la réservation de la chambre. Cette somme ne pourra donc être remboursée en cas d'annulation de la réservation, sauf cas de force majeure (maladie ou accident) ou en accord avec l'hôtelier si l'annulation est faite dans des délais raisonnables. Si, au contraire, l'annulation est le fait de l'hôtelier, il doit vous rembourser le double des arrhes versées. À l'inverse, l'acompte engage définitivement client et hôtelier.

2 - Subordination de vente : comme les restaurateurs, les hôteliers ont interdiction de pratiquer la subordination de vente. C'est-à-dire qu'ils ne peuvent pas vous obliger à réserver plusieurs nuits d'hôtel si vous n'en souhaitez qu'une. Dans le même ordre d'idée, on ne peut vous obliger à prendre votre petit déjeuner ou vos repas dans l'hôtel ; ce principe, illégal, est néanmoins répandu dans la profession, toléré en pratique... Bien se renseigner avant de prendre la chambre dans les hôtels-restaurants. Si vous dormez en compagnie de votre enfant, il peut vous être demandé un supplément.

3 - Responsabilité en cas de vol : un hôtelier ne peut en aucun cas dégager sa responsabilité pour des objets qui auraient été volés dans la chambre d'un de ses clients, même si ces objets n'ont pas été mis au coffre. En d'autres termes, les éventuels panonceaux dégageant la responsabilité de l'hôtelier n'ont aucun fondement juridique.

RESTOS

1 - Menus : très souvent, les premiers menus (les moins chers) ne sont servis qu'en semaine et avant certaines heures (12 h 30 et 20 h 30 généralement). Cela doit être clairement indiqué sur le panneau extérieur : à vous de vérifier.

2 - Commande insuffisante : il arrive que certains restos refusent de servir une commande jugée insuffisante. Sachez, toutefois, qu'il est illégal de pousser le client à la consommation.

3 - Eau : une banale carafe d'eau du robinet est gratuite – à condition qu'elle accompagne un repas – sauf si son prix est affiché. La bouteille d'eau minérale quant à elle doit, comme le vin, être ouverte devant vous.

4 - Vins : les cartes des vins ne sont pas toujours très claires. Exemple : vous commandez un bourgogne à 8 € la bouteille. On vous la facture 16 €. En vérifiant sur la carte, vous découvrez que 8 € correspondent au prix d'une demi-bouteille. Mais c'était écrit en petits caractères illisibles.
Par ailleurs, la bouteille doit être obligatoirement débouchée devant le client.

5 - Couvert enfant : le restaurateur peut tout à fait compter un couvert par enfant, même s'il ne consomme pas, à condition que ce soit spécifié sur la carte.

6 - Repas pour une personne seule : le restaurateur ne peut vous refuser l'accès à son établissement, même si celui-ci est bondé ; vous devrez en revanche vous satisfaire de la table qui vous est proposée.

7 - Sous-marin : après le coup de bambou et le coup de fusil, celui du sous-marin. Le procédé consiste à rendre la monnaie en plaçant dans la soucoupe (de bas en haut) : les pièces, l'addition puis les billets. Si l'on est pressé, on récupère les billets en oubliant les pièces cachées sous l'addition.

Remerciements

Pour ce guide, nous tenons à remercier tous les chouettes amis de la région qui nous ont donné un sacré coup de main :

– Éric Ballarin et Guillemette Laferre, respectivement directeur marketing et directrice de la communication de l'office de tourisme du Grand Lyon et toute leur équipe, notamment Sylvie Bonnafond.
– Laetitia Mitton, Virginie Berthelon pour leur efficacité, et Régina au CDT, toujours souriante, même au téléphone.
– Christine, Florence, sacré oiseau de nuit, Anne et Fabian ainsi que tous les gens de l'accueil de l'office de tourisme de Lyon.
– Régis Neyret, président du Patrimoine rhône-alpin, passionné et passionnant, grand défenseur de sa ville.
– Anne Virot que l'on n'oublie pas, fine papille lyonnaise.
– M. Dubost-Martin, mémoire de Tarare, pour ses bonnes adresses.
– Françoise et Marie-Louise, guides super compétentes et super patientes.
– Jean-Luc Chavent, amuseur et excellent conteur public.
– Bruno Delas à « Vivantes les Pentes ».
– Simone et Guy Blazy, respectivement au musée Gadagne et au musée des Tissus, et Sylvie au musée de l'Imprimerie.
– Chantal Beaumesnil-Rousset du musée des Hospices civils.
– Jean-Pierre Grienay, jardinier passionnant.
– François Mailhes, gastronome averti.
– Filogen Clataud.
– Et Patrick Guichard, un bon ami lyonnais.

NOUVEAUTÉ

FINLANDE (avril 2005)

Des forêts, des lacs, des marais, des rivières, des forêts, des marais, des lacs, des forêts, des rennes, des lacs... et quelques villes perdues au milieu des lacs, des forêts, des rivières... Voici un pays guère comme les autres, farouchement indépendant, qui cultive sa différence et sa tranquillité. Coincée pendant des siècles entre deux États expansionnistes, la Finlande a longtemps eu du mal à asseoir sa souveraineté et à faire valoir sa culture. Or, depuis plus d'un demi-siècle, le pays accumule les succès. Il a construit une industrie flambant neuve, qui l'a hissé parmi les nations les plus développées. Tous ces progrès sont équilibrés par une qualité de vie exceptionnelle. La Finlande a bâti ses villes au milieu des forêts, au bord des lacs, dans des sites paisibles et aérés. Il faut visiter les villes bien sûr, elles vous aideront à comprendre ce mode de vie tranquille, et c'est là que vous ferez des rencontres. Mais les vraies merveilles se trouvent dans la nature. Alors empruntez les chemins de traverse, créez votre itinéraire, explorez, laissez-vous fasciner par cette nature gigantesque, sauvage et sereine. Vous ne le regretterez pas.

COMMENT Y ALLER?

Lyon est évidemment fort bien desservi par tous les moyens de transport. Voici les liaisons principales :

PAR LA ROUTE

➢ **De Paris** (461 km), par l'autoroute A 6 (par Mâcon et Villefranche), la N 6 ou la N 7.

➢ **De Nice** (472 km) ou **de Marseille** (314 km), par l'autoroute A 7 ou la N 7.

➢ **De Chambéry** (100 km), par l'A 43, et **de Grenoble** (104 km), par l'A 48 et l'A 43.

➢ **De Genève** (152 km), par l'A 40 et l'A 42.

EN TRAIN

Au départ de Paris et de l'île-de-France

➢ **De Paris** (gare de Lyon), 25 liaisons en TGV par jour. Temps du trajet : 2 h environ. Cela vous coûtera, en période normale, 40,60 € en prenant une 2ᵉ classe au tarif *Découverte*. En région parisienne, des TGV directs relient Lyon depuis les gares Aéroport-Charles-de-Gaulle, Marne-la-Vallée-Chessy et Massy-TGV.

Au départ de la province

➢ Liaisons directes pour Lyon de **Marseille** (environ 1 h 40), **Montpellier** (1 h 45), **Nantes** (environ 4 h 15), **Lille** (environ 3 h) et **Rennes** (environ 4 h 20).

Pour préparer votre voyage

– **Billet à domicile :** commandez votre billet par téléphone, sur Internet ou par Minitel, la SNCF vous l'envoie gratuitement à domicile. Vous réglez par carte de paiement (pour un montant minimum de 1 € sous réserve de modifications ultérieures) au moins 4 jours avant le départ (7 jours si vous résidez à l'étranger).

– **Service Bagages à domicile :** appelez le ☎ 0825-845-845 (0,15 €/mn), la SNCF prend en charge vos bagages où vous le souhaitez et vous les livre là où vous allez en **24 h de porte à porte.** Délai à compter du jour de l'enlèvement à 17 h, hors samedi, dimanche et fêtes. Offre soumise à conditions.

Pour voyager au meilleur prix

La SNCF propose de nombreuses offres adaptées à tous les comportements de voyage.

➢ **Vous voyagez de temps en temps ?**

Avec les tarifs *Découverte*, vous bénéficiez de 25 % de réduction : *Enfant +,* pour les voyages avec un enfant de moins de 12 ans ; *12-25,* pour les jeunes de 12 à 25 ans ; *Senior,* pour les voyageurs de 60 ans et plus ; *À Deux,* pour des allers-retours avec une nuitée incluse ; *Séjour,* 25 % de réduction pour l'aller-retour incluant la nuit du samedi au dimanche.

➤ *Vous voyagez souvent?*
Les cartes sont faites pour vous.
– *Pour les voyages avec un enfant de moins de 12 ans :* Carte Enfant +, de 25 % (garantis) à 50 % de réduction, pour un an de voyages illimités.
– *Pour les 12-25 ans :* Carte 12-25, de 25 % (garantis) à 50 % de réduction, pour 1 an de voyages illimités.
– *Pour les 26-59 ans :* Carte Escapades, 25 % de réduction garantis dans tous les trains pour un an de voyages illimités.
– *Pour les 60 ans et plus :* Carte Senior, de 25 % (garantis) à 50 % de réduction, pour 1 an de voyages illimités.
➤ *Vous anticipez vos voyages?*
Découvrez les petits prix *PREM'S* en ligne sur ● www.voyages-sncf.com ● ou dans tous les points de vente habituels : tarif avantageux d'anticipation.
➤ *Vous décidez de partir au tout dernier moment?*
Chaque mardi, les *Offres Dernière Minute* sur ● www.voyages-sncf.com ● et dans les agences de voyages en ligne partenaires de la SNCF vous proposent 50 destinations en France sur les TGV et Corail à prix avantageux. Toutes ces offres sont soumises à conditions.

Pour obtenir plus d'informations sur ces réductions et acheter vos billets

– *Internet :* ● www.voyages-sncf.com ●
– *Téléphone :* ☎ 36-35 (0,34 € TTC/mn).
– *Minitel :* 36-15 ou 36-16, code SNCF (0,21 €/mn).
– Également dans les gares, les boutiques SNCF et les agences de voyages agréées.

EN AVION

✈ *L'aéroport Saint-Exupéry* se trouve à 25 km de la ville (renseignements sur ● www.lyon.aeroport.fr ●). Accès en bus par *Satobus,* ☎ 04-72-68-72-17. Départ des gares de Perrache et la Part-Dieu toutes les 20 ou 30 mn selon les heures. Fonctionne de 5 h à 21 h environ. Trajet de 30 à 50 mn. Compter 8 €.

▲ **AIR FRANCE**
Renseignements et réservations au ☎ 0820-820-820 (de 6 h 30 à 22 h). ● www.airfrance.fr ●, dans les agences Air France et dans toutes les agences de voyages.
Air France propose une gamme de tarifs attractifs accessibles à tous :
– « Évasion » : en France et vers l'Europe, Air France propose des réductions. « Plus vous achetez tôt, moins c'est cher. »
– « Semaine » : pour un voyage aller-retour pendant la semaine.
– « Évasion week-end » : pour des voyages autour du week-end avec des réservations jusqu'à la veille du départ.
Air France propose également, sur la France, des réductions jeunes, seniors, couples ou famille. Pour les moins de 25 ans, Air France propose une carte de fidélité gratuite et nominative, « Fréquence Jeune », qui leur permet de cumuler des *miles* sur Air France ou sur les compagnies membres de Skyteam et de bénéficier de billets gratuits et d'avantages chez de nombreux partenaires.
Tous les mercredis dès 0 h, sur ● www.airfrance.fr ●, Air France propose les tarifs « Coups de cœur », une sélection de destinations en France pour des départs de dernière minute.
Sur Internet, possibilité de consulter les meilleurs tarifs du moment, rubrique « offres spéciales », « promotions ».

Envolez-vous vers la destination de vos rêves.
www.airfrance.fr

faire du ciel le plus bel endroit de la terre

Air France dessert Lyon avec 6 vols quotidiens au départ de Roissy et 5 vols quotidiens au départ d'Orly. Au départ de la province, Lyon est directement connecté avec de nombreuses villes. De Bordeaux, Nantes et Strasbourg, 5 liaisons quotidiennes en semaine, 2 à 3 le week-end. De Toulouse, 6 liaisons par jour (5 les lundi et mardi) et 2 le week-end. De Nice, 4 liaisons par jour (2 à 3 le week-end). De Marseille, Lille et Rennes, 3 liaisons par jour en semaine et 1 à 2 le week-end.

▲ ALITALIA
☎ 0820-315-315. Milan-Lyon et Rome-Lyon, respectivement 6 et 3 fois par jour, quotidiennement.

▲ BRITISH AIRWAYS
☎ 0825-825-400. Londres-Lyon, Birmingham-Lyon et Manchester-Lyon, respectivement 3, 2 et 1 fois par jour, quotidiennement.

▲ SN BRUSSELS AIRLINES
Pour tous renseignements : ☎ 0826-10-18-18 (depuis la France) et 070-35-11-11 (en Belgique). ● www.brussels-airlines.com ● Cette compagnie aérienne reprend en partie le réseau de la défunte Sabena sur l'Europe dont les liaisons à destination de Bruxelles depuis Lyon, Marseille, Nice et Toulouse. Pour Lyon, 4 vols par jour en moyenne en semaine, 1 le samedi et 1 à 2 le dimanche.

Le magazine de Rhône-Alpes

INTRODUCTION

Au cœur du Rhône, Lyon, centre économique et pôle financier international, d'accord. Lyon, ville touristique ? *A priori,* l'idée semble saugrenue pour qui ne connaît pas la cité. À force de ne voir en elle qu'un passage de relais entre le Nord et le Sud, nombreux sont ceux qui se contentent de filer, en tentant d'échapper aux sordides soucis automobiles, pour aller plus loin, vers la mer ou la montagne. Les Lyonnais, eux, savent la beauté de leur ville, mais, discrets dans l'âme, ils n'en ont jamais rien dit. Les langues se délient pourtant peu à peu, et l'on découvre un joyau bien caché, une perle rare, là, juste au nord de la vallée de la pétrochimie. Arrêtez-vous une fois, rien qu'une fois, pour voir.

CARTE D'IDENTITÉ

- *Chef-lieu* du département du Rhône (69) et *capitale* de la région Rhône-Alpes.
- *Population :* 445 000 habitants (les Lyonnais), 3e ville française.
- *Communauté urbaine de Lyon* (Grand Lyon, pour les intimes) *:* 1 200 000 habitants. Elle regroupe 55 communes.
- *Ville inscrite au Patrimoine mondial de l'Humanité* par l'Unesco depuis le 5 décembre 1998. Près de 500 ha ont été classés, incluant le vieux Lyon, la colline de Fourvière, les pentes de la Croix-Rousse et la presqu'île.
- *Maire :* Gérard Collomb (PS), agrégé de lettres classiques, ex-sénateur-maire du 9e arrondissement, successeur de Raymond Barre (UDF).
- *Journaux quotidiens : Le Progrès, Lyon Figaro* (supplément à l'édition nationale) et une page *Rhône-Alpes* dans *Libération* (vendu dans la région).
- *Hebdos : Lyon poche* et *Lyon capitale.* On dit « Lyon cap' » pour ne pas faire trop plouc. Sort le mercredi. Excellent hebdo de vie locale, assez caustique, toujours à la pointe de l'actu et portant sur les événements un regard qui nous plaît bien.
- *Mensuel : Lyon mag.*
- *Guides : Le Petit Paumé,* un excellent guide annuel édité par des étudiants de l'E.M. Lyon (École de Management). Sort en septembre. Exhaustif, bien fait et gratuit, il est distribué sur la place publique. On se l'arrache avec raison dès sa sortie, et le soir même du premier jour de sa diffusion il est introuvable. L'office de tourisme édite une bonne brochure, *Lyon, hôtels, restaurants, bars et boîtes,* qui liste nombre d'établissements. Pratique et gratuit.

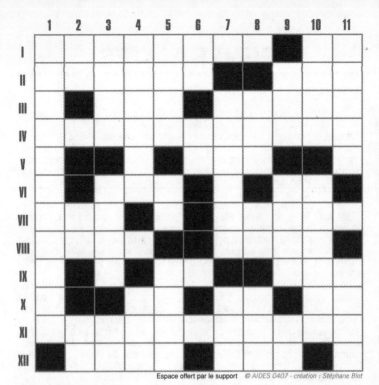

HORIZONTALEMENT

I. Préliminaire d'ados. Très Bien. **II.** Âpres. Jour ibère. **III.** Direction Générale de la Santé. Mayonnaise à l'ail. **IV.** Provoquent souvent des effets indésirables. **V.** Les notres **VI.** Infection Sexuellement Transmissible. "Assez" en texto. **VII.** Dans le noyau. Se porte rouge contre le sida. **VIII.** Élément de bord de mer. Fin de phrase télégraphique. **IX.** Que l'on sait. Positif ou négatif. **X.** Participe passé de rire. Avant. La tienne. **XI.** Entraides. **XII.** Patrie du Ché. Un des virus de l'hépatite.

VERTICALEMENT

1. À Protéger. **2.** Avant certains verbes. Note. Langue du sud. **3.** Castor et Pollux sont ses fils. La vache y est sacrée. Déchiffré. **4.** Parties de débauche.Pour prélèvement. **5.** Dépistage. Toi. Les séropositifs en souffrent. **6.** Excelle. Dans. **7.** Avec ou sans lendemains. Antirétroviraux. **8.** Fin de maladies. Do courant. Responsable du sida. **9.** De soi ou d'argent. Aboiement. Symbole du technétium. **10.** On comprend quand on le fait. Anglaise en France. **11.** Affluent de la Garonne. En mauvais état.

GÉNÉRALITÉS

Entre Saône et Rhône, Lyon, capitale des Gaules, mais aussi de la gastronomie, de l'imprimerie, de la soie, des murs peints.

Capitale régionale, à n'en point douter. Celle de la région Rhône-Alpes, des affaires genevoises aux portes de la Provence, en passant par les collines viticoles, les sommets enneigés et les bassins industriels. Au carrefour de la Suisse, de la Savoie, du Dauphiné et du Massif central, étape entre Paris et la Méditerranée, Lyon s'est historiquement, économiquement et administrativement imposée au cœur d'un territoire hybride de 8 départements.

On la dit secrète, froide, frimeuse, fermée, gorgée de fortunes cachées. C'est vrai. Mais on l'aime. Malgré ses contradictions, pour ses contradictions. On l'aime comme une jeune amante, d'un soudain coup de foudre ; comme une vieille maîtresse aussi, qu'on redécouvre avec le temps. La ville de Lyon possède trois qualités qui peuvent, sans conteste, faire d'elle une capitale et pour lesquelles on lui pardonne tout. Elle est fière, elle est belle, elle est rebelle.

Lyon se mérite. Tous les Lyonnais, de la Croix-Rousse à Vaulx-en-Velin en passant par la presqu'île, se sentent investis d'une spécificité dont ils peuvent faire leur fierté : ils sont lyonnais. Contre toute attaque, ils font bloc.

Belle. Comme Cendrillon. Habillée comme une souillon jusque après la guerre, la folie bétonnière des gens de pouvoir a failli ruiner sa beauté. Mais depuis trente ans, des gens de talent lui ont confectionné de nouveaux habits, des habits de soie évidemment. Les façades du vieux Lyon et de la Croix-Rousse, noires de crasse il n'y pas si longtemps, se sont mis du rose aux joues, comme pour rapprocher la cité de la Méditerranée.

Belle comme le jour qui se lève sur la Croix-Rousse, comme le soleil qui se glisse derrière Fourvière, comme cette avalanche de toits du vieux Lyon qui sort de la brume un matin d'hiver, comme les senteurs d'un marché sur les quais de Saône. Mais aussi comme ces vastes places rutilantes, qui bombent le torse, merveilleusement réhabilitées, honorées par les fontaines toutes contentes d'avoir été rendues aux piétons. La ville Renaissance porte bien son nom. Car c'est bien à une renaissance que l'on a assisté après les terribles dégâts des années béton. L'Unesco ne s'y est pas trompé, qui a inscrit 500 ha de la cité au Patrimoine mondial de l'Humanité. Un record !

Rebelle, car Lyon ne se rend jamais. La ville se souvient encore du vol noir des corbeaux sur la plaine, et elle n'a oublié ni Jean Moulin, ni Klaus Barbie. Même si elle ne s'est pas libérée par elle-même, Lyon est bien la capitale de la Résistance. Rebelle encore depuis les « traboulesques » et revendicatives descentes des canuts, dont on rongeait la sueur au milieu du XIXe siècle, pour aujourd'hui se régaler de leur cervelle. Les premiers, ils se sont levés.

Rebelle enfin, comme Guignol qui amuse les enfants en raillant les bourgeois et en défiant le gendarme.

À Lyon, il faut se coucher tard ou se lever tôt. Et surtout, ne pas rater l'heure magique où la Saône scintille, où les façades brillent, où les fresques s'animent.

Lyon se savoure pendant l'heure bleue, quand les petits blancs et les petits noirs se mélangent au comptoir d'un bouchon, entre deux saucissons.

Il y a des villes du soir, des villes de jour, des villes de nuit. Les jours lyonnais sont bourgeoisement affairés, les soirs encombrés et, pendant la nuit, chacun se claquemure entre gens de son monde.

Lyon pourrait alors bien être la capitale des petits matins.

AVANT LE DÉPART

Adresses utiles

■ *Comité régional du tourisme Rhône-Alpes :* 104, route de Paris, 69260 Charbonnières-les-Bains. ☎ 04-72-59-21-59. Fax : 04-72-59-21-60.

■ *Comité départemental du tourisme du Rhône :* 35, rue Saint-Jean, 69005 Lyon. ☎ 04-72-56-70-40. Fax : 04-72-56-70-41. Fermé au public, mais peut envoyer de la documentation sur le département, sur commande.

■ *Gîtes de France :*

– *Maison des Gîtes de France et du Tourisme Vert à Paris :* pour commander des brochures, s'adresser au 59, rue Saint-Lazare, 75439 Paris Cedex 09. ☎ 01-49-70-75-75. Fax : 01-42-81-28-53. ● www.gites-de-France.com ● Minitel : 36-15, code GITES DE FRANCE (0,20 €/mn).

– *Maison des Gîtes de France et du Tourisme Vert Rhône-Alpes à Lyon :* commande de brochures sur la France entière et réservations pour le Rhône-Alpes : 1, rue du Général-Plessier, 69002 Lyon. ☎ 04-72-77-17-55. Fax : 04-78-38-21-15. ● www.gites-de-france-rhone-alpes.com ● Minitel : 36-15, code GITES DE FRANCE. Ⓜ Perrache.

– Pour commander des brochures ou réserver dans le département du Rhône exclusivement : *Association Départementale du Tourisme Rural du Rhône* (labels *Gîtes de France* et *Bienvenue à la Ferme*). Même adresse que le précédent. ☎ 04-72-77-17-50. ● www.gites-de-france-rhone.com ●

Argent, banques, change

Cartes de paiement

– La carte *Eurocard MasterCard* permet à son détenteur et à sa famille (si elle l'accompagne) de bénéficier de l'assurance médicale rapatriement. En cas de problème, contacter immédiatement à Paris le ☎ 01-45-16-65-65. En cas de perte ou de vol, appeler (24 h/24) à Paris le ☎ 01-45-67-84-84 (PCV accepté), pour faire opposition. Minitel : 36-15, code EM (0,20 €/mn) pour obtenir toutes les adresses des distributeurs par pays et ville du monde entier. ● www.mastercardfrance.com ●

– Pour la carte *Visa,* contactez le numéro communiqué par votre banque.

– Pour la carte *American Express,* téléphoner en cas de pépin au ☎ 01-47-77-72-00, pour faire opposition, 24 h/24. PCV accepté en cas de perte ou de vol.

– Pour les cartes émises par *La Poste,* ☎ 0825-809-803 (pour les DOM, ☎ 05-55-42-51-97).

– Serveur vocal valable pour toutes les cartes de paiement : ☎ 0892-705-705 (0,34 €/mn).

Auberges de jeunesse

Carte FUAJ internationale des auberges de jeunesse

Cette carte, valable dans 60 pays, permet de bénéficier des 4 200 auberges de jeunesse du réseau *Hostelling International* réparties dans le monde entier. Les périodes d'ouverture varient selon les pays et les AJ. À noter, la carte AJ est surtout intéressante en Europe, aux États-Unis, au Canada, au Moyen-Orient et en Extrême-Orient (Japon...).

– Il n'y a pas de limite d'âge pour séjourner en AJ. Il faut simplement être adhérent.

– La FUAJ (association à but non lucratif, eh oui, ça existe encore) propose trois guides répertoriant les adresses des AJ : France, Europe et le reste du monde, payants pour les deux derniers.

– La FUAJ offre à ses adhérents la possibilité de réserver depuis la France, grâce à son système IBN *(International Booking Network)* 6 nuits maximum et jusqu'à 6 mois à l'avance, dans certaines auberges de jeunesse situées en France et à l'étranger (le réseau *Hostelling International* couvre plus de 60 pays). Gros avantage, les AJ étant souvent complètes, votre lit (en dortoir, pas de réservation en chambre individuelle) est réservé à la date souhaitée. Vous réglez en France, plus des frais de réservation (environ 6,15 €). L'intérêt, c'est que tout cela se passe avant le départ, en français et en euros ! Vous recevrez en échange un reçu de réservation que vous présenterez à l'AJ une fois sur place. Ce service permet aussi d'annuler et d'être remboursé. Le délai d'annulation varie d'une AJ à l'autre (compter 6,15 € pour les frais). IBN est désormais accessible en ligne via le site ● www.hostelbooking.com ● D'un simple clic, il permet d'obtenir toutes informations utiles sur les auberges reliées au système, de vérifier les disponibilités jusqu'à 6 mois à l'avance, de réserver et de payer en ligne sans frais.

Pour adhérer à la FUAJ et s'inscrire

– *Par correspondance :* Fédération unie des Auberges de jeunesse (FUAJ), 27, rue Pajol, 75018 Paris. Bureaux fermés au public. Envoyer une photocopie recto verso d'une pièce d'identité et un chèque correspondant au montant de l'adhésion (ajouter 1,20 € de plus pour les frais d'envoi de la FUAJ). Une autorisation des parents est nécessaire pour les moins de 18 ans.

– *Sur place :* FUAJ, antenne nationale, 9, rue de Brantôme, 75003. ☎ 01-48-04-70-40. Fax : 01-42-77-03-29. ⓜ Rambuteau ou Les Halles (RER A, B et D). Présenter une pièce d'identité et 10,70 € pour la carte moins de 26 ans, 15,25 € pour les plus de 26 ans (tarifs 2004).

– Inscriptions possibles également dans toutes les auberges de jeunesse, points d'information et de réservation FUAJ en France. ● www.fuaj.org ●

– On conseille d'acheter la carte d'adhésion en France car elle est moins chère qu'à l'étranger.

– La FUAJ propose aussi une **carte d'adhésion « Famille »,** valable pour les familles de 2 adultes ayant un ou plusieurs enfants âgés de moins de 14 ans. Coût : 22,90 €. Fournir une copie du livret de famille.

– La carte donne également droit à des réductions sur les transports, les musées et les attractions touristiques de plus de 60 pays, mais ces avantages varient d'un pays à l'autre, ce qui n'empêche pas de la présenter à chaque occasion, cela peut toujours marcher.

En Belgique

Son prix varie selon l'âge : entre 3 et 15 ans, 3,50 € ; entre 16 et 25 ans, 9 € ; après 25 ans, 13 €.

Renseignements et inscriptions

■ *À Bruxelles :* LAJ, rue de la Sablonnière, 28, 1000. ☎ 02-219-56-76. Fax : 02-219-14-51. ● www.laj.be ● info@laj.be ●

■ *À Anvers :* Vlaamse Jeugdherbergcentrale (VJH), Van Stralenstraat 40, B 2060 Antwerpen. ☎ 03-232-72-18. Fax : 03-231-81-26. ● www.vjh.be ● info@vjh.be ●

Les résidents flamands qui achètent une carte en Flandre obtiennent 8 € de réduction dans les auberges flamandes et 4 € en Wallonie. Le même principe existe pour les habitants wallons.

En Suisse (SJH)

Le prix de la carte dépend de l'âge : 22 Fs pour les moins de 18 ans, 33 Fs pour les adultes et 44 Fs pour une famille avec des enfants de moins de 18 ans.

Renseignements et inscriptions

■ *Schweizer Jugendherbergen (SJH) :* service des membres, Schaffhauserstr. 14, Postfach 161, 8042 Zurich. ☎ 01-360-14-14. Fax : 01-360-14-60. ● www.youthhostel.ch ● bookingoffice@youthhostel.ch ●

Au Canada

Elle coûte 35 $Ca pour une durée de 16 à 26 mois (tarif 2004) et 175 $Ca à vie. Gratuit pour les enfants de moins de 18 ans qui accompagnent leurs parents. Pour les juniors voyageant seuls, compter 12 $Ca. Ajouter systématiquement les taxes.

■ *Tourisme Jeunesse :*
– *À Montréal :* 205, avenue du Mont-Royal Est, Montréal (Québec) H2T 1P4. ☎ (514) 844-02-87. Fax : (514) 844-52-46.
– *À Québec :* 94, bd René-Lévesque Ouest, Québec (Québec) G1R 2A4. ☎ (418) 522-2552. Fax : (418) 522-2455.
■ *Canadian Hostelling Association :* 205, Catherine Street, bureau 400, Ottawa, Ontario, Canada K2P 1C3. ☎ (613) 237-78-84. Fax : (613) 237-78-68. ● www.hihostels.ca ● info@hihostels.ca ●

Carte internationale d'étudiant (carte ISIC)

Elle prouve le statut d'étudiant dans le monde entier et permet de bénéficier de tous les avantages, services, réductions étudiants du monde, soit plus de 25 000 avantages concernant les transports, les hébergements, la culture, les loisirs... C'est la clé de la mobilité étudiante !
La carte ISIC donne aussi accès à des avantages exclusifs sur le voyage (billets d'avion spéciaux, assurances de voyage, carte de téléphone internationale, location de voitures, navette aéroport...).
Pour plus d'informations sur la carte ISIC ou pour la commander : ● www.carteisic.com ● ou ☎ 01-49-96-96-49.

Pour l'obtenir en France

Se présenter dans l'une des agences des organismes mentionnés ci-dessous avec :
– une preuve du statut d'étudiant (carte d'étudiant, certificat de scolarité...) ;
– une photo d'identité ;
– 12 € (ou 13 € par correspondance incluant les frais d'envoi des documents d'information sur la carte).
Émission immédiate.

■ *OTU Voyages :* ☎ 0820-817-817. ● www.otu.fr ● pour connaître l'agence la plus proche de chez vous.

■ *Voyages Wasteels :* ☎ 08-92-68-22-06 (audiotel ; 0,33 €/mn). ● www.wasteels.fr ●

En Belgique

Elle coûte 9 € et s'obtient sur présentation de la carte d'identité, de la carte d'étudiant et d'une photo auprès de :

■ *Connections :* renseignements au ☎ 02-550-01-00.

En Suisse

Dans toutes les agences *STA Travel,* sur présentation de la carte d'étudiant, d'une photo et de 20 Fs.

■ *STA Travel :* 3, rue Vignier, 1205 Genève. ☎ 022-329-97-34.

■ *STA Travel :* 20, bd de Grancy, 1006 Lausanne. ☎ 021-617-56-27.

Monuments nationaux à la carte

Le Centre des monuments nationaux accueille le public dans tous les monuments français, propriétés de l'État. Ces hauts lieux de l'Histoire proposent des visites, libres ou guidées, des expositions et des spectacles historiques, lors de manifestations événementielles.

■ Renseignements au *Centre des monuments nationaux :* 62, rue Saint-Antoine, 75186 Cedex 04 Paris. ☎ 01-44-61-21-50. ● www.monum.fr ●

Travail bénévole

■ *Concordia :* 1, rue de Metz, 75010 Paris. ☎ 01-45-23-00-23. Fax : 01-47-70-68-27. ● www.concordia.association.org ● concordia@wanadoo.fr ● Ⓜ Strasbourg-Saint-Denis. Travail bénévole. Logés, nourris. Chantiers très variés ; restauration du patrimoine, valorisation de l'environnement, travail d'animation, organisation de festivals... Places limitées. ATTENTION : voyage à la charge du participant et droit d'inscription obligatoire.

ACHATS

Spécialités gourmandes

De cette capitale du bien-manger, on sera tenté de rapporter une brouette de victuailles. Charcuteries évidemment, mais aussi fromages de Saint-Marcellin, si vous n'allez pas trop loin. Et puis quand vous aurez les produits, n'oubliez pas un livre sur la cuisine lyonnaise (il y en a beaucoup, citons *La Cuisine traditionnelle lyonnaise,* de la mère Courtin) afin de recréer à la maison l'ambiance d'un vrai bouchon. Allez les amis, à vos cabas, à vos casseroles et surtout à vos fourchettes !

– *Charcuterie :* rosette, saucisson de Lyon, saucisson à cuire, *sabodet,* cervelas pistaché ou/et truffé, quenelles, andouillette à la fraise de veau,

grattons, etc. Une avalanche de spécialités vous tendent les pieds (de cochon). Une des maisons les plus recommandables reste *Colette Sibilia,* aux halles de Lyon, 102, cours Lafayette, 69003. Dans la presqu'île, la maison *Reynon,* 13, rue des Archers, est une adresse également fort réputée.
– *Fromage :* bien sûr, on ne fabrique pas de fromage à Lyon, mais on en mange beaucoup, d'autant plus qu'on n'est pas loin des régions productrices comme la Savoie, l'Auvergne, l'Ardèche, la Drôme, le Jura, etc. Alors pour un saint-marcellin, beaufort, comté, picodon, bleu d'Auvergne ou saint-nectaire, foncer aux halles où se trouvent la très médiatisée *Mère Richard* et la *Maison Maréchal,* qui conditionne aussi les fromages sous vide, pour les transporter dans des conditions optimum et surtout ne pas en perdre l'odeur. Aux halles, vous trouverez également des marchands de vin qui vous conseilleront sur les 10 crus du beaujolais.
– *Boucherie :* Maurice Trolliet, l'aristocrate des louchebems, pour des viandes inoubliables : volaille de Bresse, poularde en vessie, bœuf de Salers, etc. À vos glacières !

Chocolat

☘ ***Bernachon :*** 42, cours Franklin-Roosevelt, 69006. Le chocolat n'est évidemment pas originaire de Lyon, mais les Lyonnais sont très fiers de compter parmi les nombreux chocolatiers de la ville l'un des meilleurs artisans de la planète ! Américains, Japonais et tous les gastronomes de passage à Lyon ne manquent pas d'aller acheter un ballottin des précieux « palets d'or » et autres spécialités de M. Bernachon. Cette grande maison ne se contente pas de faire des chocolats, elle brille aussi dans l'art de la pâtisserie, avec tous les grands classiques souvent oubliés et quelques spécialités qui vous feront grimper au septième ciel. Pour preuve, Bocuse, qui fait tout tout seul (enfin, son équipe), propose dans ses chariots de desserts un gâteau au chocolat de Bernachon, le « Président ».

☘ ***Richart Design et Chocolat :*** deux boutiques : 35, cours Franklin-Roosevelt, 69006 (face à Bernachon !), et 1, rue du Plat, 69002, entre la place Bellecour et la Saône. Lyonnaise d'origine, la maison a également essaimé à Paris et vers d'autres capitales. Toujours des chocolats, mais traités tout à fait différemment. Un packaging moderne et très chic pour un large choix de chocolats également modernes. Nos préférés sont les « petits Richart » aux épices, vraiment étonnants mais aussi très bons. Pourquoi n'y a-t-on pas pensé avant ? Également d'envoûtants sorbets.

☘ ***Les chocolateries Voisin :*** plusieurs adresses pour cette vieille maison lyonnaise traditionnelle. Dans la presqu'île : 24, pl. des Terreaux ; 32, rue Grenette ; 38, rue Victor-Hugo ; 11, pl. Bellecour. Plusieurs autres adresses à la Croix-Rousse, sur la rive gauche et dans les gares. On y va pour les chocolats et confiseries, et surtout pour les spécialités maison (à base de pâte d'amande) que sont les coussins, en hommage à la tradition soyeuse. On y va aussi pour acheter des biscuits et toutes sortes de douceurs. Bien sûr, pour le baptême du petit ou le mariage de la grande, on y commande les dragées. Produits de qualité correcte, à prix raisonnables. Voisin se situe donc entre les produits de grande distribution et ceux d'un artisan. Des boutiques au charme désuet, qui sentent bon les souvenirs d'enfance, souvent tenues par des dames un peu strictes. Mais nom d'un caramel, que l'accueil est strict, lui aussi !

☘ ***Les Chocolats Bernard Dufoux :*** 15, rue des Archers, 69002. ☎ 04-72-77-57-95. Ⓜ Bellecour. Fermé les dimanche et lundi. Un incontournable pour les croqueurs d'or noir. Cet homme est un artiste, toutes ses créations en sont la preuve. Tablettes maison, barres « Choc Mémoire » ou bûchettes « Aphrodisiaque », et bouchées aux fruits. L'énumération est impossible. Également des desserts au chocolat, en fait de gros pavés, qui ne sont pas des gâteaux donc se conservent et voyagent très bien : le « Conquis-tador », le « Cabello » ou le « Castillo », à servir avec une salade d'oranges. La boutique est petite, mais le talent immense.

Soie

Moins périssable que le chocolat ; c'est le moment ou jamais de craquer pour un peu de soie. Vous trouverez cravates, foulards et pochettes aux adresses suivantes.

❀ **La Boutique des soyeux :** 20, rue Romarin, 69001. Ouvert du mardi au samedi de 10 h à 12 h 30 et de 14 h 30 à 19 h. Pour acheter de la soie, au mètre.

❀ **L'Atelier de soierie :** en face de la boutique, au 33, rue Romarin, 69001. ☎ 04-72-07-97-83. Ouvert du lundi au samedi de 9 h à 12 h et de 14 h à 19 h. Entrée libre. Pour offrir ou s'offrir une cravate, un carré, un foulard en soie. Également démonstration sur la méthode d'impression de ce merveilleux tissu.

❀ **Tousoie :** 19, rue Auguste-Comte, 69002. ☎ 04-78-92-94-63. Ouvert du lundi au samedi de 9 h 30 à 12 h 30 et de 14 h à 19 h. À deux pas du musée historique des Tissus, les dernières créations d'un tisseur lyonnais exerçant depuis plus de cent ans.

Marionnettes de Guignol

❀ **Les boutiques de souvenirs** du quartier Saint-Jean vendent toutes des guignol, gnafron, etc. Elles sont principalement groupées dans la rue Saint-Jean. C'est le cadeau facile et qui joue gagnant à tous les coups. Assez cher quand même.

❀ **Le petit musée fantastique de Guignol :** 6, rue Saint-Jean, 69005. ☎ et fax : 04-78-37-01-67. Ouvert le lundi de 14 h 30 à 19 h, du mardi au samedi de 11 h à 12 h 30 et de 14 h 30 à 19 h, et le dimanche de 11 h à 13 h et de 15 h à 18 h 30. Une entrée gratuite au musée pour les lecteurs du *GDR*.

Beaux jouets

❀ **Le Nain jaune :** 53, rue du Président-Édouard-Herriot, 69002. ☎ 04-78-42-17-12. Ouverte en 1875, cette boutique de jouets résiste aux pressions des grands groupes. Des jouets originaux, choisis avec soin. Un paradis pour les yeux et, bien souvent, une bonne madeleine de Proust.

Disques

❀ **Boutique Harmonia Mundi :** 21, rue du Président-Édouard-Herriot, 69001. ☎ 04-78-39-08-39. Aux antipodes des supermarchés de la culture du même arrondissement, un disquaire comme nous les aimons : amoureux de son métier. N'y cherchez pas la variétoche formatée ! Grand choix de jazz et de musiques du monde, voire du classique. Le gérant est de très bon conseil.

ARCHITECTURE

Les traboules

Ce sont des passages privés qui permettent de passer d'une rue à une autre à travers les couloirs et les cours d'un ou de plusieurs immeubles. *Traboule* vient de *transambulare,* « passer au travers », « traverser ». Lyon possède en tout 320 traboules concentrées dans le vieux Lyon, sur les pentes de la Croix-Rousse et un peu dans la presqu'île. Les premières ont été percées par économie de place à la grande époque Renaissance. On préférait alors créer des passages à travers les immeubles plutôt que de tracer des rues trop encombrantes. Les traboules de la Croix-Rousse possèdent une autre histoire. Elles furent percées au XIXe siècle, lors du développement de ce quartier, et servaient à transporter les rouleaux de soie tout en permettant de sérieux raccourcis. Elles sont avant tout pratiques, sans réelles intentions esthétiques.

Point commun à toutes : elles furent très utilisées durant la Seconde Guerre mondiale quand elles servaient de boîtes aux lettres, facilitaient les rencontres (chacun entrait par un côté) et permettaient la fuite en embrouillant les pistes. Ça rendait furieux les Teutons qui finirent par en obtenir les plans pour limiter les « traboulesques » rendez-vous.

Les conventions d'ouverture

Passages privés certes, mais ce patrimoine si particulier ne devrait-il pas être partagé par tous ? Bonne question ! Alors, après bien des tâtonnements et des tentatives pas toujours fructueuses, et avant la fermeture définitive de l'accès au public de la majorité des traboules, quelques propriétaires d'immeubles ont passé une convention avec la ville : convention qui prévoit l'ouverture aux visiteurs dans la journée d'un certain nombre de traboules pour le plaisir de tous, en échange de quoi une partie des frais de nettoyage et d'électricité sont pris en charge par la ville, et non plus par les locataires. Un accord de qualité qui devrait se développer si ça marche bien. Un autre type d'accord a été signé pour les traboules de la Croix-Rousse, sous forme de subventions à la réhabilitation en échange de l'ouverture diurne. Là encore, les visiteurs ont tout à gagner. En tant que visiteur, inutile de conseiller de vous faire discret. Nous indiquons dans notre parcours les plus belles traboules ouvertes à tous. Évidemment, ça peut changer. En tout cas, ne pas hésiter à pousser d'autres portes, certaines sont ouvertes. Pour mettre toutes les chances de votre côté, faites la balade le matin. À l'heure du laitier ou du facteur, tout est généralement ouvert.

Les murs peints

Il fut un temps où les murs aveugles étaient tristes et gris. Au début des années 1980, de jeunes artistes se regroupèrent pour proposer de leur donner couleur et vie. Ils fondèrent leurs associations, « La Cité de la création » et « Mur'Art », cherchèrent des sponsors, obtinrent le feu vert de la mairie et se mirent au boulot.

Loin des rues peintes de Los Angeles ou des tagueurs de banlieue, ces héritiers des artistes de Lascaux choisirent d'illustrer leur vie et leur ville. Par de grandes fresques de parfois plus d'un millier de mètres carrés, ils évoquent les célébrités lyonnaises (mur des Lyonnais, angle des rues Saint-Vincent et Martinière), l'imprimerie (mur de la Bibliothèque, angle quai de la Pêcherie et rue de la Platière), les tisseurs de soie (mur des Canuts, face au métro Hénon), l'*Hôtel de la Cour des Loges* (à côté de la place du Change), le cinéma (place Gabriel-Péri), les grands cuisiniers (au restaurant de Bocuse, à Collonges-au-Mont-d'Or) ou la dernière Coupe du monde.

Boulevard des États-Unis, le musée de plein air Tony-Garnier permet d'admirer librement 25 fresques consacrées au travail de l'architecte de la halle. On pourrait encore citer le mur des « Transports-en-Commun » (98, rue Lacassagne), celui des « Grands-Hommes-de-la-Médecine » (115, rue Lacassagne) ou le « Mur-Mur » (11, rue Lortet), hommage au film d'Agnès Varda, que les varappeurs escaladent, et bien d'autres encore. Il en existe près de 150, et il n'en fallait pas plus pour que Lyon, qui n'en est pas à une distinction honorifique près, s'octroie le titre de capitale des murs peints. Les artistes lyonnais amoureux de la fresque murale exportent aussi leur art, et ont récemment habillé un mur de la vieille ville de Québec.

L'office de tourisme propose, à certaines dates, une visite guidée d'environ 3 h dans toute l'agglomération autour de la thématique des murs peints (réservation obligatoire). L'*Association du musée urbain Tony-Garnier* (☎ 04-78-75-16-75) organise également une visite des fresques du quartier des États-Unis. Mais vous pourrez tout simplement vous procurer la liste des murs, afin de partir par vous-même à la découverte de cet univers qui vous donnera une autre perspective sur la ville.

Le plan Lumière

Lyon, surtout la nuit, aime ce qui scintille. S'appuyant sur sa traditionnelle fête des Lumières qui, chaque 8 décembre, commémore par une débauche de lampions, de watts et de luxe l'inauguration de la statue de la Vierge du clocher de Fourvière le 8 décembre 1852, Lyon brille de mille feux dès que Phébus disparaît derrière la sainte colline.

Décidé en 1989 par le prédestiné Michel Noir, ancien maire reconverti depuis aux feux de la rampe, le plan Lumière illumine toutes les nuits 150 monuments, sites et quais. Conçues et scénographiées par l'ingénieur lumière Alain Guilhot (également éclairagiste du port de La Havane, de Saint-Pétersbourg et de Ho Chi Minh Ville), ces illuminations magnifiques mettent en valeur le patrimoine architectural de la ville, attirent le regard sur des détails oubliés, donnent un relief exceptionnel aux cours d'eau qui se rejoignent à Lyon, ville d'adoption des frères Lumière. Décidément.

ÉCONOMIE

Au confluent du Nord et du Sud, la capitale de la région Rhône-Alpes entend bien devenir la porte stratégique du Grand Sud-Est européen. Troisième agglomération de France, avec 1,2 million d'habitants, le Grand Lyon regroupe 55 communes et compte quelque 50 000 entreprises (25 000 pour le commerce, 15 000 pour les services et 10 000 pour l'industrie). Nombre d'entre elles sont marquées par l'héritage du XIXe siècle, quand les activités liées au commerce (le *Crédit lyonnais* fut la première banque mondiale) ou à la soie (la teinture déboucha sur l'industrie chimique) étaient particulièrement prégnantes. Preuve de son dynamisme, Rhône-Alpes est la seconde région française (après l'Île-de-France) en volume d'import-export pour son commerce extérieur. Sise au cœur du plus grand massif forestier de l'Hexagone (troisième producteur national de bois), elle est aussi la première région textile en nombre d'emplois : elle concentre 70 % de la production nationale de textiles techniques. Au premier rang de ses exportations, on trouve des composants électroniques et du matériel électrique à destination de l'Allemagne, de l'Italie ou des États-Unis. Parmi les départements les plus dynamiques, le Rhône, grand exportateur de produits de chimie organique et de substances pharmaceutiques. Grand importateur aussi de produits de même nature. Si Lyon reste toujours le siège du Centre de recherche international sur le cancer, elle accueille désormais le premier laboratoire de virologie européen P4, aux côtés du Centre européen de virologie ou de l'Agence du médicament. Lyon, tête de pont des bioindustries et des biotechnologies en Rhône-Alpes mais également des technologies de l'information. 18 000 emplois et un pôle high-tech sur Vaise avec l'un des géants des jeux vidéo : Atari. Un savoir-faire que l'on sait mettre en exergue. La création de la Cité internationale consacre Lyon comme une grande ville européenne de congrès et non des moindres : le G7 en 1996, la Cnuced en 1998 (Conférence des Nations-Unies pour le commerce et le développement), Biovision, le premier forum mondial des biotechnologies en 1999. Lyon forme chaque année plus de 100 000 étudiants en lien avec quelque 10 000 chercheurs régionaux. Siège de grandes institutions internationales, Interpol, l'OMS, Lyon attire aussi des établissements prestigieux comme l'École normale supérieure. Quatre universités et une vingtaine de grandes écoles y sont aujourd'hui installées.

ENVIRONNEMENT

Il est vrai que les usines, les tuyauteries et les torchères nauséabondes de l'entrée sud de Lyon ont longtemps transformé l'horizon en grands collecteurs des petits besoins divins. Depuis 1997, les dieux semblent devenir plus propres et les Lyonnais respirent mieux. Une nouvelle charte paysagère est en train de reconquérir cette vallée de la chimie, longue d'une vingtaine de kilomètres. Cette charte s'inscrit dans un redéploiement de la ville. La porte Sud de Lyon, avec le parc de Gerland, se voit doter d'un poumon vert de 80 ha composé d'espaces sportifs et d'agrément, à l'instar du parc du Confluent, une pelouse de 17 ha qui s'étend de la pointe de la presqu'île jusqu'au confluent. Un espace de verdure qui fait écho aux 105 ha du parc de la Tête-d'Or, situé au nord de la ville. Depuis quelques années, l'environnement fait donc partie intégrante du développement urbain. En 10 ans, plus de 200 espaces publics ont été rénovés. Les parcs de stationnement se développent en sous-sol. Les jardins de poche (concept new-yorkais) ont essaimé dans chaque arrondissement, émaillant parfois de bambous géants à feuilles persistantes la densité minérale. On diversifie les espèces arboricoles pour réduire l'impact des épidémies (rappelons-nous le chancre coloré, grand amateur de platanes, qui avait dévoré 80 % des arbres marseillais). Les promenades arborées composées d'ormes et de tilleuls, de marronniers ou de platanes (en 1994, ils représentaient 72 % des arbres d'alignement de Lyon) se conjuguent aujourd'hui avec des arbres fruitiers ou des essences exotiques comme le *ginkgo biloba* ou le *sephora*. La palette végétale permet d'obtenir des jardins et des massifs qui fleurissent tout au long de l'année avec des rythmiques de couleurs saisonnières. Un parcours urbain de 5,3 km du bas-port de la rive gauche du Rhône est aujourd'hui réservé un dimanche par mois (le printemps et l'été) aux piétons, aux vélos et aux rollers. Si vous trouvez que c'est encore trop peu, n'oubliez pas qu'à moins d'une heure de voiture, l'ouest lyonnais vous offre ses pierres dorées ou ses magnifiques monts du Beaujolais ; le nord, les espaces sauvages de la Dombes ; le sud, les montagnes du parc du Pilat à une heure du centre-ville, et un peu plus loin (compter 2 h de voiture) les champs de lavande du Tricastin.

GÉOGRAPHIE

Lyon vous a gâté ! La ville est admirable, ça vous le saviez déjà. Mais en plus, elle est composée de telle manière que ses principaux quartiers possèdent une identité propre et bien marquée. Il est donc très facile de s'y retrouver. Distinguons cinq grandes entités qui, chacune à sa manière, revêtent une importance historique singulière et un bonheur esthétique particulier. D'emblée et pour faire simple, il faut retenir que Lyon possède deux collines et trois « fleuves » : le Rhône, la Saône (qui n'en est pas un) et... le beaujolais. On vous laisse seul juge.

– *Fourvière :* connue des automobilistes estivaux pour son trop fameux tunnel. Mais avant d'être un tunnel, Fourvière est une colline abrupte dominant l'ouest de la ville. C'est l'ancienne ville romaine aujourd'hui dominée par une célèbre basilique. C'est « la colline qui prie » puisque ce petit quartier est couvert d'écoles, de centres religieux et d'espaces verdoyants.

– *Le vieux Lyon :* il s'étend au pied de la colline, le long de la Saône. C'est la ville de la Renaissance, la deuxième plus grande d'Europe après Venise.

– *La presqu'île :* en traversant la Saône, on tombe sur la presqu'île, étroite bande de terre de 600 à 800 m de largeur, « où l'on gagne de l'argent ». On est là entre Saône et Rhône. C'est le siège des places Bellecour et des Terreaux, de l'opéra et de l'hôtel de ville... Saône et Rhône se rejoignent à l'extrémité sud de la presqu'île.

– *La Croix-Rousse :* c'est « la colline qui travaille », située au nord de la presqu'île. La Croix-Rousse, bastion des canuts, a conservé une vie de village populaire, malgré l'embourgeoisement du quartier. On distingue les pentes de la Croix-Rousse et, plus haut, le plateau.

– *La rive gauche :* au-delà du Rhône, vers l'est, la dernière extension de la ville, avec la ZAC et la gare de la Part-Dieu, et jusqu'aux portes de ses gigantesques banlieues, avec Villeurbanne au nord-est.

– Et puis, au sud-est, les quartiers de Montchat, de Monplaisir et des États-Unis, où l'architecte Tony Garnier (1869-1948) réalisa un important ensemble d'habitations au début du XXe siècle.

HISTOIRE

Chronologie

Le temps des Romains : Condate et Lugdunum

Contrairement à l'histoire qu'ils écrivirent, les Romains ne furent pas les fondateurs de Lyon. Bien avant eux et outre l'occupation préhistorique du site, plusieurs tribus de Celtes gaulois, et notamment les Ségusiaves, avaient édifié des villages autour du quartier de Vaise (sur la Saône, au nord de Fourvière). Les travaux du TEO, le controversé périphérique lyonnais, mirent en évidence cette occupation vieille de près de 3 000 ans.

Rendons tout de même à César...

Après être passé par Lyon lors de sa chasse au Vercingétorix, le grand Jules manda Munatius Plantus afin de créer sur le site une colonie destinée au repos des vétérans de la légion romaine. Nous voilà donc en 43 av. J.-C., fondation officielle de *Lugdunum* (littéralement « Colline du dieu Lug », dieu chargé du soleil, de la lumière, des arts et des métiers ; on a longtemps cru que *lug* signifiait « corbeau », et que le nom latin de Lyon faisait référence à une légendaire nuée de corbeaux qui se seraient abattus sur la colline ; ce palpitant sujet divise les étymologistes).

Au pied de l'autre colline, celle de la Croix-Rousse, s'étendait la ville gallo-romaine de Condate, qui fut capitale des Trois Gaules (lyonnaise, belge et aquitaine). Leurs représentants se réunissaient régulièrement dans l'amphithéâtre, dont il ne reste que quelques ruines mais qui fut certainement le premier parlement de France. Cette enceinte de 20 000 places connut son heure de gloire avec les premiers martyrs chrétiens, parmi lesquels l'évêque Pothin et surtout Blandine (en 177), dont la livraison aux lions et aux taureaux fit encore plus de bruit.

Lyon, dont la presqu'île était alors une île dédiée au stockage des marchandises, prospérait tranquillement à l'ombre de la *Pax romana*. Mais un mauvais choix politique – l'opposition à Septime Sévère, et la répression tout aussi sévère qui suivit – mit un terme provisoire à sa superbe à l'aube du IIIe siècle. Les Burgondes et autres barbares finirent de dépouiller la région de ses richesses, et on laissa passer quelques siècles.

Dieu sauve Lyon

Ballottée entre les éphémères royaumes du haut Moyen Âge, Lyon passa de main en main. Grands bénéficiaires de cette incertitude, les évêques d'une France fraîchement catholique, à la suite du baptême de Clovis (498), s'appuyèrent sur leurs martyrs pour installer durablement leur pouvoir sur Lyon.

Malgré les épidémies, les famines, les invasions, les dissensions politiques, les héritages hasardeux, les ambitions des seigneurs féodaux, ce fut, sous l'égide de l'Église, une époque de grand essor qui vit pousser de nombreux édifices religieux (abbayes, églises) et profanes (ponts, rues).

Cette constructive ferveur fut récompensée en 1074 par le pape Grégoire VII, qui décerna à l'archevêque de Lyon le titre envié (et jamais remis en jeu) de primat des Gaules.

La toute nouvelle primatiale Saint-Jean accueillit au XIIIe siècle deux conciles déterminants, ainsi que la dépouille de Saint Louis, mort pendant les croisades. Au siècle suivant, deux papes se firent couronner à Lyon, ce qui conforta encore la mainmise de l'Église sur la ville.

Mais qui dit pouvoir dit lutte de pouvoir, et c'était bien souvent l'incurie chez les curés, aveuglés par le poids de leurs richesses et de leur ambition. Des bourgeois vinrent à passer, décidant que le céleste absolutisme du clergé avait assez régné sur le pouvoir terrestre.

Cette bourgeoise révolte de 1269 laissa à la ville sa devise : « Avant, avant, Lyon le meilhor ! » (phrase qu'on pourrait entendre au stade de Gerland). Elle permit surtout aux rois de France de profiter de la confusion, accentuée par les séquelles de la guerre de Cent Ans et par quelques ordinaires épidémies de peste, pour rattacher Lyon à la Couronne, non sans lâcher, à droite et à gauche, des miettes de privilèges, dont celui d'écraser le peuple.

Foires, marchands et artisans

Au début du XVe siècle, Charles VII fit à Lyon un cadeau de prix : deux, puis bientôt quatre foires franches annuelles. L'aubaine de la libre circulation des marchandises attira des commerçants de toute l'Europe. Allemands, Flamands et surtout Lombards et Florentins, fuyant leur pays en guerre, transformèrent Lyon en un incontournable carrefour international. Beaucoup décidèrent de s'y installer, et des familles transalpines construisirent au pied de la colline de Fourvière un quartier Renaissance magnifique, style en vogue dans leur pays d'origine (lire les détails de cette histoire dans la rubrique « À voir » du vieux Lyon).

Soie, livre, argent et religions

Parmi les nombreuses marchandises qui transitaient par les foires lyonnaises, ce fut la soie, dont François Ier favorisa le tissage à Lyon, qui apporta la richesse à la ville (voir plus loin la rubrique « Les soyeux de Lyon »). La quantité des échanges commerciaux et l'habileté des commerçants florentins suscitèrent le développement d'une prospère activité bancaire, dont Lyon s'enorgueillit toujours.

Mais le Lyon de cette florissante Renaissance, qui avait gagné une relative indépendance vis-à-vis du pouvoir royal, n'était pas qu'un îlot économique et commercial. Lyon devint, avec Venise et Paris, l'une des capitales du livre et de la vie intellectuelle.

On y imprima le premier livre en français, *La Légende dorée,* mais aussi *Gargantua* et *Pantagruel,* ouvrages d'un médecin et correcteur d'imprimerie nommé Rabelais, ainsi que des œuvres d'Érasme et de Clément Marot. Lyon grouillait alors de beaux esprits et d'esprits libres, comme la poétesse Louise Labé, la Belle Cordière (lire plus loin la rubrique spécialement consacrée à cette période, « Lyon et l'humanisme »).

François Ier et sa maman Louise de Savoie y séjournèrent souvent, apportant à Lyon les fastes de la cour. Lors des guerres de Religion, de nombreux imprimeurs lyonnais prirent fait et cause pour les réformes prêchées par Calvin. On pilla, brûla, assassina, jusqu'à ce qu'Henri IV mette un peu d'ordre là-dedans en promulguant l'édit de Nantes. Il mit aussi un terme à l'autonomie de la « commune de Lyon », mais vint épouser en secondes noces Marie de Médicis à la primatiale Saint-Jean.

Lyon aussi valait bien une messe.

XVIIe et XVIIIe siècles : pestes et révoltes, science et révolution

Au XVIIe siècle, Lyon connut bien des malheurs. Les lourds impôts collectés afin de satisfaire les besoins du pouvoir royal ébranlèrent l'économie locale et provoquèrent quelques émeutes. S'ajoutèrent des crues meurtrières et de nouvelles épidémies de peste, et la ville s'étiola.

Heureusement, on y créa tout de même un vaste hospice et des écoles qui, en formant la jeunesse, donnèrent sans doute une impulsion neuve à la ville. Et si le XVIe siècle avait été le siècle des littéraires, le XVIIIe siècle fut celui des scientifiques : Bichat posa les bases de la physiologie pendant que les frères Jussieu entreprenaient de classifier les plantes et que Bourgelat créait la première école vétérinaire d'Europe. Sur l'eau, Jouffroy d'Abbans inventa le « pyroscaphe » et remonta la Saône à l'aide de sa « pompe à feu », tandis que les frères Montgolfier montaient au ciel en faisant une démonstration de leur ballon aux Brotteaux.

Quelques années plus tard, Ampère menait tout un tas d'expériences physico-électriques, alors que Vaucanson, et surtout Jacquard, allaient inventer et mettre au point un nouveau système de métier à tisser.

Tout ne fut pas rose. Les suites de la révolution de 1789 rayèrent un temps le nom de Lyon qui, mené par une minorité royaliste, avait osé défier la Convention. Le 12 octobre 1793, un décret stipule que « Lyon fit la guerre à la liberté. Lyon n'est plus. » Un impitoyable tribunal révolutionnaire téléguidé par Robespierre envoie 3 000 Lyonnais à la guillotine, mais épargne la ville que, dans un premier temps, on avait prévu de raser.

La mort de Robespierre donne le signal d'une Terreur blanche, où les jacobins sont massacrés, et il fallut Napoléon pour arrêter la folie meurtrière.

Le temps des canuts, le temps des bâtisseurs

Napoléon donc, en exigeant que les soieries et velours de l'Empire fussent fabriqués à Lyon, relança l'économie lyonnaise. Le métier de Jacquard fit la fortune des soyeux, mais le malheur des canuts, laissés pour compte du progrès, restait entier. Ils se révoltèrent (notamment en 1831, 1834 et 1848) en jetant les bases de grands progrès sociaux : société mutualiste, épicerie coopérative, caisse de secours mutuel, caisse de retraite, et le premier journal ouvrier, *L'Écho de la fabrique*, qui, en 1833, titrait « Prolétaires de tout état, unissez-vous ». Tout cela plut à Karl Marx. Il étudia le mouvement des canuts et recycla la formule avec le succès qu'on sait. Comment parler des canuts sans évoquer les immeubles de 6 étages et de 4 m sous plafond qu'on construisit pour qu'ils y logent leur métier, et qui font aujourd'hui le régal immobilier de la jeune bourgeoisie lyonnaise.

Déjà après la chute de Napoléon, des maires ambitieux (Lacroix-Laval et Prunelle) édifièrent de nouveaux ponts, le Grand-Théâtre, le palais de justice, et ouvrirent des rues, notamment entre Bellecour et Perrache (future rue Victor-Hugo). Ils apportèrent aussi l'eau à tous les étages, généralisèrent l'éclairage urbain et créèrent de nouveaux cimetières (Loyasse et Guillotière).

À Lyon comme à Paris, ce fut toutefois sous le règne de Napoléon III (de 1852 à 1870) que la ville prit son apparence moderne. Après avoir annexé les communes périphériques (Vaise, Croix-Rousse, Guillotière), Lyon connut un immense chambardement architectural mené tambour battant par le préfet-sénateur-maire Claude-Marius Vaïsse. Ce baron Haussmann lyonnais rasa les quartiers jugés insalubres entre Bellecour et les Terreaux, qu'il remplaça par deux voies nouvelles (aujourd'hui Édouard-Herriot et République), bordées d'immeubles de rapport. Cette époque vit aussi la construction du premier funiculaire du pays (qui roulait sur la rue Terme), du parc de la Tête-d'Or, de quelques digues pour calmer les crues du Rhône et de la Saône, du palais du commerce (la bourse), et encore des gares des Brotteaux et de Perrache, d'où étaient partis vers Saint-Étienne les premiers trains à vapeur français, dès 1836.

Cette frénésie de constructions profanes eut un sacré prolongement, avec l'édification de nombreux lieux de culte, dont la très symbolique basilique de Fourvière.

Révolution industrielle : ça tourne

Pendant des siècles, les tisseurs lyonnais transformèrent, tels des alchimistes, la soie en or. Leur crépuscule permit aux vrais chimistes de prendre le relais. Dès la fin du XVIIIe siècle, des fabriques de vitriol, de soude, d'acide, de colorants, de gélatine, de tout un tas de produits aussi chimiques que polluants et indispensables au progrès, fleurissent sur la rive gauche du Rhône.

François Gillet crée en 1853 une entreprise de teinturerie qui deviendra Rhône-Poulenc, tandis qu'à l'aide du gélatino-bromure d'argent les frères Lumière inventent le cinéma en 1895.

Ça ne chôme pas non plus côté métallurgie et mécanique. La voiture, notamment, a connu ici ses premiers tours de roue (voir le musée Henri-Malartre) : Rochet Schneider renonce à la carrosserie pour se consacrer – avec quel brio ! – au carburateur Zénith, et Marius Berliet invente le camion.

Comme toujours en cas de pareille croissance, le secteur tertiaire prospère, avec son tout premier représentant : la banque. De nombreux ouvrages sont encore de nos jours consacrés à la gestion récente du *Crédit lyonnais,* dont le gigantisme ruineux et les impardonnables scandales semblent liés à l'histoire.

Tout va très vite pendant ce XIXe siècle. Outre les institutions déjà citées, parlons encore du journal *Le Progrès,* des railleries de Mourguet (le créateur de Guignol), de l'université de médecine, de l'école de commerce, de la faculté des sciences, et aussi de l'émergence de sociétés secrètes ou ésotériques, qui, le ventre plein, aiment à réfléchir et infléchir, et bousculent, sans vraiment l'ébranler, la toujours puissante Église catholique.

Ce siècle inventif pendant lequel la population quadrupla (de 100 000 à 400 000 habitants) se termina avec l'assassinat, en 1894, du président Sadi-Carnot par un anarchiste italien nommé Caserio ; celui-ci finit à l'échafaud, sans que l'histoire ait retenu ce que l'exalté reprochait exactement au président.

Herriot, une vie lyonnaise

Cinquante ans de règne municipal, deux guerres, une carrière politique nationale : rien ne pouvait arrêter Édouard Herriot (1872-1957), militant radical (centre gauche), dont les plus anciens se souviennent de la diction, de la moustache et de la pipe. Cet orateur bougon et habile avait le sens du raccourci : « La politique, c'est comme l'andouillette : ça doit sentir un peu la merde mais pas trop. »

Loin du front, Lyon devint une formidable base arrière pendant la Grande Guerre. Non seulement la ville d'Herriot fut pourvoyeuse de munitions et de camions (les Berliet qui ravitaillaient la Voie sacrée vers Verdun), mais son maire prit en 1916 la décision volontariste de réorganiser ses grandes foires commerciales.

L'après-guerre, qui était aussi l'avant-guerre, mais personne n'y croyait, fut une période faste pour Lyon. Soucieux de son destin national (il participa à plusieurs gouvernements), Herriot savait flatter son fief avec intelligence. La ville et la région bénéficièrent d'importants crédits qui servirent à édifier le service public : écoles, hôpitaux, postes, infrastructures routière et ferroviaire, etc.

Rendons grâce à Herriot, qui eut le bon goût de faire appel, pour quelques grandes réalisations, à un architecte de talent, Tony Garnier.

Les corbeaux sur la plaine

« La France a perdu une bataille. » Et elle a beau ne pas avoir perdu la guerre, le réveil, en 1940, est amer.

Au sud de la ligne de démarcation, Lyon, qui pourtant fit un temps mine de s'acoquiner avec la pitoyable escouade de Vichy, accueillit vite et avec plaisir les fonctionnaires, les journalistes et les combattants hostiles à la paix des lâches et à la collaboration. Dès la fin de 1941, Lyon devient la capitale de la presse rebelle : tracts, journaux, pamphlets sont imprimés clandestinement.

Changement de musique en 1942, avec la suppression de la zone libre et la prise de pouvoir des Allemands sur la ville. Grandeur et misère, héroïsme et lâcheté, grosses affaires et marché noir, la période est sombre, mais de nombreux mouvements de résistance, laïcs, communistes ou religieux, continuent leur travail souterrain. En réponse à la propagande vichyssoise du *Nouvelliste de Lyon*, *Le Progrès* choisit de se saborder plutôt que de collaborer. Si certains préfèrent mourir, de grands destins se dessinent et prennent le relais : *Témoignage chrétien*, *Libération*, *Combat*, *Franc-tireur* deviennent les parties émergées de l'iceberg. L'imprimerie de la rue Viala, clandestine comme il se doit, tourne sans relâche, avant d'être découverte et détruite par les Allemands. D'autres prendront le relais. Les traboules lyonnaises se prêtent à merveille aux réunions secrètes et à l'impitoyable jeu du chat et de la souris que se livrent les nervis de la Gestapo et les défenseurs de la France libre.

L'emblématique Jean Moulin permettra à Lyon (même si la cité ne se libéra pas par elle-même) de figurer au palmarès des grandes villes de la Résistance. Il fut assassiné par Klaus Barbie, « le boucher de Lyon », qui sera condamné à perpétuité pour ses crimes au palais de justice de Lyon, plus de quarante ans plus tard.

Après l'épuration, Herriot, qui était prisonnier en Allemagne, reprend son siège municipal et tente de panser les plaies lyonnaises. Mais l'homme est usé, n'a plus sans doute la fulgurante vision de sa jeunesse, et il faut faire vite : reconstruire tous les ponts – plastiqués par les Allemands –, rebâtir des quartiers entiers – bombardés par les Américains –, redonner vie à une ville blessée, qui ne rêve que de renouer avec sa prospérité, dans un monde en mutation.

Pradel, bétonneur devant l'éternel

Après la mort d'Édouard Herriot, en 1957, un de ses conseillers municipaux, Louis Pradel, est élu – très provisoirement pense-t-on – au siège du maire. La ville pousse, les réfugiés arrivent d'Algérie, le progrès des Trente Glorieuses est en route avec ses millions d'automobiles.

Initialisée sous le mandat d'Herriot, l'offrande de Lyon à la bagnole se concrétise par le tunnel de la Croix-Rousse, l'aménagement en autoroute des quais rive droite du Rhône, puis le monstrueux tunnel de Fourvière qui engendra des milliards d'heures perdues en embouteillages ainsi que le massacre architectural du cours de Verdun, à côté de Perrache. Il ne se désengorgera qu'après l'inauguration, en 1997, d'un ubuesque périphérique (le TEO).

D'autres « merveilles » allaient illuminer les 20 années que durèrent les mandats de Pradel, qui se définissait lui-même comme « un amoureux du béton » et eut toujours à cœur d'honorer cet amour : grands ensembles construits au moindre coût et dont nous n'avons pas fini de payer au prix fort l'absence de lucidité des concepteurs ; quartier « multifonctionnel » de la Part-Dieu, modèle de laideur grandiloquente dénué de la moindre once d'humanité. On ne sait ce qu'il serait advenu du vieux Lyon, si Malraux, alerté par l'actif monde associatif lyonnais, n'avait sauvegardé ce quartier Renaissance en 1964.

Allez-y, baladez-vous à Lyon : quand vous verrez un truc hideux, une chance sur deux, c'est du Pradel !

Reconnaissons tout de même à ce piètre urbaniste d'avoir favorisé le développement économique de la région, notamment la recherche dans les secteurs scientifique, médical et pharmaceutique (hôpitaux, Centre de recherche contre le cancer, etc.).

Le Lyon d'aujourd'hui : de Noir à Collomb

Francisque Collomb succéda à Pradel en 1977, sans laisser de trace mémorable dans le cœur et la ville des Lyonnais, hormis le lancement du quartier scientifique de Gerland et la réhabilitation de la halle Tony-Garnier.

Michel Noir, jeune et ambitieux représentant du renouveau de la droite française, prit la mairie en 1989. Ses louables intentions urbanistiques (éclairage de Lyon, réfection de l'opéra, réaménagement des places de la ville, création des parkings où l'art se mêle à l'architecture, mais aussi mise en chantier du déjà tristement fameux TEO, etc.) ne l'empêchèrent pas de se prendre les pieds dans le tapis des médias et des « facilités ».

Puis ce fut le tour de Raymond Barre, qui géra tranquillement et honnêtement cette ville conservatrice et réussit au passage à faire venir le G7 en 1996, puis, avec l'aide d'une équipe dynamique, à faire classer au Patrimoine mondial de l'Humanité par l'Unesco 500 ha de sa ville, ce qui n'est pas rien, et enfin à mettre sur rails un important projet de réhabilitation du secteur de Perrache.

Depuis les municipales de mars 2001, c'est Gérard Collomb la nouvelle figure de proue de la ville. Son arrivée marque, avec celle de Delanoë à Paris, le basculement à gauche des deux plus grandes villes de France. Toutefois, aussi symbolique que soit cette élection, Collomb se présente davantage comme l'incarnation d'« un rassemblement qui va au-delà de la gauche plurielle » et semble presque être le successeur souhaité par Barre.

Les projets pour l'avenir

Dans le programme de Gérard Collomb, comptons la poursuite des chantiers engagés par la mairie précédente, l'implantation d'un plus grand nombre d'entreprises (une Silicon Valley dans le quartier de Vaise, au nord-ouest de Lyon ?) et puis d'importants investissements culturels tels qu'une université de la Gastronomie, une maison de la Mémoire, une revalorisation de l'histoire textile de la ville... (mais ce n'est pas encore fait). Enfin, signalons le projet d'aménagement des rives du Rhône (pistes cyclables, promenades, etc.).

Lyon, capitale de l'imprimerie

Vers 1470, Lyon n'est pas encore une grande ville et la vie intellectuelle y est réduite. L'absence d'université et de cour empêche la constitution d'une élite laïque. Les manuscrits ne sont lus que par quelques ecclésiastiques, quelques médecins et les gens de loi.

Vingt ans plus tard, Lyon devient le 3e centre typographique européen et le restera pendant près d'un siècle. À l'origine de cette prospérité, Barthélemy Buyer, qui attire dans sa maison du quartier Saint-Nizier son typographe Guillaume le Roy, originaire de Liège. Un premier livre est ainsi imprimé à ses frais à Lyon en 1473. Buyer est un novateur. Il noue très tôt des relations avec les libraires vénitiens. Après avoir accueilli un grand imprimeur de la ville, il en fait venir de nombreux autres. Dès 1485, ils sont 12 maîtres imprimeurs à s'être installés à Lyon. Les typographes européens, nomades dans l'âme, sont vite attirés par cette ville qui bouge. Par ailleurs, les papetiers du Beaujolais ne sont guère loin. Nombreux sont les typographes germaniques qui rejoignent le mouvement déclenché par Buyer.

À la fin de ce même siècle, on compte déjà 45 ateliers qui publient ici, dont 23 maîtres imprimeurs allemands, bâlois ou strasbourgeois. Si Lyon était la 9e ville européenne en ce qui concerne l'édition en 1480, elle prend la 3e place en 1495, derrière Venise et Paris. On publie beaucoup de livres de droit et d'ouvrages en français, laissant à Milan, Venise et Paris le soin de publier les classiques anciens. La culture de l'imprimé s'ajoute à la culture orale. Les quais de Saône s'emplissent de chariots chargés de cette nourriture intellectuelle qui va partir par la Saône puis la Seine jusqu'à Paris ; certains ouvrages iront jusqu'à Bâle et seront distribués dans toutes les villes allemandes, tandis que d'autres emprunteront le Rhône jusqu'à l'Espagne via Marseille. À cette époque, deux ou trois mille pages sont imprimées chaque jour sur une presse.

Lyon et l'humanisme

Ouvriers et typographes possèdent un haut niveau d'instruction. La ville est riche grâce aux banquiers italiens, marchande grâce à ses foires. Elle devient le carrefour obligé entre Suisse, Italie et Allemagne. Au début des guerres de Religion, les réformés se réfugient à Genève, non loin de Lyon. Un certain sens de l'érudition se développe, sous l'influence italienne.

L'invention de l'imprimerie tombe à pic. Ne correspondait-elle pas à une nécessité intellectuelle ? Une rencontre décisive met un coup d'accélérateur à ce processus : celle de l'humaniste flamand Josse Bade avec un typographe allemand, Johann Trechsel. Le premier veut mettre au rancart les caractères gothiques pour ne plus utiliser que les lettres romaines. Ensemble, ils publient le théâtre de Térence. La mouvance humaniste est née.

Sous l'influence de la Renaissance, l'humanisme s'installe en ville comme une traînée de poudre. Une envie de savoir, un désir de poésie, un besoin de culture populaire, soutenus par des textes accessibles rapidement à tous (enfin presque), font corps. Une collaboration des élites prend forme : auteurs, scientifiques, imprimeurs et libraires travaillent dans un esprit commun. Rabelais et Érasme suscitent le développement d'un nouveau milieu culturel. Louise Labé, la Belle Cordière, poétesse sublime et courtisane à ses heures, y tient un fameux salon où l'élite se presse. Les plus grands maîtres imprimeurs se laissent gagner par les idées humanistes : Étienne Dolet et Gryphe suivent Trechsel. Humanistes et érudits, voilà le tableau de l'élite lyonnaise de l'époque. On a les idées larges et on les fait partager. Lyon surfe sur une vague de qualité. La forme est aussi bonne que le fond puisque la ville peut alors se targuer d'avoir les meilleurs imprimeurs : la famille de Tournes et Guillaume Rouillé sont de ceux-là. Ce dernier deviendra également une éminente figure de l'humanisme lyonnais. En 1550, Lyon compte environ 600 personnes vivant de l'imprimerie.

Les soyeux de Lyon

Si la culture du ver à soie remonte à la nuit des temps, elle n'est introduite en Europe via la Grèce qu'au IVe siècle av. J.-C. par Alexandre le Grand. Un début de marché s'installe, passant par *Serique,* région de l'Inde qui, par déformation, donnera le mot soie. Les Chinois perdent le secret de la fabrication vers le IVe siècle, date à laquelle Indiens et Perses tissent leur propre soie. Les procédés de fabrication se répandent très vite jusqu'à Constantinople où l'empereur Justinien développe la culture du mûrier. La soie arrive alors en Italie. Les papes, qui adorent péter dedans, s'en parent. De pied en cap, ils en sont couverts. Ils n'ont pas tort, ce ne sont pas eux qui paient.

L'arrivée en France et l'âge d'or

Il faut attendre le début du XIVe siècle pour que le pape Clément V, qui en a assez des Italiens, transfère le siège de la papauté en Avignon. Toujours sur son trente-et-un, il fait des envieux. Ainsi naissent les premières manufactures en France. Mais c'est sous Louis XI que la sériciculture et les manufactures prendront un vrai début d'essor. À Tours d'abord, puis à Lyon plus tard. François Ier, en 1536, répond favorablement à la demande de Lyon qui sollicite des privilèges, notamment celui permettant aux Italiens de venir habiter la ville pour travailler la soie. De nombreux ateliers s'organisent.

Sous Henri IV, Sully fait planter près d'un demi-million de pieds de mûrier dans le Sud de la France, mais aussi dans le Lyonnais. On encourage les fabriques. La production continue de croître rapidement sous Louis XIV, mais c'est aussi la qualité des soies de Lyon qu'on remarque. Elles acquièrent une solide réputation internationale. Au début du XVIIe siècle, Dangon met au point le métier « à la tire ». Les « grands façonnés » font fureur dans toutes les cours. C'est la première heure de gloire.

Le début de la fin... et le renouveau

Révocation de l'édit de Nantes en 1685 et patatras ! L'industrie de la soie périclite brutalement. La main-d'œuvre fiche le camp à l'étranger. Tours et Avignon subissent les mêmes dommages. Le XVIIIe siècle apportera dans ses bagages un semblant de mieux mais c'est au début du siècle suivant, à partir de 1804, que le travail de la soie reprend du poil de la bête. Un dénommé Joseph-Marie Jacquard, canut de son état, met au point une mécanique qui utilise la carte perforée comme mémoire du dessin à tisser. Une sorte de petit ordinateur mécanique. La « grande tire » devient inutile. La production explose. Son système sera repris dans la plupart des pays étrangers. Plusieurs dizaines de milliers de métiers tournent alors dans la région. Lyon reprend vigoureusement la main, et le talent des dessinateurs allié au savoir-faire des ouvriers est partout reconnu.

Napoléon joue à fond le jeu économique en passant de nombreuses commandes d'État, notamment pour les châteaux nationaux. Il redonne vie à la soie lyonnaise en exigeant que tous les murs des palais officiels soient tendus de tissus de Lyon. Il demande à son épouse de porter de la soie lyonnaise pour inciter la cour, d'esprit éminemment grégaire, à copier l'impératrice. Et la cour copie. Les cours étrangères prennent rapidement le pli également, copiant la cour française. Des motifs nouveaux sont sans cesse proposés et les artistes sont plus créatifs que jamais. L'ampleur des nouveaux métiers Jacquard implique la construction d'immeubles aux plafonds très hauts et aux vastes fenêtres accueillant le maximum de lumière. Les pentes de la Croix-Rousse se couvrent rapidement de ces édifices hautains et fonctionnels, où travaillent et habitent les canuts, les ouvriers de la soie. C'est l'âge d'or.

L'origine du mot canut

La vérité, c'est qu'on n'est certain de rien. D'aucuns affirment que ça viendrait de « canne nue », comme la canne d'un compagnon qui aurait perdu ses insignes puisqu'on pouvait les vendre. D'autres, moins sûrs d'eux, parlent d'une relation avec la canette, la bobine sur laquelle est enroulé le fil dans la navette d'un métier à tisser.

Les canuts se révoltent

En 1830, l'industrie de la soie compte plus de 30 000 membres, dont au moins 20 000 compagnons. Le canut travaille avec sa femme et ses enfants et se fait aider par quelques compagnons. Il possède entre 2 et 6 métiers à tisser. La vie est dure, mais on la gagne sans rechigner. Cependant, aux années fastes succède une période noire. La concurrence étrangère fait chuter les prix et les soyeux – les négociants – paient de plus en plus mal les canuts. Il n'y a pas de « tarif » et le soyeux est maître du jeu. Il fait descendre les prix comme bon lui semble. Des canuts endettés sont jetés en prison.

Plusieurs milliers d'entre eux se réunissent alors pacifiquement le 21 octobre 1831. À cette date s'ouvrent les « journées glorieuses ». Un « tarif » – c'est-à-dire un prix fixe – est déterminé, mais les négociants refusent rapidement de l'appliquer. Fin novembre de la même année, une grève est décidée ; néanmoins les autorités se méfient et la garde nationale bloque la Croix-Rousse. Le quartier est assiégé. La manifestation des canuts est encore pacifique, même si on s'arme de barreaux de chaises et de pierres. Durant 10 jours, la Croix-Rousse sera le théâtre de ce que l'histoire retiendra comme la révolte des Canuts.

« Vivre en travaillant ou mourir en combattant »

Le drapeau noir à tête de mort jaillit de la foule. La garde prend-elle peur ? On ne sait. Ce qui est certain, en revanche, c'est qu'elle ouvre le feu sans sommation. La guerre civile est déclarée. La première révolte organisée de travailleurs du nouveau monde industriel est enclenchée. Marx la prendra en exemple dans son *Capital*. Le plateau de la Croix-Rousse se transforme en camp retranché et on se réunit dans la maison Brunet, sorte de forteresse, au 5 de la place Rouville. On récupère le plomb des métiers à tisser pour couler des balles dans les dés à coudre. On dépave les rues. On vend cher sa peau sur les barricades, mais la garde a été renforcée et elle attaque. Les canuts ripostent et des soldats solidaires passent aux insurgés. Dans une étrange pagaille, beaucoup de sang coule. En tout, plusieurs centaines de morts parmi les canuts et les soldats. Début décembre, un « tarif » est enfin signé et les canuts rendent les armes. Mais ce tarif ne sera pas affiché, encore moins appliqué, aucun droit du travail ne soutenant ni ne protégeant ces décisions. Les canuts obtiendront malgré tout le titre de « maîtres tisseurs de soie, d'or et d'argent » qu'il faut opposer aux tisserands qui, eux, travaillent la laine, le coton, le chanvre et le lin.

Plusieurs révoltes auront encore lieu : en 1834, suite à un procès contre des tisseurs (1 600 arrestations, plus de 150 morts) ; en 1848 encore ; puis enfin en 1885, toujours pour la défense des conditions de travail des canuts et la négociation d'un nouveau « tarif ».

Le XXᵉ siècle

En 1892, le travail des enfants de moins de 13 ans est interdit. La Première Guerre mondiale remet les pendules économiques à zéro. Au cours du XXᵉ siècle, les étoffes synthétiques font leur apparition, suivies par les tissus étrangers. La grande période des soyeux appartient désormais à l'histoire. Il ne reste aujourd'hui que quelques ateliers à Lyon, comme les maisons Brochier, Presle, Tassinari et Chatel. Celles-ci travaillent essentiellement pour des commandes d'État, Versailles, Fontainebleau, le Mobilier national, ainsi que des commandes étrangères. Pour prendre la mesure de cette formidable saga, il faut visiter l'atelier municipal de passementerie *Soierie Vivante* et le musée des Tissus (voir la rubrique « Musées »).

Confréries et sociétés secrètes

On a tout dit sur l'existence de diverses sociétés aux activités avouables ou non, dans cette bonne ville de Lyon. Impossible de savoir véritablement ce qu'il en est puisque, par définition, elles sont secrètes. Cela dit, on peut avancer quelques évidences, quelques indéniables réalités sur le nombre incroyable de groupements, clubs, sociétés, ordres divers que compte la ville.

Trois raisons à cela. Ville carrefour, lieu d'échanges des biens, lieu de rencontres – ou d'opposition – des cultes depuis les Romains, la cité a toujours été également un incroyable creuset de talentueux artisans. Charpentiers, tailleurs de pierres, orfèvres, tisseurs, imprimeurs... chaque métier était organisé en corporation. La notion de compagnons est alors très forte. Ils ont une doctrine, des règles et des signes de reconnaissance. Grand centre de compagnonnage, Lyon développera naturellement plus tard une importante tradition maçonnique, directement issue de ce compagnonnage médiéval. On prit donc très tôt l'habitude de se réunir entre soi, en groupes thématiques, qu'ils soient professionnels ou idéologiques. Par ailleurs, la configuration géographique de la ville, avec ses deux cours d'eau et ses deux collines, possède une forte symbolique. Le manque de place a favorisé la construction d'édifices tout en hauteur, encadrés par des rues étroites, favorisant l'intimité, la discrétion, la cachotterie... et bientôt le secret.

Valdo, Nostradamus, Maître Philippe et les autres

Pierre Valdo (1140-1217) ne créa-t-il pas ici le mouvement religieux des « pauvres de Lyon » ? Puis ce furent les Templiers, qui passèrent pour des sorciers au siècle suivant. Nostradamus fait imprimer ses *Centuries astrologiques* à Lyon. Certains milieux occultes semblent bien s'y sentir et tirent à eux les familles bourgeoises du XVIIe siècle. On doit à Willermoz, au siècle suivant, de faire pénétrer les doctrines maçonniques dans la ville. Il tente de réunir les différentes obédiences.

Au XIXe siècle, les idées républicaines et laïques trouvent ici un écho favorable. Encore une fois, elles se développent au sein de la franc-maçonnerie. Celle-ci est, dit-on, toujours extrêmement présente dans les classes dirigeantes. Notion de groupe ; volonté de se retrouver autour d'un thème, d'une idée ; désir de discrétion. À Lyon, peut-être plus qu'ailleurs, tous les ingrédients sont réunis.

Et puis il ne faudrait pas oublier que le grand maître du spiritisme, Allan Kardec, Hippolyte-Léon Rivail dans le civil, a vu le jour à Lyon en 1804.

Mentionnons encore Nizier-Anthelme Philippe, Maître Philippe, guérisseur et magnétiseur émérite appartenant à l'Ordre martiniste, mort en 1905. Il avait acquis auprès des cours étrangères une renommée que tout bon marabout africain serait en droit de jalouser. Sa tombe est aujourd'hui encore une des plus fleuries du cimetière de Loyasse.

Ville secrète, oui. Ville qui aime à se retrouver en microcosmes microscopiques, re-oui. Ville au passé ésotérique puissant ? Certainement plus que bien d'autres. Mais point de sorcières, ni de Belzébuth, encore moins de messes noires. En tout cas, nous, on n'a pas reçu de carton.

En revanche, et c'est là que l'histoire poursuit son chemin, un nombre incroyable d'académies, de sociétés, de cercles, d'associations, de confréries et d'ordres siègent à Lyon. Il y en a pour tout le monde. En voici quelques-uns :

– ***L'ordre du Clou :*** association d'amateurs d'humour lyonnais, de faiseurs de calembours de première, créée en 1847. Chaque nouveau membre doit apporter un clou. On est branché là en ligne directe avec la « pataphysique », notion inventée de toutes pièces par Alfred Jarry au début du XXᵉ siècle et qui construit une métaphysique de la vie sur la patate (il reste de l'aspirine dans la boîte à pharmacie pour ceux qui ne suivent pas). Dans le même genre, l'*association des Humoristes lyonnais* fut créée en 1929.

– ***Le cercle de l'Union :*** fondé en 1781 sous le nom de *cercle de Bellecour*, quasi guillotiné en 1793, ressuscité depuis, il trie ses membres – notables et dirigeants d'entreprise – sur le volet et n'accepte toujours pas les femmes. Non mais !

– ***Le Prisme :*** club d'industriels huppés (ici, pléonasme). Plus jeune que le précédent, ce qui n'est pas forcément bon signe.

– ***Les Francs Mâchons :*** association de bons mangeurs. Ils se réunissent une fois par semaine... pour manger.

– ***L'ordre de la Raie :*** encore des gastronomes qui rendent hommage à toutes les formes d'accommodement de ce poisson.

– ***Les Boyaux rouges :*** association vineuse de défense du vin du Beaujolais, créée en réaction (amicale) aux *Ventres Jaunes de la Bresse*. Certainement l'occasion de descendre quelques pots.

– ***L'ordre du mérite de Gnafron :*** défend les bouchons traditionnels. Tous les ans, il décerne un prix.

– ***L'ordre de la Quenelle :*** prend fait et cause pour cette chose sans défense qui subit de véritables abus sans pouvoir rien dire. La quenelle agréée par l'ordre doit contenir au moins 25 % de chair de brochet. On ne rigole pas avec la quenelle.

– ***L'académie du Tablier de sapeur :*** groupement d'individus prenant la défense de cette autre spécialité lyonnaise. Là encore, on est pour.

– ***L'académie du Lapin :*** celle-ci, on l'adore. Imaginez, les membres sont nommés à vie et il n'y en a que 7 : les 2 pattes avant, les 2 pattes arrière, les 2 oreilles... et la queue. Ils se réunissent une fois par mois pour un mémorable moment culinaire qui, s'est-on laissé dire, se termine fort tard.

– ***Les Authentiques Bouchons lyonnais :*** association pour la défense des bouchons.

– ***Les Frères du Quatrième :*** amateurs d'opéra qui assistent ensemble aux opéras... du 4ᵉ balcon.

– ***Les Amis de Guignol :*** comme son nom l'indique, ils défendent les textes classiques de Mourguet.

– ***Les Amis des Chats et des Pigeons des Villes :*** les chats OK, mais les pigeons...

– Sans oublier l'***Union des Vieux de France,*** les ***Ennemis des fumeurs,*** les ***Bons Templiers,*** les ***Amis de Napoléon...*** et quelques centaines d'autres.

ITINÉRAIRES

1 jour

Promenade dans la presqu'île le matin, déjeuner dans un bouchon de la rue des Marronniers, place Bellecour. En début d'après-midi, après une visite guidée du vieux Lyon, deux possibilités : monter admirer la vue de la ville depuis l'esplanade de la basilique de Fourvière, ou faire une dernière promenade sur la colline de la Croix-Rousse. Les Pentes offrent également de nombreux points de vue.

2 jours

Ajouter aux visites de la 1re journée la découverte d'un ou deux musées. Lyon en possède de magnifiques : musée des Beaux-Arts, musée des Tissus, musée Gadagne, etc.

3 jours

Vous avez le loisir de vous offrir une promenade aux serres du parc de la Tête-d'Or et de découvrir des quartiers plus originaux comme la cité Tony-Garnier.

5 jours

Enfin, ne pensez pas être désœuvré si vous disposez de 5 jours : pourquoi pas une croisière sur la Saône, un après-midi aux Subsistances, la découverte des gratte-ciel de Villeurbanne, une promenade guidée dans le 8e arrondissement, l'exploration du cimetière de Loyasse...
En soirée, la ville propose également tout un programme de réjouissances. De nombreux spectacles originaux et abordables sont montés à l'opéra. L'auditorium dispose de nombreuses formules de concerts, le théâtre des Célestins et la maison de la Danse de spectacles très audacieux.
Si vous voyagez avec vos enfants, faites un tour au parc de la Tête-d'Or où ils se régaleront entre les facéties de Guignol, le zoo, le petit train et les nombreuses animations. Les musées de la ville possèdent également de nombreux ateliers thématiques, sans compter ceux qui leur sont particulièrement destinés : musée des Automates, de la Marionnette, etc.
Bon voyage !

LANGUE RÉGIONALE

À défaut d'une langue régionale à part entière, voici quelques expressions typiquement lyonnaises :
– **Allée :** porche, entrée d'immeuble ou cage d'escalier.
– **Avoir les jambes en pâte à quenelle** (prononcer « k'nelle ») **:** avoir les jambes molles, être fatigué, affaibli.
– **Baraban ou dents de lion :** pissenlit. Manger une salade de barabans. Ou encore : « il mange les barabans par la racine (ou par le trognon) » (il est mort).
– **Bugne :** appelée aussi oreillette ou beignet de carnaval. Pâtisserie frite dans l'huile, craquante ou molle, saupoudrée de sucre. On les découpe avec une roulette en forme d'éperon. Mot également utilisé pour parler du visage, de la face. « Bugne à bugne » : les yeux dans les yeux, face à face. « Bugner » : cogner, heurter. « J'ai bugné » : j'ai eu un accident. Également utilisé pour dire « tout droit » : « Prenez la première rue à droite et vous arriverez droit comme une bugne ». Veut aussi dire idiot : « pauvre bugne », « pauvre bugnasse ».
– **Caffi :** plein. « Le tramway était caffi de monde. » Se dit aussi en pâtisserie pour une pâte trop compacte, qui n'a pas levé.
– **Cani :** café, bistrot, bar.
– **Canut, use :** d'après le dictionnaire Le Littré de la grand' côte, signifie « ouvrier, ouvrière en soie ». Les canuses sont renommées pour leur patience et leur bon caractère. « Elles font tout ça que veulent leurs maris. » La « canne nue » du compagnon qui aurait vendu ses insignes serait à l'origine du mot, mais rien n'est certain. Peut-être le mot viendrait-il de canette, mais là non plus, impossible d'être affirmatif. Le canut serait donc celui qui use de la canette, qui n'a rien à voir avec la boîte de bière, ce récipient

n'existant pas au XIXe siècle (et à Lyon, on liche du beaujolais en pot, mais plutôt avec le petit cylindre de la navette du métier à tisser).

– *Carottes rouges et racines jaunes :* encore utilisées par quelques personnes âgées, ces expressions désignent, dans l'ordre, les betteraves rouges et les carottes.

– *Catolle :* « faire la catolle », en cuisine, c'est faire des grumeaux ou accrocher au fond de la casserole. Mais une catolle est aussi une femme bigote ou une bavarde qui se plaît à cancaner.

– *Clapoton :* pied de mouton ou d'agneau. « Mon gone adore la salade de clapotons. » Par extension, les pieds : « J'ai les clapotons sans connaissance », donc « J'ai froid aux pieds ».

– *Claqueret :* nom donné au fromage blanc, et surtout à la cervelle de canut, car il faut la claquer, la battre, pour la préparer.

– *Corgnolon :* cou ou gosier. « J'ai le corgnolon tout desséché, je m'en vais licher un pot de beaujolais. »

– *Cotivet :* cou, nuque. « Il lui a fait un bécot dans le cotivet. »

– *Couenne* (prononcer « couanne ») *:* à Lyon, c'est un adjectif synonyme d'idiot, andouille, niais ou bêta. « Qu'il est couenne, ce gone. » « Dire des couenneries » signifie dire des idioties.

– *Emboconner :* dégager une mauvaise odeur, puer. « Va te laver les clapotons, tu nous emboconnes. »

– *Équevilles :* balayures, ordures. Équevilleur : éboueur.

– *Fenne ou fenotte :* femme. La Madelon est la fenotte de Guignol.

– *Fiaule :* prononcer comme miaule. Veut dire ivre, saoul.

– *Ficelle :* à Lyon, c'est le funiculaire, qui monte par exemple à Fourvière ou à Saint-Just. « Prendre la ficelle. »

– *Fumeron :* jambe. « J'ai marché de Perrache à la Croix-Rousse à pied, j'ai les fumerons qui me rentrent dans le ventre. »

– *Gauné ou dégauné :* habillé, vêtu. « Il est gauné comme pour aller aux noces. » Ou au contraire « mal gauné » : mal fagoté, débraillé.

– *Godiveau :* saucisse qui se présente enroulée sur un support, à la manière du boudin. Également utilisé pour parler d'un garçon peu dégourdi, lent ou emprunté.

– *Gognand(e) et gognandise :* le gognand est une personne maladroite ou un peu lente. « Quel grand gognand, celui-là ! » Et « gognandise » signifie bêtise, idiotie ou plaisanterie.

– *Gone :* enfant, môme, gamin. Se prononce comme mignonne et non comme côte.

– *Licher :* boire. Guignol à Gnafron : « Viens, mon gone, allons licher un pot de beaujolais. »

– *Miaille :* bouche. « Se faire péter la miaille » : s'embrasser pour se dire bonjour.

– *Petafiner :* abîmer ou dégrader quelque chose. Signifie aussi mourir.

– *Pitrogner :* malaxer, pétrir. S'utilise en cuisine principalement.

– *Pot :* à Lyon, c'est une petite bouteille à cul épais contenant 46 cl de vin, beaujolais, côtes-du-rhône, etc. Terme absolument vital pour bien se faire comprendre et ne pas passer pour un touriste aux yeux des bistrotiers et restaurateurs lyonnais.

– *Regrôleur :* cordonnier. Gnafron était regrôleur.

– *Souci :* dans l'expression « on va prendre du souci », le visiteur signifie à son hôte, qui lui a offert le déjeuner ou le café, qu'il ne va pas tarder à partir.

– *Ventre jaune :* utilisé pour les habitants de la Bresse, non pas parce qu'ils se nourrissaient de maïs, comme c'est souvent dit, mais parce qu'ils avaient pour habitude de garder leurs pièces d'or sur leur ventre, dans une ceinture de tissu.

– *Le « y » :* le Lyonnais de souche aura une curieuse tendance à saupoudrer de « y » ses phrases : « J'y dis », « J'y f'rai demain »... en lieu et place de « je lui dis », « je le ferai »... Malheureusement, cette truculence de langage se perd un peu.

LIVRES DE ROUTE

– *Lyon méconnu 1, 2 et 3,* de Régis Neyret et Jean-Luc Chavent, Éditions lyonnaises d'Art et d'Histoire, 1996. Pour ceux qui veulent y voir de plus près. Bourré d'anecdotes, d'histoires méconnues et de détails insolites.

– *Calixte ou l'introduction à la vie lyonnaise,* de Jean Dufourt, Éditions lyonnaises d'Art et d'Histoire, 2002. L'introduction idéale pour celui qui arrive en ville. Le récit se déroule au début du XXe siècle mais il permet, aujourd'hui encore, d'éviter pas mal de bourdes et de maladresses auprès des Lyonnais. Francisque Collomb l'avait offert à Raymond Barre à son arrivée dans le secteur.

– *La Gerbe d'or,* d'Henri Béraud, Éditions lyonnaises d'Art et d'Histoire, 2002. Description émouvante de l'enfance de l'auteur dans le Lyon du tournant du XXe siècle. La vie à Bellecour et les événements socio-politiques (assassinat de Sadi Carnot, premier film des frères Lumière, etc.). Une enfance lyonnaise superbement dépeinte.

– *Le Littré de la grand' côte,* de Nizier-du-Puitspelu, Éditions lyonnaises d'Art et d'Histoire, 2000. Dictionnaire des termes lyonnais. À la fois savant et plein d'humour, il rassemble toutes les expressions lyonnaises expliquées dans le contexte d'une petite histoire. Un classique du genre.

– *La Plaisante Sagesse lyonnaise, maximes et réflexions morales,* de Catherin Bugnard, Éditions Tixier et Fils, 2000. Petit recueil de maximes de canuts pour mieux cerner l'esprit croix-roussien du siècle dernier.

– *San Antonio chez les gones,* de Frédéric Dard, Fleuve Noir, 1996. Notre dragueur et néanmoins aimable commissaire dans les monts du Lyonnais.

Et encore...

– *L'Enfer,* de René Belletto, P.O.L. et J'ai Lu, 2000.

– *Des mets et des mots lyonnais,* de Pierre Grison, Éditions Xavier Lejeune, 2000. Un tout petit bouquin gourmand « à l'usage des étrangers qui sont pas d'ici ».

MERVEILLES DE GUEULE

Lyon s'est autoproclamé capitale de la gastronomie. Si l'on en juge par la quantité de toques qui étoilent la région, par la qualité des produits disponibles (c'est ça, le secret) et par l'amour passionné des Lyonnais pour la cuisine, ce titre n'est sans doute pas usurpé. « Laisser aux choses le goût de ce qu'elles sont », voilà l'unique leçon. Stendhal, originaire de Grenoble, ville qu'on ne peut pas suspecter de sympathie instinctive pour Lyon, en convenait : « Je ne connais qu'une chose que l'on fasse bien à Lyon, c'est manger. »

Mais pour être capitale, il faut une histoire. Chut, les enfants ! On va vous la raconter.

Les bouchons

Là commence la gastronomie lyonnaise, au temps des chevaux et des diligences. Lieu de passage entre le Nord et le Sud, les Alpes et le Massif central, Lyon fut de tout temps une étape indispensable au repos des hommes et des bêtes. L'origine du mot bouchon commence à être connue, croit-on. L'histoire raconte (c'est c'qu'on dit quand on n'sait pas trop) que, pendant que les hommes faisaient ripaille et dormaient à l'auberge, les chevaux se faisaient « bouchonner » la panse à l'aide d'une botte de paille. Un bouchon de paille était accroché à l'enseigne de ces auberges. La halte du cheval donna donc son nom aux escales humaines. Faux ! La légende est belle, tourne rond et satisfait tout le monde. La vérité est plus complexe : une grappe de pommes de pin (l'insigne de Bacchus) ou un bouquet de paille étaient effectivement accrochés à la porte des cabarets pour indiquer que l'on pouvait y boire du vin. Ce bouquet de paille porte aussi le nom de bouche. Le temps faisant son travail, le mot se déforma de « bouche » à « bouchon ». Rien à voir, donc, avec le bouchonnage des chevaux. Si l'histoire fut altérée, la cuisine resta de tout temps la même. Aujourd'hui encore elle est simple, roborative, goûteuse, et les grands classiques sont toujours au menu : salaisons, *bouilli* (pot-au-feu en patois lyonnais), salade de pommes de terre, *cervelle de canut,* etc.

Les mâchons

Avec l'avènement de l'ère industrielle et l'émergence du prolétariat, les auberges s'installèrent en centre-ville, afin de nourrir les ouvriers, et notamment les soyeux. Elles durent aussi s'adapter aux horaires de cette nouvelle clientèle. On inventa alors le mâchon, un solide casse-croûte matinal, reprenant les plats de base du traditionnel repas des bouchons. Cette pause familiale et bistrotière (mais les clients et le tout-puissant patron faisaient partie de la même famille, et tout se passait à la bonne franquette, sans carte ni prix indiqués) pouvait s'étirer en longueur, et précédait parfois de peu le déjeuner. Et on recommençait la ronde des saladiers, contenants traditionnels des multiples entrées.

Les mères

Voilà donc nos Lyonnais à table, mais bien loin de la recherche et de la finesse de la gastronomie. Suite à de bourgeoises faillites, de grandes familles durent, dans la première moitié du XXe siècle, se séparer de leur cuisinière. Certaines d'entre elles, qui maîtrisaient autrement mieux la préparation des mets que les aubergistes bougons, s'installèrent à leur compte et mirent leur compétence au service de la restauration publique. Ainsi, tout le monde put découvrir les subtilités de la poularde en vessie, de la tête de veau roulée, des *béatilles* (crêtes, gésiers, foies, cœurs de coqs servis en ragoût), des cardons à la moelle ou du gâteau de foies de volaille.

Mère Brazier, mère Pompon, mère Caron, autant de noms qui résonnent dans l'estomac des gastronomes. Ces mères tenaient table ouverte en permanence pour les compagnons du tour de France. Cette génération de femmes en voie de disparition donna l'impulsion à la naissance de la vraie et merveilleuse cuisine lyonnaise. Qu'elles soient bourgeoises ou filles du peuple, le repas se devait d'être simple mais parfait. D'ailleurs, et symboliquement, Paul Bocuse est le fils de l'une d'elles.

Les produits

Venons-en au fait, puisque c'est bien dans la richesse des terroirs alentour que réside le secret de la réussite de la cuisine lyonnaise. Au nord, les vins du Beaujolais ou de Bourgogne et les bœufs du Mâconnais ; à l'est, les vins du Bugey, les fromages de Saint-Marcellin, les porcs du Dauphiné, les poissons des lacs de Savoie et les volailles de Bresse ; à l'ouest, les charcutailles, les fruits et les vins des montagnes lyonnaises ; au sud, les grands côtes-du-rhône. Et partout, des producteurs scrupuleux qui font pleuvoir sur la ville leurs merveilles de gueule. Il y a des choses avec lesquelles on ne rigole pas.

Il faut les voir ces Lyonnais, tous égaux la bouche ouverte, au marché du dimanche ou sous les halles, soupeser la bidoche, scruter l'œil de l'omble chevalier, renifler le saint-marcellin, peloter la charcutaille. Et parler des heures de quelque idée nouvelle pour les accompagner, avant de s'échanger un bidon de fond de veau contre une poignée d'herbes aromatiques.

Les spécialités

Elles sont nombreuses, et il faudra goûter à tout, même à ce qui au premier abord apparaît comme peu ragoûtant. Encore une fois, ce qui fait la réussite de cette cuisine c'est la fraîcheur et la qualité des produits car, si les recettes sont simples, encore faut-il bien les exécuter. À vos fourchettes !

– *Le saucisson à cuire* : subtil mélange de jambon maigre et de lard gras, c'est l'une des vedettes de la farandole des charcutailles. Il va, en cuisant dans l'eau bouillante, donner un peu de sa saveur aux pommes de terre qui doivent baigner dans le même élément liquide. Autrefois, du temps où il contenait un peu de cervelle de porc, on le servait en entrée. Aujourd'hui, il peut sans rougir constituer un plat principal, surtout si, comme en Beaujolais, on le prépare dans le moût du vin. Dans sa version *brioché*, on évitera de le passer à l'eau bouillante. Le *sabodet* est une variante du saucisson à cuire, composée de morceaux de tête et de couenne. Plus lourd mais délicieux.

– *La rosette* : parmi les nombreuses variantes du saucisson, citons celle-ci, qui doit son nom au boyau proche du rectum (la petite rose) qui l'entoure. Plus mignon, le *jésus* est un gros saucisson emmailloté comme le divin Enfant dans la crèche.

– *Le cervelas* : cette sorte de saucisson, lisse et à la peau rouge, est un plat de fête. Nature, pistaché ou truffé, il se déguste chaud ou froid, accompagné de pommes vapeur.

– *Les salades lyonnaises* : rassurez-vous, rien de bien léger. Les salades aussi ont leur quota de calories : salade de lentilles (le caviar lyonnais), pissenlits aux lardons et croûtons, etc.

– *Le tablier de sapeur* : par analogie formelle et chromatique au tablier de cuir que portaient (et portent encore, voir ceux de la Légion) les sapeurs pour protéger leur uniforme, on a ainsi baptisé cette tranche triangulaire de « bonnet » (de la tripe pas grasse du tout), marinée quelques heures au vin, avant d'être panée et frite. Le tablier de sapeur est traditionnellement servi sans autre accompagnement qu'une sauce béarnaise, et c'est un régal.

– *Le gras-double* : une bien peu ragoûtante appellation pour désigner l'un des grands classiques du mâchon. Cette tripaille est servie chaude ou froide, en gratin, en salade ou à la lyonnaise, avec des oignons.

– *Les gratons* : gras de porc frit puis séché, il est servi en petites bouchées et en amuse-gueules dans certains bouchons. On en prend un par curiosité et on finit le panier par gourmandise.

– *L'andouillette lyonnaise* : contrairement à ses cousines picardes ou champenoises qui tutoient le cochon, l'andouillette locale n'est composée que de fraise de veau grossièrement hachée. Elle arrive coupée en tronçons, baignant dans une crème moutardée et accompagnée de pommes sautées, ce qui fait oublier qu'elle est censée être la moins grasse et la plus digeste des andouillettes.

– *Les quenelles* (prononcer « k'nelle ») : autre monstre sacré de la table locale, la quenelle, qui ressemble à une saucisse blanche, est une préparation très fine à base de semoule de blé dur, de lait et d'œuf, à laquelle on ajoute du brochet, du veau ou de la volaille afin d'obtenir une quenelle de brochet ou, vous l'aurez deviné, de veau ou de volaille. Elles se cuisent le plus souvent au four avec une béchamel et doublent alors quasiment de volume. Si vous avez le souvenir traumatisant d'une quenelle ratatinée de cantine, il faut absolument redécouvrir dans une adresse idoine cette spécialité qui n'a jamais passé les frontières de l'Hexagone.

– *La cervelle de canut* : incontournable et inimitable, ce fromage blanc battu avec de la crème fraîche, du vinaigre et de l'huile d'olive, auquel on incorpore de l'ail, de la ciboulette, du persil et de l'échalote hachés, puis une tombée de vin blanc des coteaux du Lyonnais. Saler, poivrer, et c'est emballé. L'appellation, péjorative pour les canuts qui, penchés 14 h par jour sur leur métier, n'avaient sans doute pas trop le temps de penser, peut être remplacée par celle de *claqueret* (de *claquer*, battre), beaucoup plus politiquement correct.

– *Les fromages :* si le saint-marcellin est parvenu à se glisser sur toutes les tables lyonnaises, n'oublions pas le saint-félicien, le mont-d'or ou la rigotte.

– *Le fromage fort :* pas un fromage, mais des fromages. Ensemble de rogatons qu'on met dans un pot, qu'on arrose de vin blanc et qu'on oublie. Quand on s'en souvient, on a du fromage fort. Goûtez, c'est du tonnerre !

– *La pogne :* spécialité du Dauphiné que les Lyonnais ont déclinée sous plusieurs formes, du pain brioché garni de fruits confits à la tarte aux fruits rustique qui peut être, en hiver, tarte à la courge ou au potiron.

PERSONNAGES

– *Marcel Achard* (1899-1974) : né à Sainte-Foy-lès-Lyon, fils d'un cafetier lyonnais, il a été stagiaire-instituteur à Vaulx-en-Velin avant de devenir l'homme de théâtre connu de tous. Il est entré à l'Académie française en 1959.

– *André-Marie Ampère* (1775-1836) : passionné et distrait comme la légende aime à décrire les scientifiques, ce physicien et mathématicien fit d'importantes découvertes (qui nous échappent) dans son domaine. On retiendra qu'il mit au point le galvanomètre, le télégraphe électrique et une règle pour déterminer le sens d'un champ magnétique, connue sous l'amusant nom de « Bonhomme d'Ampère ». Ayant formulé l'idée de l'intensité des courants, il laissa aussi à nos appareils électriques une unité de mesure : l'ampère (pour mémoire, U = RI, les physiciens comprendront). Il eut un fils, Jean-Jacques, également lyonnais de naissance, mais qui préféra l'histoire aux bricolages électriques. Dommage, ils auraient pu fonder la société Ampère et Fils. Ce personnage a son petit musée à Poleymieux.

– *Raymond Barre* (1924) : né à Saint-Denis de la Réunion, ex-professeur d'études politiques, ex-« meilleur économiste de France » prolifique, ex-ministre de pas mal de choses (Commerce extérieur, Économie), ex-Premier ministre (1976-1981), il fut élu en 1978 député du Rhône et, en 1995, maire de Lyon et président du Grand Lyon. Sa combativité bonhomme, sa placidité acide et quelques images indiscrètes de petits roupillons à l'Assemblée lui valent une réputation un peu usurpée d'immobilisme. Lyon lui doit tout de même d'avoir géré, parfois au prix de quelques railleries justifiées (l'affaire TEO), l'inévitable développement des transports urbains et péri-urbains et d'avoir mené à bien de remarquables projets culturels (achèvement de la magnifique rénovation du musée des Beaux-Arts, transformation de la halle Tony-Garnier en salle de spectacle de 17 000 places, inscription de Lyon au Patrimoine mondial de l'Humanité, etc.). Raymond Barre obtint également que Lyon accueille de grands événements (réunion du G7 en 1996). Son dernier combat politique et municipal fut de mettre sur les rails son grand projet « Lyon Confluence », visant à doubler la surface du centre de la presqu'île. Ce projet a été repris par le nouveau maire, Gérard Collomb.

– *Marius Berliet* (1866-1949) : encore un petit Lyonnais passé à l'école La Martinière et devenu célèbre. Sa première invention est un tandem à moteur, et rapidement il s'est intéressé aux voitures de tourisme. Mais c'est en construisant des camions qu'il devint célèbre et fit fortune. Son nom disparaît en 1980, après avoir été racheté par Michelin, puis Renault. Actuellement, le site industriel est encore très important à Vénissieux.

– *Maurice Bernachon* (1919-1999) : un artisan-chocolatier d'exception et des chocolats qui font le tour du monde. Un homme discret qui s'est toujours tenu éloigné des lumières de la scène gastronomique. Jean-Jacques Bernachon et son épouse (ex-demoiselle Bocuse) veillent à présent sur le temple de l'or noir.

– *Paul Bocuse* (1926) : le pape de la cuisine est de Lyon, c'est pas de leur faute si les Lyonnais ont pris la grosse tête. Pour ce qui est du Grand Paul, il garde la tête froide, et même un œil dubitatif sur le système. Ses détracteurs, ceux qu'il agace, ceux qu'il irrite, vous diront le contraire, mais nous pensons qu'il est né avec, ou plus exactement qu'il a « une grande gueule » plutôt que la grosse tête. Du plus loin qu'on remonte dans son arbre généalogique, on trouve, au XVIIIe siècle, une famille de meuniers dont la femme cuisinait pour les mariniers de la Saône. Les Bocuse sont donc restaurateurs de mère (ou de père) en fils depuis ; Paul est ainsi tombé dans les fourneaux quand il était petit et n'en est jamais ressorti. Meilleur Ouvrier de France en 1961, il obtient en rafale 3 étoiles les années suivantes. Et il les a toujours. N'oublions pas, derrière l'image hyper-médiatisée, le cuisinier de talent, le technicien doublé d'un brillant homme d'affaires, générateur de plaisirs depuis des décennies, et c'est ça le plus important, surtout pour un cuisinier.

– *Alain Chapel* (1937-1990) : trop tôt disparu, ce Lyonnais, élève de Fernand Point, a laissé derrière lui beaucoup plus qu'un restaurant à la réputation internationale. Cet homme raffiné, distingué et discret, faisait une cuisine qui lui ressemblait et a formé de nombreux cuisiniers. L'un d'entre eux, Philippe Jousse, a repris sa suite dans la grande maison de Mionnay, aux côtés de Suzanne Chapel. Et M. Chapel peut reposer en paix, la maison est toujours aussi recommandable.

– *Bernard Clavel* (1923) : né à Lons-le-Saunier, donc jurassien de naissance, il a vécu à Lyon. Il a écrit, entre autres, *Malataverne, Le Silence des armes*, et a obtenu le prix Goncourt en 1968 pour *Les Fruits de l'hiver*.

– *Frédéric Dard* (1921-2000) : né à Bourgoin-Jallieu. Inoubliable auteur de *Baise-ball à La Baule* et créateur du détective San-Antonio (il y a déjà un demi-siècle) et de son truculent Bérurier, il mérite bien quelques lignes, lui qui inventa tant de mots et pissa tant de copies. On a tous, à un moment ou à un autre, lu et ri en lisant les burlesques aventures de cet impossible détective-séducteur, dur avec les hommes, doux puis dur avec les dames. Bon vivant comme son héros, Frédéric Dard était une figure éminemment sympathique de la littérature anti-prise-de-chou. Ce futur monument de la littérature du XXe siècle aura eu la chance de connaître le succès de son vivant (220 millions de livres vendus). On l'aimait, c'est dit.

– *Tony Garnier* (1869-1948) : né à Lyon, dans le quartier de la Croix-Rousse, Tony Garnier passe 4 années à l'École nationale des beaux-arts de Lyon. Grand Prix de Rome en 1899, il délaisse l'étude de l'architecture antique pour s'intéresser aux problèmes de la ville contemporaine. En 1917, il publie *Une cité industrielle*. « Car ce sont à des raisons industrielles que la plupart des villes neuves que l'on fondera désormais devront leur fondation. » Vingt ans d'élaboration d'une œuvre graphique qui n'a connu qu'une application partielle. Sa rencontre avec le maire de Lyon, Édouard Herriot, consacre Garnier comme l'architecte des grands travaux de la cité. Ce pionnier de l'urbanisme du XXe siècle a vu ses idées (méthodes d'industrialisation de la construction) reprises et développées entre autres par Le Corbusier. Il meurt près de Marseille, à la Bédoule, en 1948.

Voici les principales réalisations de Tony Garnier :
- hôpital Édouard-Herriot de Grange Blanche (1910-1933), 5, pl. d'Arsonnal, 69003 ;
- halle aux bestiaux et abattoirs de la Mouche (1906-1928), 20, pl. Antonin-Perrin, 69007 ;
- stade olympique de Gerland (1914-1926), 351, av. Jean-Jaurès, 69007 ;

- le quartier des États-Unis, 69008 ;
- 2 villas à côté de l'île Barbe ;
- l'hôtel de ville de Boulogne-Billancourt, dans les Hauts-de-Seine, est sa dernière œuvre (1934).

– *Hector Guimard* (1867-1942) *:* architecte et décorateur, il imposa le style Art nouveau ou modern style. Si tout le monde ne connaît pas son œuvre, personne ne peut ignorer qu'il a créé les entrées du métropolitain parisien (l'une d'entre elles est exposée au musée d'Art moderne de New York). Au musée des Beaux-Arts de Lyon, ville où il est né mais ne s'est pas illustré, on peut voir une des chambres à coucher qu'il a dessinées.

– *Édouard Herriot* (1872-1957) *:* champenois de naissance, il est venu à Lyon enseigner les lettres classiques au lycée Ampère. Sans cesse réélu maire de la ville de 1904 à 1957, le président du parti radical a donc enchaîné les mandats pendant plus de cinquante ans. Il a ainsi eu le temps de marquer la ville et l'esprit des Lyonnais de façon remarquable. L'ancienne rue de l'Hôtel-de-Ville porte son nom, ainsi qu'un hôpital et un lycée. Son franc-parler plaisait aux Lyonnais, avec qui il partageait l'amour de la bonne chère.

– *Joseph-Marie Jacquard* (1752-1834) *:* fils d'un maître ouvrier en étoffes d'or, il travaille, enfant, comme tireur de lacs sur le métier de son père. Le travail est dur. Naturellement ingénieux, il réfléchit très jeune à la manière d'améliorer cette machine. Il fonde une petite fabrique de tissus. Au sortir de la Révolution, il n'a de cesse d'améliorer son outil de travail pour le rendre plus performant, plus facile d'utilisation. Il obtient un brevet d'invention en 1801. On le charge de former des compagnons. Il découvre le travail d'un inventeur dont l'objet était la suppression des tireurs de lacs. Il reprend et améliore l'idée. Ce n'est qu'en 1804 que son métier à tisser, utilisant un ingénieux système de cartons perforés placés au-dessus du métier, est mis au point. Il obtient une médaille d'or pour son invention, mais les ouvriers sont mécontents puisque cela supprime de la main-d'œuvre, notamment celle des enfants. On a alors du mal à comprendre que le *jacquard* supprime la sueur du pauvre gone (gamin de Lyon), pas le pain. On tente même de le noyer dans le Rhône. Malgré ses détracteurs, très rapidement le métier Jacquard supplante toutes les autres techniques. Il révolutionne tout simplement les méthodes de tissage. Cet ouvrier simple, inventeur de génie, est finalement reconnu et décoré de la Légion d'honneur en 1819.

– *Kent* (1957) *:* lyonnais d'origine, il se fit connaître avec son groupe de rock vivace, Starshooter, à la fin des années 1970. Il poursuit maintenant, en compagnie de la chanteuse Enzo Enzo, une sympathique carrière solo à deux, écrivant des textes pas bêtes sur des mélodies mémorisables.

– *Emmanuel Krivine* (1947) *:* né à Grenoble (de père russe et de mère polonaise) et violoniste, il est le chef de l'Orchestre national de Lyon de 1987 à 2000. Les enregistrements qu'il a réalisés avec l'ONL comptent dans le monde des mélomanes. Pour n'en citer que quelques-uns : Debussy, Ferroud (compositeur lyonnais du début du XXe siècle) ou Florentz, en résidence à Lyon et contemporain dans tous les sens du terme.

– *Louise Labé* (vers 1520-1566) *:* née à Lyon d'un père artisan, la jeune fille reçoit une éducation assez libérale. On la surnomme la Belle Cordière puisque c'est le métier de son papa et celui de son mari, et qu'elle est jolie. Une femme pas comme les autres puisqu'elle tient un salon littéraire à Lyon entre 1545 et 1555, date à laquelle elle obtient le royal privilège d'imprimer un livre. Son salon est fréquenté par les plus grands de l'époque : Maurice de Scève, Clément Marot, Fontaine et Olivier de Magny sont de la partie. On dit que ce dernier poussa l'avantage jusqu'à la chambre à coucher. On n'en révèle pas plus. Eh oh ! on n'est pas *Voici* pour ragoter sur la vie privée des gens, tout de même. Reste que Louise est une femme libérée, ou plutôt libre tout simplement, très à la pointe de son époque. Cette liberté de ton trouve son point d'orgue dans ses sonnets où ses sentiments intimes sont dits avec force, sans fausse pudeur mais toujours avec une admirable finesse. Lire son *Débat de la folie et de l'amour,* particulièrement... audacieux. Elle s'inscrit comme l'un des chefs de file du mouvement humaniste lyonnais du XVIᵉ siècle et une des plus grandes poétesses françaises. Elle composera 3 élégies et 24 sonnets, ce qui est finalement bien peu, et terminera ses jours à Parcieu, aux côtés d'un Italien nanti.

– **Louis Lépine** (1846-1933) : l'inventeur, en 1902, d'un célèbre concours des inventions qui porte son nom, est né à Lyon en 1846. Préfet de police à Paris de 1893 à 1913, il dut organiser le trafic automobile balbutiant, et inventa pour ce faire le bâton blanc. Lépine créa également la brigade fluviale et les brigades cyclistes.

– **Auguste** (1862-1954) **et Louis Lumière** (1864-1948) : étonnants chercheurs et inventeurs que ces deux frères franc-comtois. On doit au cadet, Louis, le premier cinématographe, qui a rendu célèbre leur patronyme. Mais ils ne se sont pas uniquement cantonnés aux domaines du cinéma et de la photo. Auguste, l'aîné, après avoir mis au point avec son frère la plaque autochrome (premier procédé de photographie en couleur), s'est passionné pour la biologie et la physiologie. Il inventa le tulle gras utilisé pour soigner les brûlures, travailla au traitement du tétanos, des rhumatismes, etc. Les deux frères versèrent aussi dans le textile. Qui se rappelle à Lyon de la *feyzinette* (tissu synthétique fabriqué à Feyzin, en banlieue lyonnaise) ?

– **Jacques Martin** (1933) : le marathonien des dimanches télévisés est lyonnais. Du *Petit Rapporteur* à *L'École des fans,* sans oublier sa participation à de nombreuses émissions des *Grosses Têtes,* où il brillait par sa grande culture, il a tenu une place importante dans le paysage audiovisuel du pays. De nombreux Français choisissaient ses programmes plutôt qu'une balade à la campagne. Tant mieux pour les routards.

– **Marcel Mérieux** (1870-1937) : natif de Terrenoire, non loin de Saint-Étienne, il a été un des premiers élèves de l'école de chimie de Lyon, avec pour professeurs Raulin et Grignard. Il a aussi collaboré aux recherches de Louis Pasteur, en spécialiste des colorants qu'il était. Il fut le premier d'une véritable dynastie, et a mis au point un grand nombre de vaccins. Le brillant chercheur était aussi musicien, il a composé trois opéras. Aujourd'hui, l'entreprise Mérieux est dirigée par les descendants de Marcel. C'est un véritable empire, médiatisé lors de l'inauguration en 1999 du laboratoire de virologie P4, situé à Lyon-Gerland.

– **Jean Moulin** (Béziers, 1899-1943 ?) : le plus jeune préfet de France (Loiret-Cher, 1938) fut élevé dans une famille laïque et républicaine. Dès le début de la guerre, en fonction à Chartres, il tient tête aux Allemands qui avaient occupé la ville. Il se fait logiquement révoquer par Pétain en 1940, pour opinions politiques de gauche, et rejoint rapidement la Résistance où il cherche à fédérer les différents groupuscules qui se créent. Il part pour Londres rejoindre de Gaulle en novembre 1941 et revient en France, à Lyon, chargé par lui d'une triple mission : réaliser l'unité de la Résistance, convaincre ses différents éléments de se placer sous les ordres du général de Gaulle, et assurer le commandement militaire du même général sur ces troupes. À la tâche politico-militaire s'ajoute la mission de réaliser l'unité morale. Il y parviendra et créera différents services comme le Service des opérations aériennes et maritimes, le Bureau d'information et de propagande et surtout, à l'automne 1942, il réunit les chefs des mouvements Combat, Franc-Tireur et Libération sous l'égide du Comité de coordinations. Puis il mettra en place le Conseil national de la Résistance, symbole de légitimité gaulliste face aux Alliés. Sa mission est remplie en à peine dix-huit mois mais sa destinée prendra fin le 21 juin 1943, à Caluire, dans la salle d'attente du docteur Dugoujon, où, trahi, il est arrêté par la Gestapo. Il y préparait une réunion des chefs militaires. Interrogé et torturé à Lyon par Klaus Barbie, on ne sait ni où ni quand exactement il trépasse. Jean Moulin, l'homme au chapeau, devient dès lors le symbole de la Résistance lyonnaise, et plus largement de la France qui a dit non. Ses cendres supposées reposent aujourd'hui au Panthéon, à Paris.

– **Laurent Mourguet** (1769-1844) **et Guignol :** le créateur de Guignol est issu d'une famille de tisseurs pauvres. Il sera donc canut. Mais à la Révolution, l'avenir semble bouché. Du haut de ses 20 ans, le jeune et insouciant Laurent a pour seule école les rues du vieux Lyon. Il ne saura jamais écrire (il ne signera même pas lui-même son acte de mariage). Peu éduqué certes, mais malin et vif. Il fait feu de tout bois et de petits boulots (tiens, déjà !) en métiers à la petite semaine, il gagne sa vie bon an, mal an en suivant les foires et les fêtes de la région. Ainsi le retrouve-t-on « maître gazier », puis « ouvrier en soye », forain ou marchand de chaussons. Quand il ne travaille pas, il fait des enfants à sa femme. Dix en dix ans ! Deux d'entre eux prendront d'ailleurs la relève en tant que marionnettistes. Est-ce pour s'élever socialement ou pour se stabiliser qu'il devient arracheur de dents ? Allez savoir ! Le métier de dentiste à l'époque relève plus du numéro de cirque que de la faculté. Encore en faut-il (des facultés) pour faire ce boulot. Il ne suffit pas d'une bonne paire de tenailles (quoique ce soit nécessaire), mais il faut pouvoir aussi attirer le chaland et divertir son public. Car oui, cela se passe en place publique. En 1797 donc, notre Laurent arrache gratuitement les dents... pour mieux refourguer ses anti-douleurs après l'opération. Il crée donc un petit théâtre de marionnettes, type de spectacle déjà très en vogue à Lyon. Il fera ses débuts avec Polichinelle, et non Guignol. En 1804, il abandonne définitivement la tenaille pour la gaine. Ses talents de marionnettiste dépassent ostensiblement ses qualités d'arracheur de dents. Beaucoup de monde devant la scène et pas grand monde sur le fauteuil ! Il devient donc marionnettiste professionnel et se trouve un compagnon en la personne du père Thomas, un comédien-amuseur fameux, avec qui il fera un bout de chemin. Mais Thomas taquine décidément trop la dive bouteille, et les deux compères se séparent. La légende raconte – et la légende ne se trompe jamais – que le premier personnage du théâtre de Mourguet sera Gnafron, sous les traits du... père Thomas. La toute première marionnette lyonnaise est née. Puis suivra Guignol en 1808, le héros, le canut, roublard et naïf tout à la fois, proche des préoccupations populaires. Madelon, sa compagne, fait rapidement partie du trio gagnant. En 1820, tout le monde est là, et au fil du temps les personnages s'affinent, tant physiquement que moralement. Le langage de Guignol est unique : il parle bien, mais invente des tas de nouveaux mots, jongle avec le parler local et l'argot, caresse le subjonctif pour mieux lui tordre le cou et zézaye un brin. Hiver comme été, il porte une redingote marron à boutons dorés, un tricorne et un nœud papillon aux ailes froissées. Les cheveux sont d'ébène, rassemblés en une natte qui se balade de droite à gauche au rythme des mouvements. Guignol se met toujours dans des situations pas possibles où, à la fin, il prend le dessus sur la maréchaussée, qui en prend toujours pour son grade, en se faisant évidemment tanner la couenne. Ouvriers et petits employés se régalent. Le pouvoir est moqué, le nanti ridiculisé. Mourguet a l'intelligence de mêler à ses scénarios des éléments de l'actualité pour les présenter sous un jour cocasse (*Les Guignols* ne font rien d'autre). Et on rit de bon cœur. Petit à petit, même le bourgeois goûtera l'humour de Guignol. Et c'est un succès, toutes classes confondues. Le saltimbanque Laurent Mourguet meurt en 1844 mais ses enfants poursuivent le chemin, et aujourd'hui petits et grands se tordent encore aux aventures et aux coups de bâton reçus par le gendarme. Et pan, et pan, et pan ! Tant mieux.

– **Régis Neyret** (1927) **:** qui c'est celui-là, vous questionnez-vous *in petto* ? Cet ancien journaliste, patron de revues régionales, éditeur aussi, s'est intéressé dès les années 1950 au patrimoine architectural de Lyon et a tout fait pour le mettre en valeur. Il se bat contre le projet dément de Pradel qui prévoit de faire passer une sorte de large boulevard urbain entre Fourvière et la presqu'île. Au sein de la jeune chambre économique, il agit pour la préservation du vieux Lyon et participe au dossier qui permettra de sauvegarder tout ce secteur au début des années 1960, puis de le réhabiliter. Avec l'association *Renaissance du vieux Lyon,* il se bat pour que ce quartier conserve son tissu social d'origine par le maintien notamment du nombre de logements dans le circuit HLM. Pari gagné : le quartier est classé secteur sauvegardé en 1964. À la fin des années 1990, on le charge de créer l'équipe qui élaborera le dossier en vue du classement par l'Unesco d'une bonne partie du centre de Lyon, en tout 500 ha. Pari gagné de nouveau ! Neyret n'est pas pour autant un conformiste ; il défend la modernité et souhaite que Lyon ouvre davantage ses portes à l'architecture contemporaine. Amoureux de sa ville (on l'aura compris), il a écrit sur elle plusieurs ouvrages (voir plus haut la rubrique « Livres de route »).

– *Michel Noir* (1944) *:* Croix-Roussien depuis 1944, il fit un temps souffler un vent nouveau sur la droite française. Son fief lyonnais, dont il occupa assez brillamment, pourquoi ne pas le reconnaître, l'hôtel de ville de 1989 à 1995, lui apporta la légitimité. Avec ses copains quadras (Carignon, Longuet...), il rêvait d'ébranler la vieille garde. Mauvaise pioche ! On sait depuis que toutes les fréquentations (dont celle de son gendre) ne conduisent pas au paradis, mais parfois devant les tribunaux. Qu'importe, Michel Noir est un homme surprenant qui sut se lancer dans une nouvelle carrière de littérateur et de comédien.

– *L'abbé Pierre* (1912) *:* Henri Grouès est une vedette, mais ce n'est pas pour cette raison qu'il a pris un pseudo. Bien au contraire, le 5e enfant d'une famille qui en comptait 8 aurait parfaitement pu rester anonyme. Abbé mais anonyme, ce fils de la Croix-Rousse (peut-être doit-on chercher là l'origine de son esprit rebelle) coule une enfance plutôt heureuse. Les affaires de son père, négociant en tissus, marchent bien. Celui-ci l'emmène un jour à la cité Rimbaud où l'on sert des repas aux miséreux. Il en conservera toujours le souvenir. Il lit Descartes, se laisse dévorer par le doute et tombe en passion pour... Jésus. Novice à 19 ans, ordonné prêtre à 26 (on est en 1938), il entre dans la guerre par la Résistance. Il sera passeur d'hommes, avec pour seuls compagnons son béret et sa canne. Henri devient alors l'abbé Pierre.

La guerre terminée, le combat continue : avec Lucie Coutaz, il fonde *Emmaüs*. Il s'agit de redonner de la dignité à ceux qui l'ont perdue. À celui qui demande de l'aide, il répond simplement : « Non, c'est toi qui vas m'aider, j'ai besoin de toi ! » Pas de misérabilisme mais des projets et de l'énergie. Faire les poubelles, récupérer, retaper et revendre : voilà le programme. Et ça marche. Son armée de gueux devient force de vie.

Autre jalon de ce long parcours, l'hiver 1954. La France se gèle, des gens meurent sur le trottoir. L'abbé lance son fameux appel « l'insurrection de la bonté », en direct sur les ondes. Il s'agit de loger là, tout de suite, les plus nécessiteux. C'est un succès que les années ne démentiront jamais. Sa fragile santé ne l'empêche en rien d'essaimer sa communauté à travers le monde. Ce scout des premières heures, en contact permanent avec le réel, avec la souffrance, mène d'autres combats : en 1986 contre « la nouvelle pauvreté » ; dans les années 1990 avec le DAL (droit au logement) pour combattre la politique insensée du logement à Paris. En avril 2001, il a accepté la Légion d'honneur qu'il avait refusée en 1992, jugeant insuffisantes les mesures prises par le gouvernement en faveur des sans-abri. S'il a pris une retraite méritée, il veille toujours au grain, poursuit sa quête permanente contre l'injustice et a conservé entière sa faculté d'indignation. Des curés comme ça, ça vaut bien une messe.

– *Bernard Pivot* (1935) *:* lyonnais, comme l'atteste sa présence sur le mur peint des Lyonnais. Infatigable apôtre du beaujolais, du football et de la littérature télévisée, il a animé hebdomadairement la même émission culturelle (ou presque) tous les vendredis soir pendant plus de vingt ans : *Apostrophe* puis *Bouillon de culture.* On lui doit quelques grands moments de télé (Bukowski dégobillant, les confessions de François Mitterrand, etc.), ainsi qu'une éprouvante dictée annuelle. Son succès est peut-être dû, en bon Lyonnais, à son parler gourmand et truculent.

– **Louis Pradel** (1906-1976) : expert en assurances automobiles, il fut maire de sa ville natale pendant presque 20 ans. Son surnom était « zizi-béton ». Pour « zizi », on n'a pas trouvé, mais on a tout de même une idée. Pour « béton », c'est parce qu'il a largement contribué au bétonnage de la capitale des Gaules : le quartier de la Part-Dieu, nombreux échangeurs et voies rapides, parkings, etc. Les Lyonnais lui doivent aussi le métro et l'axe piéton qui relie Perrache aux Terreaux. Le quartier Saint-Jean a échappé de peu aux bulldozers.

– **Puvis de Chavannes** (1824-1898) : lyonnais et grand nom de la peinture lyonnaise, il a été élève de Scheffer et de Delacroix. Son œuvre, inspirée de la tradition académique, lui attira pourtant la sympathie des impressionnistes. Gauguin, à Tahiti, rêvait de « faire du Puvis coloré ».

– **François Rabelais** (1494-1553) : s'il fait partie de cette liste, c'est parce que c'est à Lyon qu'il fait publier pour la première fois *Pantagruel* (1532), puis *Gargantua* (1534) et *Pantagrueline Prognostication,* un almanach bouffon ; mais il n'est pas natif de la cité. Il est en revanche médecin titulaire à l'hôpital du Pont-du-Rhône (actuel hôtel-Dieu) de 1532 à 1535, poste auquel il fut pistonné puisqu'il n'avait pas encore son diplôme de docteur en médecine. Il abandonne puis reprend cette place. Il participe activement à la vie trépidante de la Renaissance lyonnaise et quitte finalement la ville en 1535, au moment de l'affaire des placards. Mais il y revint régulièrement jusqu'en 1548.

– **Auguste Ravier** (1814-1895) : un peintre à découvrir absolument lors de votre visite du musée des Beaux-Arts, si vous ne le connaissez pas encore. Ravier a vu le jour à Lyon, mais a vécu dans le Dauphiné. Il a été inspiré par les paysages de Morestel, loin de tout et de toute influence.

– **Antoine de Saint-Exupéry** (1900-1944) : « S'il vous plaît, écris-moi la bio de Saint-Ex. » L'inventeur du mythique *Petit Prince* (traduit en 102 langues, dont le dialecte cebuano des Philippines, et vendu à 50 millions d'exemplaires) est né à Lyon. Pilote de l'Aéropostale, héros et martyr de guerre, il disparut plus qu'il ne mourut, aux commandes de son avion Lightning P28, en 1944, lors d'une mission pour la France libre. À l'occasion du centenaire de la naissance du grand homme, l'aéroport de Lyon-Satolas a été rebaptisé aéroport Saint-Exupéry – ainsi que la rue A.-Fochier. Un monument (statue) a aussi été inauguré à l'angle de la place Bellecour et de la rue Antoine-de-Saint-Exupéry. Parmi sa modeste mais intéressante production littéraire, il lègue aux gosses du monde entier l'histoire exemplaire d'un touchant enfant extraterrestre blond, qui réussit à apprivoiser le renard. Après sa gourmette, retrouvée au fond de la Méditerranée il y a quelque temps, les débris de son avion viennent à leur tour d'être récemment identifiés : Saint-Ex se serait donc bel et bien abîmé en mer.

– **Bertrand Tavernier** (1941) : un homme qui compte pour le cinéma français. Né à Lyon, il n'a pas oublié ses racines et y a tourné *L'Horloger de Saint-Paul*. Il est également président de l'institut Lumière.

– **Pierre Valdès** (XIIe siècle) : un riche Lyonnais surnommé Valdo veut sauver son âme en se dévouant aux pauvres. Il fonde une sorte de secte, les « Pauvres de Lyon », qu'on appellera les vaudois. Lui-même abandonne tous ses biens et prêche dans les rues. Il fait des émules et le pape lui accorde quelques crédits. Mais c'est l'époque de l'hérésie cathare et il semble que les abus de Valdo agacent les religieux. Il vit selon le précepte qu'il faut prendre aux riches pour donner aux pauvres. Jusque-là, rien de mal. Seulement voilà, il prend aux riches... sans demander, ce qui n'est pas bien, convenons-en (pillage de boutiques, profanation de l'église Saint-Nizier). Finalement condamné en 1184, il s'enfuit en Suisse (pour les rapines, là-bas, on ferme les yeux). On ne le reverra jamais.

– **Les médecins et chercheurs célèbres :** commençons par le plus célèbre, *Claude Bernard* (1813-1878), fils d'un vigneron du Beaujolais et véritable père de la médecine moderne. Mais il faut aussi parler de *Mathieu Jaboulay* (1860-1913), un temps patron de l'hôtel-Dieu et natif de Saint-Genis-Laval, qui fut à l'origine des premières expériences de xenogreffes (greffes d'animaux sur des êtres humains). Un échec total! *Léopold Ollier* (1830-1900) et *Amédée Bonnet* (1809-1858) n'étaient pas lyonnais mais ont travaillé dans la ville; ils tentèrent tous deux de sauver la vie du président Sadi-Carnot, le 24 juin 1894, lorsqu'il fut blessé mortellement par l'anarchiste Caserio. Citons aussi *Alexis Carrel* (1873-1944), prix Nobel de médecine en 1912, brillant chirurgien, concepteur d'un cœur artificiel (avec l'aide de l'aviateur Lindbergh), mais tristement célèbre pour ses théories sur l'eugénisme et sa sympathie pour le régime de Vichy. Quelques médecins ont également été maires de Lyon : *Victor Augagneur* (1855-1931), qui fut un grand spécialiste de la syphilis, et avant lui *Antoine Gailleton* (1829-1904), *Jean-François Terme* (1791-1847) ou *Jacques Hénon* (1802-1872).

– **Et encore quelques figures connues :** *Liane Foly,* et sa voix chaude et sensuelle ; *Mimi Mathy,* sans doute la plus petite Lyonnaise jamais montée sur les planches ; *Germaine Lustucru,* qui donne des pâtes à manger aux petits hommes verts ; *Jean Bouise,* comédien que l'on ne présente plus. Puis, dans le domaine de la musique classique, *Anne Gastinel,* violoncelliste, et *Isabelle Moretti,* harpiste, sont deux charmantes et brillantes jeunes femmes avec qui il faut compter depuis quelques années.

PERSONNES HANDICAPÉES

Chers lecteurs, nous indiquons par le logo ♿ les établissements qui possèdent un accès ou des chambres pouvant accueillir des personnes handicapées. Certaines adresses sont parfaitement équipées selon les critères les plus modernes. D'autres, plus simples, plus anciennes aussi, sans répondre aux normes les plus récentes, favorisent leur accueil, facilitent l'accès aux chambres ou au resto. Évidemment, les handicaps étant très divers, des lieux accessibles à certaines personnes ne le seront pas pour d'autres. Appelez auparavant pour savoir si l'équipement de l'hôtel ou du resto est compatible avec votre niveau de mobilité.

Malgré les combats menés par les nombreuses associations, l'intégration des personnes handicapées à la vie de tous les jours est encore balbutiante en France. Il tient à chacun de nous de faire changer les choses. Nous sommes tous concernés par cette prise de conscience nécessaire.

SITES INTERNET

● **www.routard.com** ● Vous avez votre *Routard* préféré en poche, mais vous êtes un irréductible de la petite souris. Sur le site du *Routard,* vous trouverez tout pour préparer votre voyage en ligne : fiches pratiques sur les régions françaises, galerie de photos, pages de liens, adresses inédites, itinéraires, services (résas, fêtes, livres, disques, cartes et météo). Le nouvel indispensable !

● **www.lyon-city.org** ● Tout, tout, tout, vous saurez tout sur Lyon : archives, restos, spectacles, expos, fêtes, environnement, projets, itinéraires de visites...

● **www.lyon-france.com** ● Le site officiel de l'office de tourisme, plein d'infos en tout genre sur la ville et son actualité.

● **www.cite-antiquaires.fr** ● Vous êtes à la recherche du cadeau rare (mais cher!). Amateurs d'art, ce site vous aide à trouver la perle : recherche thématique (bijoux, meubles, pendules...), visite virtuelle de la Cité des antiquaires, sans oublier le plan d'accès, très précis, qui vous mènera jusqu'à l'objet de vos convoitises...

GÉNÉRALITÉS

● ***www.croix-rousse.com*** ● Une description détaillée de la pièce à l'affiche du théâtre de la Croix-Rousse, ou à venir, étayée par des critiques.

● ***www.progrescope.com*** ● D'un simple clic, vous aurez sous les yeux tout ce qui bouge à Lyon : conférences, stages, spectacles d'humour, musées...

● ***www.lyoncapitale.fr*** ● « L'hebdo qui réveille l'info. » Découvrir Lyon sous toutes les facettes ? C'est possible : où en est le hip-hop lyonnais ? La campagne des municipales ? Stylisme : découvrir Max Chaoul. Une recherche thématique à faire ? Aller dans « archives ». Pour connaître Lyon sur le bout des doigts.

● ***www.monts-du-lyonnais.org*** ● Besoin d'un bol d'air ? Organisez vos escapades dans les environs de Lyon d'un coup de clic : sites à découvrir, sports...

TRANSPORTS

– Lyon est un nœud très important, tant sur l'axe nord-sud que sur l'axe est-ouest. Les ***réseaux routiers et autoroutiers*** permettent l'accès en moins de deux heures aux cimes des Alpes et en trois heures à la Méditerranée.

– Grâce au ***TGV,*** Paris n'est plus qu'à 2 h de Lyon et 1 h 40 de Marseille. La gare Lyon-Part-Dieu, construite en 1983 en complément de la gare Lyon-Perrache, est aujourd'hui le premier centre d'échange européen avec près de 20 millions de voyageurs par an. Deux TGV rejoignent quotidiennement Turin et Milan.

– Le TGV s'arrête désormais à l'***aéroport de Lyon-Saint-Exupéry,*** deuxième plate-forme aéroportuaire après Paris. L'aéroport fonctionne 24 h/24 et permet le lien avec 38 grandes destinations dans le monde et 28 destinations françaises. Une liaison tramway Part-Dieu-Saint-Exupéry est d'ailleurs sur les rails. Un projet qui pourrait s'accélérer à l'heure où la construction du troisième aéroport parisien est remise en cause au profit de l'extension d'un aéroport provincial.

– Lancé en décembre 2000 et construit par GEC-Alstom, le ***tramway*** compte aujourd'hui 43 rames personnalisées pour la ville. 450 000 m^2 d'espaces publics ont été reconfigurés. Deux lignes relient désormais Perrache à La Doua d'une part, à Bron d'autre part ; ligne qui atteint Saint-Priest depuis fin 2003, et qui représente pour la petite histoire 24 km de voie en site propre pour un coût maximal estimé à plus de 18 millions d'euros (120 MF) le kilomètre.

– Lyon possède également 32 rames de ***métro,*** véritable prodige technique. Notons que la traversée sous-fluviale du métro de Lyon (1984-1986) a été le premier chantier français par tunnelier.

De nombreux parkings ont été construits ces dernières années. Beaucoup ont été aménagés au bout des lignes de métro afin d'inciter les automobilistes à préférer les transports collectifs. Il est vrai que 100 000 véhicules traversent chaque jour la ville et que se garer dans Lyon est une vraie gageure. Un grand débat est aujourd'hui engagé sur le contournement autoroutier par l'ouest de Lyon et son contournement ferroviaire par l'est. Le bouchon légendaire de Fourvière verrait-il enfin le bout du tunnel ?

LYON

> Pour se repérer, voir le plan général de la ville
> et le plan centre en fin de guide.

Adresses et infos utiles

Infos touristiques

ℹ *Office de tourisme* (plan général et centre C5, 1) : pl. Bellecour, 69002. ☎ 04-72-77-69-69. ● www.lyon-france.com ● Ⓜ Bellecour. Ouvert du lundi au samedi de 9 h à 19 h et les dimanche et jours fériés de 10 h à 18 h (fermé le 1er mai). Disponible, compétent, souriant, le personnel de l'office réalise un sans-faute, avec, en prime, une excellente documentation en plusieurs langues ; d'autres grandes villes pourraient en prendre de la graine. Demander le plan de la ville (gratuit), l'indispensable *Guide de Lyon,* le plan détaillé du vieux Lyon. Le guide *Lyon visites* indique les visites guidées à thèmes, régulières ou ponctuelles. Très bien également, les visites audio-guidées avec baladeurs. Location à la boutique de l'office. Deux itinéraires : Croix-Rousse et Vieux-Lyon, presqu'île. Prix : 8 € la demi-journée, 12 € la journée. On peut aussi contacter le *Bureau des Guides de l'Office de tourisme* au : ☎ 04-72-77-72-33. Nombreux autres services disponibles, dont une ingénieuse formule *pass*, la « Lyon City Card », qui permet l'accès illimité au réseau bus et métro lyonnais et ouvre les portes de 19 musées du Grand Lyon et du Conseil général. Depuis 2002, deux formules concerts sont également comprises. Compter 15 € pour 1 jour, 25 € pour 2 jours et 30 € pour 3 jours (en vente également dans plusieurs hôtels, ainsi que dans les agences TCL – Transports en commun lyonnais). Autres services : central de réservations hôtelières (☎ 04-72-77-72-50), bien pratique, et, pour les plus passionnés, petite boutique avec livres et souvenirs de Lyon.

– *Lyon en direct :* ☎ 04-72-10-30-30. Du lundi au vendredi de 8 h à 19 h et le samedi de 8 h à 12 h (répondeur vocal 24 h/24 pour prendre messages et demandes). Initialement créée par les Lyonnais, cette *hot line* va dépanner de nombreux touristes ou nouveaux arrivants. Vie culturelle, associative, sports, institutions, questions administratives, etc.

– *Pass – Conseil général (Pass-musées) :* surtout intéressant pour les habitants de la région. Valable 1 an et vendu dans les musées concernés. Prix : 15 €. Prévoir une photo. Donne droit à l'entrée dans quatre musées de la région.

RTL LYON 105. FM

– *Promenades contées :* pour les groupes auto-constitués, contacter Jean-Luc Chavent, guide indépendant et conteur émérite, qui vous montre un Lyon différent au travers de balades à la carte. Sur réservation au ☎ 04-78-83-95-00. Tarif : 80 €/h, réductions pour les lecteurs du *GDR*.

■ *Comité régional du tourisme Rhône-Alpes :* 104, route de Paris, 69260 Charbonnières-les-Bains. ☎ 04-72-59-21-59. Fax : 04-72-59-21-60. ● www.rhonealpes-tourisme.com ●

■ *Comité départemental du tou-* *risme du Rhône :* 35, rue Saint-Jean, 69005 Lyon. ☎ 04-72-56-70-40. Fax : 04-72-56-70-41. ● www.rhonetourisme.com ● Fermé au public, mais peut envoyer de la documentation sur le département, sur commande.

■ *Centre régional information jeunesse Rhône-Alpes – site Lyon :* 9, quai des Célestins, 69002. ☎ 04-72-77-00-66. Fax : 04-72-77-04-39. ● www.j-net.org ● Renseignements sur les loisirs, sports, vacances, formations, métiers, la vie quotidienne, la santé, les séjours à l'étranger.

Postes

✉ *Poste principale (plan général C5) :* pl. Antonin-Poncet, 69002.

Autre poste aux Terreaux : 3, rue du Président-Édouard-Herriot, 69001.

Internet

@ *Planète Net Phone (plan général C3) :* 21, rue Romarin, 69001. ☎ 04-78-30-65-88. Ouvert tard le soir. Coût : 1,50 € les 15 mn de connexion ; 5 € l'heure.

@ *Cyber Café Vatel (plan général C6) :* 15, pl. Carnot, 69002. ☎ 04-78-42-75-01. Compter 6 € l'heure. Tarifs étudiants intéressants. L'office de tourisme propose une liste des cybercafés de la ville.

Change

En dehors des banques traditionnelles qui font souvent le change, voici quelques adresses.

■ *AOC :* 20, rue Gasparin, 69002. Tous les jours, aux heures de bureau. Autre comptoir *AOC* à Saint-Exupéry (ouverture plus large en-core, le dimanche de 10 h à 17 h).

■ *Thomas Cook :* dans les gares SNCF de Lyon-Part-Dieu et Lyon-Perrache.

Santé, urgences

■ *SAMU :* ☎ 15.
■ *Pompiers :* ☎ 18.
■ *Hôpital de l'hôtel-Dieu (centre D5, 2) :* quai Jules-Courmont, 69002. Entrée : 1, pl. de l'Hôpital. ☎ 0820-0820-69 (0,12 € TTC/mn). Ⓜ Bellecour. À deux pas de la place Bellecour. L'hôpital public le plus central.
■ *Pharmacies ouvertes 24 h/24*

(centre D4, 3) : 5, pl. des Cordeliers, 69002. ☎ 04-78-42-12-42. Une autre *(plan général D2-3, 4)* au 30, rue Duquesne, 69006, vers le parc de la Tête-d'Or. ☎ 04-78-93-70-96. Attention, comme partout en province, il y a une taxe de nuit.
■ *Police :* 47, rue de la Charité, 69002. ☎ 04-78-42-26-56.
■ *Police Secours :* ☎ 17.

Transports

Il y a **trois grandes gares SNCF** à Lyon, toutes fermées de 1 h à 4 h. Pour les infos, ligne surtaxée : ☎ 0892-35-35-35 (0,34 €/mn). Très bien desservi, Lyon est relié par le TGV à Paris, Nantes, Lille, Rennes, Bruxelles, Marseille, Montpellier, et par train traditionnel à Saint-Étienne, Toulouse, Bordeaux et beaucoup d'autres villes. Commençons par la plus ancienne gare :

🚆 **Gare SNCF de Perrache** (plan général B-C6) : cours de Verdun, 69002. Sur la presqu'île, au sud de Bellecour. Dessert en priorité les destinations vers le sud et l'ouest, mais la plupart des TGV de Paris s'y arrêtent.

🚆 **Gare SNCF de la Part-Dieu** (plan général F4) : bd Vivier-Merle, 69003. Sur la rive gauche du Rhône. Créée en 1983 pour remplacer la gare des Brotteaux réhabilitée en restaurants, c'est la gare de la vallée du Rhône, donc pour les trains en partance vers le nord, le sud et le sud-est. C'est la plus grande gare de correspondance d'Europe.

🚆 **Gare SNCF Saint-Exupéry TGV :** à l'aéroport du même nom. Magnifique construction de béton comme deux ailes d'oiseau, conçue par l'Espagnol Calatrava. Véritable « plate-forme multimodale », comme on dit dans les ministères (air, rail, route), qui préfigure les gares du futur. Des TGV, venus de Paris et du Nord, empruntent cette ligne nouvelle.

✈ **Aéroport de Lyon-Saint-Exupéry :** BP 113, 69125 Lyon-Satolas. ☎ 04-72-22-72-21. Cet aéroport international fonctionne 24 h/24 et permet le lien avec 38 grandes destinations. Il se trouve à une trentaine de kilomètres à l'est de Lyon et n'est pas bien pratique pour ceux qui viennent de villes situées à moins de 3 h de TGV. En voiture, autoroute A 43 (Chambéry, Grenoble). En taxi, la liaison avec le centre-ville coûte environ 40 €, péage de l'autoroute compris. En car, avec Satobus (voir ci-dessous). L'ancien aéroport de Lyon-Bron est réservé au trafic d'affaires.

■ **Satobus** (plan général B-C6 et F4) **:** ☎ 04-72-68-72-17 (Part-Dieu). Toutes les 20 mn, tous les jours des gares de Perrache et de la Part-Dieu, de 5 h à 21 h environ, mais vérifiez pour les vols à la limite de ces horaires. Compter 35 mn et environ 8,40 €. Notons encore que Satobus relie l'aéroport et les villes de la région, notamment Saint-Étienne, ainsi que certaines stations de ski.

🚌 **Gare routière de Perrache** (plan général B6) **:** à côté de la gare SNCF. ☎ 04-72-61-72-61. De là partent la plupart des cars des compagnies qui sillonnent le département et la région.

■ **Comptoir Air France :** quai Jules-Courmont, 69002. ☎ 0820-820-820.

■ **Transports urbains :** TCL (Transport en commun lyonnais), ☎ 0820-42-70-00 (0,12 €/mn). ● www.tcl.fr ● Minitel : 36-15, code TCL. Informations dans les stations de métro Vieux-Lyon, Perrache, Bellecour, Cordeliers, Part-Dieu, Croix-Rousse... Les 4 lignes du métro (A, B, C et D) circulent de 5 h à minuit et quadrillent la ville en se croisant en 4 points. Très propre et rarement bondé. Un funiculaire complète le réseau en montant vers Fourvière ou la Croix-Rousse. Également le nouveau tramway (lignes Perrache-La Doua et Perrache-Saint-Priest). Au-delà du centre, des bus, trolleybus et tramways rayonnent sur le Grand Lyon. On peut acheter des tickets à l'unité ou un pass journalier, bien pratique.

■ **Taxis :** Arobase @ Lyon Taxi, ☎ 04-72-27-15-15. Taxi-radio, ☎ 04-72-10-86-86. Taxi Lyonnais, ☎ 04-78-26-81-81. Prix variables selon les compagnies. Attention, pas évident de trouver un taxi en maraude hors du centre-ville.

■ **Location de vélos et VTT :** Holiday Bikes, 56, rue Servient, 69003. ☎ 04-78-60-11-10. Ouvert tous les jours d'avril à octobre sauf le dimanche. Loue aussi des scooters, motos...

– Belle *piste cyclable* sur la rive gauche du Rhône, entre le parc de la Tête-d'Or et le stade de Gerland.

■ *Location de voitures :* les grandes compagnies se trouvent à l'aéroport, aux gares (les numéros indiqués sont ceux de la gare de la Part-Dieu), en ville. *Hertz :* ☎ 04-72-33-89-99. *Avis :* ☎ 04-72-33-37-19. *Budget :* ☎ 04-72-34-64-55. *Europcar :* ☎ 0825-00-25-22 (n° Indigo). *Ada :* 42, quai Gailleton, 69002. ☎ 04-78-37-93-93 (Lyon-Perrache).

■ *Balades en roller :* voir, en fin d'ouvrage, la rubrique « À faire ».

■ *Parkings :* les parkings du centre gérés par *Lyon Parc Auto* (☎ 04-72-41-65-25) restent ouverts toute la nuit et sont décorés par des artistes (ne pas rater la visite de celui des Célestins, même si vous n'avez pas de voiture). Dans le parking indépendant de Bellecour (☎ 04-78-42-68-58), on trouve une station-service qui ne ferme jamais.

■ *Fourrière :* 116, bd Vivier-Merle. ☎ 04-72-60-26-00 (ou voir avec la police). Ⓜ Garibaldi. Ouvert de 7 h 30 à 23 h du lundi au samedi, de 8 h à 19 h le dimanche.

OÙ DORMIR ?

Ville de congrès, Lyon a l'habitude d'accueillir du monde et s'est équipé en conséquence. On trouve en ville des hébergements pour jeunes, une association de logement chez l'habitant et de nombreux hôtels de toutes catégories, ainsi que des campings, dont certains assez proches. Malgré tout, la ville manque encore de locations peu chères. Petits budgets, pensez à réserver bien à l'avance et n'hésitez pas à faire appel à l'office de tourisme, qui peut vous aider à trouver une chambre, puisqu'il possède un service de réservation (au : ☎ 04-72-77-72-50. ● resa@lyon-france.fr ●).

Hotels.com

Renseignement et réservation avec un seul numéro gratuit : ☎ 0892-393-393, du lundi au samedi de 9 h à 23 h, le dimanche de 11 h à 23 h et/ou sur Internet : ● www.hotels.com ●

Une solution simple et rapide pour réserver vos chambres d'hôtel partout dans le monde en 3 clics dans plus de 8 000 hôtels de qualité du 2 au 5 étoiles à des tarifs compétitifs, même en période chargée ou à la dernière minute. Le système est simple et la réservation instantanée et sans frais, de plus vous bénéficierez d'un paiement complètement sécurisé. Vous recevrez votre confirmation par e-mail. Des conseillers de voyages sont à votre disposition pour toute réservation par téléphone.

Opération « Bon week-end à Lyon »

Demandez la brochure *Bon week-end à Lyon* à l'office de tourisme. Si vous séjournez à Lyon 2 nuits consécutives les vendredi et samedi ou samedi et dimanche, vous ne paierez qu'une seule nuit dans les hôtels participant à l'opération. Il suffit pour cela de réserver votre chambre moins de 24 h à l'avance et de préciser que vous souhaitez profiter du tarif « Bon week-end à Lyon ». Dès votre arrivée à l'hôtel, présentez le document que vous serez allé préalablement chercher à l'office de tourisme (on peut se le faire envoyer), et faites-le valider. Cette offre n'est pas cumulable avec d'autres réductions et ne concerne pas les petits déjeuners. On signale les hôtels participant à l'opération.

CAMPINGS DANS LES ENVIRONS DE LYON

⋇ *Camping international de Lyon :* porte de Lyon, 69570 Dardilly. ☎ 04-78-35-64-55. Fax : 04-72-17-04-26. À une quinzaine de kilomètres au nord-ouest du centre-ville, pas loin de l'A 6 et de la N 6. Bus n° 89 depuis la station de métro Gare-de-Vaise. Ouvert toute l'année. Il vous en coûtera 6,10 € l'emplacement pour une tente et de 7,60 à 15,30 € pour une caravane ou un camping-car, selon leur taille. Également location de mobile homes : 3,10 € par personne et par nuit à ajouter aux sommes précédentes. Très confortable : restaurant et bar de mi-juin à mi-septembre. Piscine, ping-pong, volley-ball... encadré par des moniteurs. Propose 200 emplacements ombragés au bord de l'A 6. Vraiment idéal pour une simple halte, car il ne vous fera pas dévier de votre itinéraire. De plus, vous trouverez, à proximité des grandes surfaces, une station-service, un garagiste et toutes les commodités. Pour nos lecteurs, 10 % de remise sur le prix du séjour.

⋇ *Camping Les Barolles :* 88, av. Foch, 69230 Saint-Genis-Laval. ☎ 04-78-56-05-56. Au sud de Lyon. Très bien desservi, notamment par le bus n° 10 depuis Bellecour (7 km environ). Ouvert toute l'année. Forfaits à la nuit à 10 € pour une tente et 2 personnes, 11 € pour 2 personnes, une caravane et une voiture. Petit camping modeste de 45 emplacements, à proximité du joli parc de Beauregard. Café offert aux lecteurs du *GDR.*

AUBERGES DE JEUNESSE

⬢ *Auberge de jeunesse du vieux Lyon (centre B5, 10) :* 41-45, montée du Chemin-Neuf, 69005. ☎ 04-78-15-05-50. Fax : 04-78-15-05-51. ● www.hihostels.com ● Depuis la gare de la Part-Dieu, prendre le bus n° 28 ; depuis la gare de Perrache, le n° 31 ; depuis la place Saint-Jean, le funiculaire (à Lyon, on l'appelle la ficelle) jusqu'à station Minimes. Ⓜ Saint-Jean, puis 10 mn de grimpette. ♿ Ouvert toute l'année, mais se renseigner pour décembre, car l'auberge risque de fermer les 24 et 25 décembre. Accueil de 7 h à 12 h et de 14 h à 1 h, mais l'AJ est ouverte 24 h/24. Nuitée à 13,25 €, taxes de séjour et petit dej' inclus. Location de draps possible (2,80 €). Bien sûr, la carte d'adhérent FUAJ est obligatoire. Pour jouir de la vue la plus extraordinaire qui soit sur la capitale des Gaules, vous n'avez que deux solutions. Choisissez, comme Jacques et Bernadette du G7, l'hôtel *La Villa florentine,* classé 4 étoiles-luxe, ou foncez à l'AJ et vous économiserez au minimum 150 €. Inaugurée lors de l'été 1998, cette auberge domine la ville et n'est qu'à 10 mn du quartier Renaissance du vieux Lyon (classé au Patrimoine mondial de l'Humanité) : 180 lits en tout (2 à 6 par chambre, dont la plupart sont équipées de sanitaires). Bar, garage à vélos, laverie, terminal Internet (5 € l'heure) et même un jardin sur plusieurs niveaux, littéralement accroché à la colline. Ici, pas de cafétéria, mais une cuisine est mise à la disposition des résidents. Tout le confort moderne (classée 4 sapins), un accueil et une ambiance vraiment sympas (la lecture du livre d'or est éloquente), et en prime des animations qui font de cette auberge un vrai lieu de vie. Jugez-en par vous-même : expo photos, soirées à thème et concerts de jazz, de reggae ou de musique classique (le conservatoire est à Fourvière, au-dessus de l'AJ, ce sont les étudiants qui se produisent).

⬢ *Auberge de jeunesse (hors plan général par G6, 11) :* 51, rue Roger-Salengro, 69200 Vénissieux. ☎ 04-78-76-39-23. Fax : 04-78-77-51-11. ● www.fuaj.org ● Ⓜ Gare-de-Vénissieux. Bus n°s 35, 36, 53. Au sud, pas très loin du stade. Réception de 7 h à 11 h puis de 17 h à 23 h. Fermé du 22 décembre au 15 janvier. La nuit en chambre de 4 à 6 lits à 12,30 € par personne, petit dej' compris. Location de draps (2,80 €). Propose 70 lits en chambres de 2, 4 ou 6. Vu la pénurie de logements bon marché à Lyon, nous citons cette adresse mais il faut savoir que l'AJ de Vénissieux souffre d'un vrai problème d'entretien et de maintenance : draps douteux, robinets défectueux, dortoirs confinés, escaliers poussiéreux. Il est même question de fermer un temps une partie des bâtiments pour assainir cette triste épave. La gentillesse de la réception n'y changera rien. Allez-y donc, faute de mieux, en dernier recours.

🏠 **Centre international de séjour de Lyon** (CISL ; hors plan général par G6, 12) : 103, bd des États-Unis, 69008. ☎ 04-37-90-42-42. Fax : 04-78-77-96-95. ● www.cis-lyon.com ● ⚡ Les bus n° 36 (de la gare de la Part-Dieu) et n° 53 (de Bellecour) s'arrêtent devant le CISL. Réception de 8 h à 20 h, mais accueil 24 h/24 si vous avez réservé. Prix petit dej' compris, en chambre individuelle : de 25 à 33 € ; en chambre de deux : de 34 à 55,74 € ; c'est moins cher le week-end. Également des triples et des quadruples. Un immense centre qui accueille en priorité les groupes et les adhérents. Peut loger plus de 180 personnes dans un espace très agréable. Salons télévision, de lecture, de jeux, de billard. Un restaurant de 140 places très bon marché (premier menu à 6,70 €). À deux pas de la cité Tony-Garnier et de son musée en plein air. Le quartier est un peu excentré, mais bien desservi et très commerçant. Marché juste en face. 10 % sur le prix de la chambre offerts à nos lecteurs.

BED AND BREAKFAST

■ **Bed & Breakfast à Lyon :** ☎ 04-74-05-87-21 ou 06-07-99-32-88. Fax : 04-74-05-84-56. Association centralisant une cinquantaine de chambres et des studios (pouvant accueillir jusqu'à 4 personnes), chez l'habitant, dans divers quartiers de Lyon, notamment le vieux Lyon et la Croix-Rousse. La chambre pour deux à 40 € sans sanitaires privés et 45 € avec ; le studio avec cuisine équipée à 50 € (tarifs dégressifs au-delà de 2 nuits) ; compter de 10 à 15 € par personne supplémentaire ; ces prix s'entendent, bien sûr, petit dej' compris, B & B oblige.

HÔTELS

Dans la presqu'île

Bon marché

🏠 **Le Lys bleu** (plan général C6, 13) : 60 bis, rue de la Charité, 69002. ☎ 04-78-37-42-58. Fax : 04-72-41-76-31. ⓜ Perrache. À 5 mn de la gare du même nom. Fermé en août. Chambres doubles avec douche à 34 €, quadruples à 43 €. Parking payant. Ne vous laissez pas décourager par l'escalier peu engageant, cet ancien hôtel particulier à la façade banale se révèle être une adresse très sympathique. Ici, on le remarque tout de suite au bleu des murs et des moquettes, le Lys trouve enfin sa place. On se sent d'ailleurs immédiatement à l'aise dans cet hôtel familial où l'on est accueilli avec force gentillesse. Les habitués sont légion et les 14 chambres sont vite occupées ! Toutes simples, très propres, elles font oublier les sanitaires parfois un peu fatigués. Certaines ont une belle cheminée, témoin du passé de la maison. Bravo pour l'accueil et les petits prix, qui permettent de séjourner en plein centre-ville sans se ruiner. Café, stylos ou agenda offert(s) à nos lecteurs.

🏠 **Hôtel d'Ainay** (plan général C5, 14) : 14, rue des Remparts-d'Ainay, 69002. ☎ 04-78-42-43-42. Fax : 04-72-77-51-90. ● hotel.ainay@online.

fr • Parking privé payant. Ⓜ Ampère-Victor-Hugo. Chambres doubles à 31 € avec cabinet de toilette, 38 ou 43 € avec douche ou bains et toilettes. Non loin de la magnifique basilique d'Ainay, dans un quartier piéton plein de charme, voilà un hôtel tout simple pour ceux qui voyagent en classe économique. Les chambres peuvent donner sur la rue, sur la cour ou sur la mignonne place Ampère (nᵒˢ 210, 212, 314, 315), joliment éclairée le soir. 10 % sur le prix de la chambre offerts à nos lecteurs à partir de deux nuits consécutives sauf périodes de vacances scolaires.

🛏 *Hôtel Iris* (centre D3, 41) : 36, rue de l'Arbre-Sec, 69001. ☎ 04-78-39-93-80. Fax : 04-72-00-89-11. Ⓜ Hôtel-de-Ville. Compter de 41 à 45 € avec douche et w.-c. ou bains ; petit dej' à 5 €. Cet ancien couvent de carmélites classé Monument historique est une bonne trouvaille à côté de la place des Terreaux et du musée des Beaux-Arts ! Superbe escalier qui mène à 11 chambres coquettes et très calmes, tout récemment retapées et avec pierre apparente. Aux murs, une petite touche d'exotisme avec quelques souvenirs d'Afrique : masques, batiks... Petit inconvénient : les chambres donnent sur un passage étroit ou sur une cour et sont un chouïa sombres. Il n'empêche que ce petit hôtel vaut aussi bien pour la qualité de l'accueil que pour ses prix doux.

🛏 *Hôtel de Normandie* (plan général C6, 15) : 3, rue du Bélier, 69002. ☎ 04-78-37-31-36. Fax : 04-72-40-98-56. • www.hotelnormandie.com • Ⓜ Perrache. Chambres doubles de 46,50 à 55,50 € suivant le confort. Bien qu'il soit juste à côté de la gare de Perrache (côté cours de Verdun), cet hôtel rend hommage à un paquebot bien connu, d'ailleurs peint sur un mur. Dans une rue calme, refait à neuf, à deux pas de l'illustre *Brasserie Georges*, le *Normandie* propose une quarantaine de chambres, parfois petites mais toujours bien entretenues. Vous y serez accueilli avec beaucoup de gentil-

lesse par les patrons, dynamiques et prêts à vous donner des tuyaux pour faciliter votre séjour. L'un d'eux maîtrise même le chinois ! Le double vitrage filtre assez bien les bruits ferroviaires voisins. À nos lecteurs, un petit dej' offert par chambre et par nuit.

🛏 *Hôtel des Savoies* (plan général C6, 16) : 80, rue de la Charité, 69002. ☎ 04-78-37-66-94. Fax : 04-72-40-27-84. • www.hoteldessavoies.fr • Ⓜ Perrache (à 5 mn). Ouvert toute l'année. Chambres doubles avec douche ou bains de 50 à 66 € ; petit dej' à 5 €, compris en période creuse. L'hôtel, classé, date des années 1940-1950. Il affiche un look extérieur superbe, décoré des blasons savoyards (XVIIᵉ siècle) et fait face au lycée Juliette-Récamier. À l'intérieur, entrée coquette : rambarde en cuivre et montée d'escalier aux tons pastel. Les nouveaux propriétaires sont dynamiques et plus de la moitié des chambres ont déjà été refaites. Chambres plus calmes côté cour. Garage attenant (7 €/24 h) et parking. Accueil sympathique et professionnel. À nos lecteurs, 10 % sur le prix de la chambre accordés le week-end et pendant les vacances scolaires.

🛏 *Hôtel Vaubecour* (plan général B5, 17) : 28, rue Vaubecour, 69002. ☎ 04-78-37-44-91. Fax : 04-78-42-90-17. Ⓜ Ampère-Victor-Hugo. Chambres doubles de 30 € sans douche à 38 € avec douche et toilettes ; une triple pour 66 €. Notre adresse la plus économique dans la presqu'île. En fait, un bel hôtel au 2ᵉ étage d'un immeuble du quartier d'Ainay, fief des vieilles familles lyonnaises et tenu par la même famille depuis plus de 20 ans. L'endroit est propre, l'accueil correct, les chambres vastes et vieillottes, meublées dans le style entre-deux-guerres, avec, comme à l'époque, le lavabo derrière un vilain paravent à côté de la fenêtre. Toilettes à partager. On en a pour son argent, mais pas beaucoup plus. Quartier très calme.

Prix moyens

🛏 *Hôtel Dubost* (plan général B6, **18**) : 19, pl. Carnot, 69002. ☎ 04-78-42-00-46. Fax : 04-72-40-96-66. ● www.hotel-dubost.com ● Ⓜ Perrache. Fermé une semaine entre Noël et le Jour de l'An. Chambres doubles de 54 à 56 € avec douche ou bains. Un bel hôtel à la sortie de la gare de Perrache et du métro. Ancien de l'informatique, le patron a mis en place un point tourisme à disposition de ses hôtes qui peuvent venir consulter des fiches de présentation et d'information sur la ville de Lyon. Chambres claires et agréables. À chaque étage sa couleur, des chambres joliment arrangées. Confort sans ostentation. Une excellente adresse à deux pas du centre-ville. À nos lecteurs, 10 % de réduction sur le prix de la chambre du 14 juillet au 20 août.

🛏 *Hôtel des Célestins* (centre C4, **19**) : 4, rue des Archers, 69002. ☎ 04-72-56-08-98. Fax : 04-72-56-08-65. ● www.hotelcelestins.com ● Ⓜ Bellecour. Entre la place des Célestins et la rue Émile-Zola. Chambres doubles avec bains et w.-c. à 60 € (ajouter 10 € en haute saison). Bon petit dej' copieux à 7,50 €. Un petit hôtel en étage, très discret, dans un immeuble calme aux belles portes palières ouvragées. Une vingtaine de chambres pimpantes et scrupuleusement entretenues, donnant sur rue ou sur cour.

🛏 *Hôtel de la Loire* (plan général B6, **20**) : 19, cours de Verdun, 69002. ☎ 04-78-37-44-29. Fax : 04-72-41-83-20. ● www.inter-hotel.com ● Ⓜ Perrache. Fermé la dernière semaine de l'année. Chambres doubles à 60 € avec douche, 63 € avec bains. La grande réception, avec sa superbe montée d'escalier en bois, donne sur le cours de Verdun, côté Saône. Les chambres, modestes mais avec tout le confort, peuvent donner sur le complexe de la gare de Perrache ou sur une cour intérieure. Tout l'établissement est entretenu de façon rigoureuse, de gros efforts sont faits pour le rendre encore plus confortable. Certaines chambres sont même équipées de triple vitrage, et les charmants pa-trons ne laissent pas vieillir leurs installations. De plus, vous y serez accueilli avec une grande amabilité. À nos lecteurs, 10 % de réduction sur le prix de la chambre le week-end et en juillet-août.

🛏 *Hôtel du Théâtre* (centre C4, **21**) : 10, rue de Savoie, 69002. ☎ 04-78-42-33-32. Fax : 04-72-40-00-61. ● http://hoteldutheatre.on line.fr ● Ⓜ Bellecour. Tout près de la place des Célestins. Chambres doubles avec douche ou bains à 62 et 71 € (les plus chères donnent côté place). L'escalier qui mène à la réception située au 2e étage donne le ton, habillé comme un décor de théâtre. Si vous avez de la chance, on vous conduira vers une des chambres qui donnent sur la place du théâtre des Célestins. Là, coup d'œil superbe. Si vous voulez forcer la chance, réservez bien à l'avance et demandez une de ces chambres avec vue. Les sanitaires et l'ensemble de l'hôtel sont un peu vieillissants. Sympathique salon pour le petit dej' et ambiance générale décontractée... À nos lecteurs, un petit dej' offert par chambre louée et 10 % de remise en juillet et août.

🛏 *Hôtel Saint-Vincent* (centre B3, **22**) : 9, rue Pareille, 69001. ☎ 04-78-27-22-63. Fax : 04-78-30-92-87. ● www.hotel-saintvincent.com ● Ⓜ Hôtel-de-Ville. Chambres doubles de 44 € avec douche à 53 € avec bains ; quelques triples également. La petite rue débouche sur le mur des Lyonnais, où sont représentées toutes les célébrités qui ont fait et font l'histoire de la ville. L'hôtel, lui-même fraîchement redécoré, ne manque pas de cachet. Toutes les chambres ont du parquet et certaines de belles cheminées, ce qui leur donne beaucoup de charme. L'établissement occupe quatre petits immeubles tournant autour de courettes et forme un amusant dédale de couloirs. La vue des chambres peut donc varier. L'accueil, lui, ne varie pas : il est toujours excellent. 10 % de réduction à nos lecteurs sur le prix de la chambre (sauf le 8 décembre).

🛏 *Hôtel La Résidence (plan général C5, 23) :* 18, rue Victor-Hugo, 69002. ☎ 04-78-42-63-28. Fax : 04-78-42-85-76. • www.hotel-la-residence.com • Ⓜ Bellecour ou Ampère-Victor-Hugo. ♿ Chambres doubles à 68 € avec douche ou bains. À mi-chemin de Perrache et de Bellecour, dans une rue piétonne commerçante et donc très animée, il a une situation privilégiée. Un peu années 1960 suranné, mais avec tout le confort moderne, *La Résidence* est le type même de l'hôtel à l'ancienne qui se transmet de père en fils ou en fille sans véritable changement d'esprit. L'un des 3 étoiles les moins chers en ville. Bien qu'un peu tristes, les chambres sont douillettes, toutes insonorisées et climatisées. Les n°s 314 et 306 sont les plus vastes. Accueil professionnel.

🛏 *Hôtel Moderne* ou *Modern's Hotel,* c'est selon *(centre C4, 24) :* 15, rue Dubois, 69002. ☎ 04-78-42-21-83. Fax : 04-72-41-04-40. • www.hotel-moderne-lyon.com • Ⓜ Cordeliers. Chambres doubles de 54 à 57 €. À deux pas du musée de l'Imprimerie et du musée des Beaux-Arts, un hôtel à la jolie façade début du XXe siècle, éclairée le soir. Une grande réception et une trentaine de chambres très bien tenues ; certaines sont plus spacieuses et ont une belle cheminée. Accueil professionnel.

🛏 *Hôtel de Bretagne (centre C4, 25) :* 10, rue Dubois, 69002. ☎ 04-78-37-79-33. Fax : 04-72-77-99-92.

www.hoteldebretagne-lyon.com • Ⓜ Cordeliers. Chambres doubles avec douche et w.-c. à 48 €. À mi-chemin de la Saône et de la place des Cordeliers, presque en face du précédent. L'atout de cet hôtel est sa situation en plein cœur de la presqu'île, et pourtant dans une petite rue très calme. Une trentaine de chambres, simples, bien équipées et tenues de même, toutes avec double vitrage. Préférez celles donnant sur la rue, un peu plus grandes et claires (celles sur cour sont presque borgnes). Bref, un hôtel pour dormir. Accueil charmant des patrons auvergnats. Sur présentation de ce guide, 10 % de réduction sur le prix de la chambre.

🛏 *Hôtel de Paris (centre C3-4, 26) :* 16, rue de la Platière, 69001. ☎ 04-78-28-00-95. Fax : 04-78-39-57-64. • www.hoteldeparis-lyon.com • Ⓜ Hôtel-de-Ville. Chambres doubles à partir de 53 € et jusqu'à 68 € si l'on veut plus confortable. À deux pas de la place des Terreaux, un très bel hôtel doté d'une façade XIXe siècle. Chacune des 30 chambres a un style différent, un mobilier original (fauteuils Voltaire, armoires Art nouveau), un bel escalier de bois serpente entre les étages. Tout le confort et un accueil 24 h/24 pour une adresse rare, un hôtel de charme au cœur du centre-ville. Notez la superbe fresque de l'accueil, une encre réalisée par un peintre japonais séjournant dans la ville.

Plus chic et très chic

🛏 *Hôtel Globe et Cécil (centre C4-5, 27) :* 21, rue Gasparin, 69002. ☎ 04-78-42-58-95. Fax : 04-72-41-99-06. • www.globeetcecilhotel.com • Ⓜ Bellecour. ♿ Chambres doubles avec douche à 150 €, avec bains à 160 €, petit dej' compris. Un des meilleurs 3 étoiles de la presqu'île, sans conteste. C'est un hôtel tenu par des femmes et ça se sent. Discrétion, raffinement et efficacité. Déjà, au XIXe siècle, les prélats de Rome descendaient ici. Grand hall lumineux décoré avec beaucoup de goût, mélange de classicisme et de modernité. Chaque chambre possède son ambiance (certaines ont de belles cheminées en marbre et la climatisation), son style et une décoration personnalisée en fonction du volume ; les tissus ont été choisis avec soin, tout comme le mobilier. Petit dej' de très bonne qualité. Opter de préférence pour les chambres sur rue, les plus lumineuses. Salle de réunion avec bar au rez-de-chaussée. Du charme, du confort et du pratique. Service impeccable, accueil souriant et vraiment gentil, on répond sans hésitation à tous vos desiderata. Excellente maison, bravo ! Participe à l'opération « Bon week-end à Lyon ». À nos lecteurs, 10 % de réduction sur la chambre.

🛏 *Hôtel des Artistes (centre C4, 28)* : 8, rue Gaspard-André, 69002. ☎ 04-78-42-04-88. Fax : 04-78-42-93-76. ● www.hoteldesartistes.fr ● Ⓜ Bellecour. Sur la place des Célestins. Chambres doubles de 85 à 108 €. Un vrai 3 étoiles, avec escalier habillé de moquette rouge et tissu mural chaleureux, des chambres spacieuses, très confortables et équipées de beaux sanitaires, mini-bar et *tutti quanti.* Un endroit chic mais surtout pas snob, à deux pas du marché installé tous les matins sur le quai Saint-Antoine. On y va pour les chambres avec vue sur la place, pour l'ambiance générale, mais aussi avec l'espoir de rencontrer une star de théâtre... 10 % de remise sur le prix de la chambre les vendredi et samedi soir du 1er au 15 août pour les lecteurs du *GDR*.

🛏 *Libertel Beaux-Arts (centre C4, 30)* : 73-75, rue du Président-Édouard-Herriot, pl. des Jacobins, 69002. ☎ 04-78-38-09-50. Fax : 04-78-42-19-19. Ⓜ Bellecour ou Cordeliers. Chambres à partir de 107 € et jusqu'à 142 € pour les suites junior en haute saison ; petit dej'-buffet à 12 €. Dans un magnifique immeuble du XIXe siècle caractéristique de l'architecture lyonnaise, voici un superbe établissement dans le quartier des boutiques de luxe (le triangle d'or). Propose 75 chambres de standing plutôt réussies dans un décor d'inspiration Art déco, avec tout le confort et plus. Des prix forcément élevés mais pas tant que cela, vu les prestations offertes. Accueil distingué mais pas embarrassant. Une très belle adresse. Participe à l'opération « Bon week-end à Lyon ».

🛏 *Grand Hôtel Château Perrache (plan général B6, 31)* : 12, cours Verdun-Rambaud, 69002. ☎ 04-72-77-15-00. Fax : 04-78-37-06-56. ● www.accorhotels.com ● Ⓜ Perrache. Juste derrière la gare de Perrache. Chambres standard à partir de 110 €, supérieures de 140 à 157 € et suite à 229 €. Ancien hôtel *Terminus* construit en 1906 par la compagnie PLM, une très belle

adresse dans un édifice qui a été classé Monument historique. L'entrée protégée par une marquise en fer forgé immerge le visiteur dans le seul espace témoignant à Lyon du style Art nouveau. Réalisé par les architectes G. Devanne et M. Curieux, le style ne se limite pas à l'architecture (corniches décorées de frises sculptées au thème floral), mais s'étend aussi, et ceci est exceptionnel, aux ferronneries, vitraux et mobiliers soigneusement conservés. Le hall d'accueil est orné de lambris d'acajou présentant des panneaux à trois registres sculptés de bouquets de fruits. Dans les salons, les lambris de frêne et de citronnier décorés de branches de cerisiers évoquent les trains de luxe des années 1920. Les boiseries Majorelle font du restaurant *Les Belles Saisons* un atoll de beauté. Les peintures sont d'Henri Martin et d'Ernest Laurent, les sculptures d'E.-H. Boutry. Les chambres, tout confort, sont spacieuses et claires, meublées avec goût et sobriété. Un lieu à la fois calme et idéalement placé, à deux pas de la gare et à une quinzaine de minutes à pied de la place Bellecour. Accueil extrêmement professionnel. En tout cas, un chef-d'œuvre à visiter. Sur présentation du *GDR,* un café offert à nos lecteurs.

🛏 *Mercure Plaza République (centre C-D4, 32)* : 5, rue Stella, 69002. ☎ 04-78-37-50-50. Fax : 04-78-42-33-34. ● www.mercure.com ● Ⓜ Cordeliers ou Bellecour. ♿ Chambres doubles entre 115 et 160 € suivant la saison. Vous êtes accueilli avec le sourire au *Mercure Plaza République,* façade haussmannienne aun intérieur contemporain. Une excellente adresse au cœur du centre-ville. Ici, on s'attache surtout au confort du client (chambres vastes, climatisées et insonorisées), mais on pense également à lui faire découvrir les particularités lyonnaises. Et si l'hôtel ne possède pas de restaurant, il y a largement ce qu'il faut à deux pas. Ici, on joue sur une décoration personnalisée : œuvres de peintres contemporains lyonnais choisies avec soin dans les salles de réunion. Un petit coup de pouce aux artistes locaux, histoire de prouver que même les chaînes savent se démarquer. Pour les lecteurs du *GDR*, 10 % de réduction sur le prix de la chambre les week-ends, les jours fériés et en juillet-août, sous réserve de disponibilité.

🏠 *Hôtel Bayard (plan général C5, 29) :* 23, pl. Bellecour, 69002. ☎ 04-78-37-39-64. Fax : 04-72-40-95-51. ● www.hotelbayard.com ● Ⓜ Bellecour. Sur la plus grande place de Lyon, près de la poste centrale. Chambres tout confort de 60 à 100 €, petit dej' compris. Allez-y sans peur, vous le quitterez sans reproche ! Aucune chambre de cet hôtel ne ressemble aux autres, et certaines, les chambres « de style », que nous vous recommandons tout particulièrement, sont franchement dignes d'un palace. C'est le cas de la n° 2, vraiment superbe, de style Directoire, avec un lit à baldaquin, un parquet Versailles, et qui a, de surcroît, une belle vue sur la place Bellecour. La n° 5 vaut pour sa très grande salle de bains ; la n° 15, en revanche, n'est pas exceptionnelle. Coin petit dej' calme et très champêtre. N'hésitez donc pas à suivre le groom peint qui vous conduira jusqu'à la réception de cet hôtel de caractère, au 1er étage. Réservation indispensable, l'hôtel ne possède que 15 chambres et compte déjà beaucoup d'habitués.

Dans le vieux Lyon, sur la rive droite de la Saône

Dans ce secteur si agréable, il y a malheureusement peu d'hôtels bon marché que nous puissions vous recommander (nous vous en citons seulement deux), mais la presqu'île en regorge, il vous suffit de traverser la Saône.

Bon marché

🏠 *Hôtel Saint-Paul (centre C4, 33) :* 6, rue Lainerie, 69005. ☎ 04-78-28-13-29. Fax : 04-72-00-97-27. ● www.hotelstpaul.fr ● Ⓜ Vieux-Lyon. Bus n° 1 depuis la gare de la Part-Dieu. Chambres doubles de 42 € avec douche à 59 € avec bains. Le seul 2 étoiles du vieux Lyon ! À deux pas du lieu où Bertrand Tavernier tourna *L'Horloger de Saint-Paul*, un bel ensemble Renaissance de 20 chambres. Toutes sont équipées de fenêtres isolantes et d'un grand lit. Bien préciser si vous souhaitez des lits doubles, seules 3 chambres en possèdent. On fera quoi qu'il en soit le maximum pour vous aider. Ici, le contact est chaleureux, et on se sent comme chez soi. Et très vite, vous serez à la page des derniers lieux à la mode en ville...

🏠 *Hôtel du Tourisme (hors plan général par A3, 34) :* 44 bis, quai Jaÿr, 69009. ☎ 04-78-83-73-48. Fax : 04-78-83-28-93. ● www.epernet.fr/hoteldutourisme ● Ⓜ Valmy. Bus n° 31 de Perrache, n° 36 de la Part-Dieu. Chambres doubles à 32 € avec cabinet de toilette et w.-c. mais sans possibilité de douche (pour les inconditionnels du gant de toilette !), 36 € avec douche privée et toilettes sur le palier. Un petit hôtel tout simple, avec pourtant une jolie réception habillée de bois et de vitraux. Des chambres sur cour ou sur quai, bien entretenues, isolées et récemment rénovées. Un accueil réservé mais au demeurant fort sympathique. Un peu excentré, vous trouverez néanmoins différents moyens de rejoindre le centre-ville. De Vaise, 10 mn en métro suffisent pour rejoindre le vieux Lyon. La deuxième solution est plus agréable par beau temps : une bonne demi-heure de marche en descendant le cours de la Saône, l'occasion de vous repaître de la vue merveilleuse sur les façades aux tons pastel des immeubles, sur les collines de Fourvière, de la Croix-Rousse... Café offert sur présentation de ce guide.

Chic mais pas si cher

⌂ *Maison d'hôtes du Greillon (plan général A3, 36)* : 12, montée du Greillon, 69009. ☎ 06-08-22-26-33. • www.legreillon.com • Bus nos 3, 19 ou 44, arrêt Greillon. La double avec petit dej' de 78 à 100 €. Une adresse tout à fait exclusive, une sensation de campagne au cœur de la ville, le luxe sans ostentation. Sans or ni dorure, à s'offrir pour se faire du bien, pour un moment de bonheur. Le décor ? Une grande bâtisse en U construite au XVIIIe siècle, solidement campée sur un flanc de la colline de Fourvière, avec vue sur les lacets de la Saône. Délicieux jardin, terrasse, fontaine alimentée par une source, etc. Le tout « dans son jus », ce qui ajoute sûrement au charme du lieu. Au rez-de-jardin, grande pièce de réception, salon, salle à manger et cuisine (d'ailleurs à disposition), des pièces fraîches en été, pleine d'atmosphère. À l'étage, après avoir emprunté le rustique escalier, à 5 belles chambres, toutes avec sanitaires privés, dont trois particulièrement grandes donnant sur une agréable galerie, pour ne rien perdre de la vue sur Lyon. Là encore, décoration de bon goût, dans des teintes douces, et respectant le caractère de la maison. Rendons également hommage à Mercédès Vails-Miguet, délicieuse hôtesse, qui sait recevoir avec tact et simplicité, dans sa belle demeure qui a été, au XVIIIe siècle, propriété du sculpteur lyonnais Chinard. Café ou thé offert à nos lecteurs sur présentation de ce guide.

Plus chic

⌂ *Phénix Hôtel (centre C3, 35)* : 7, quai de Bondy, 69005. ☎ 04-78-28-24-24. Fax : 04-78-28-62-86. • www.hotel-le-phenix.fr • Ⓜ Hôtel-de-Ville. ♿ Dans le quartier Saint-Paul, à côté de la gare du même nom. Chambres aux environs de 155 €. Un hôtel vraiment chic, où l'on ne se sent pourtant pas intimidé par un luxe tapageur ou un accueil guindé. Dans un bel immeuble du XVIIe siècle, une superbe réception et des chambres aux beaux volumes, décorées avec un goût très sûr ; toutes entretenues comme il se doit pour un établissement de cette classe. L'hôtel vaut particulièrement pour les chambres donnant sur la Saône et la colline de la Croix-Rousse, parfaitement insonorisées et bien sûr climatisées. Accueil très professionnel et belle clientèle internationale, mais rien d'ostentatoire dans tout cela. Notez que cet hôtel est le seul de sa catégorie à offrir une vue aussi directe sur la Saône, aux reflets changeants. Participe à l'opération « Bon week-end à Lyon ». À signaler : soirées jazz le mercredi (du vrai !). Apéritif offert sur présentation de ce guide.

À la Croix-Rousse

Bon marché

⌂ *Cercle Villemanzy – Résidence internationale de Lyon (plan général C3, 37)* : 21, montée Saint-Sébastien, 69001. ☎ 04-72-00-19-00. Fax : 04-72-00-19-99. • www.mairie-lyon.fr • Ⓜ Croix-Paquet. Bus n° 6. Attention, il ne s'agit pas d'un hôtel à proprement parler, mais de location de studios (2 personnes maximum) et de 2 pièces (4 personnes maximum) : compter 67 € pour 2 personnes et 82 € pour un studio chambre d'hôtes pour 4 ; le prix est dégressif en fonction du nombre de nuits de location ; une caution de 152 € par appartement est demandée. Propose 85 logements, tous équipés d'une salle de bains complète et d'une kitchenette. L'unique possibilité d'hébergement sur les pittoresques pentes de la Croix-Rousse, avec, en plus, selon les chambres, une vue époustouflante sur Lyon (soyez malin, réservez à l'avance). L'établissement, géré par la ville de Lyon et le groupe VVF, est installé dans l'ancien couvent des Colinettes, une vieille maison aux volumes impressionnants. Dans les couloirs en ogive du rez-de-chaussée, une collection de pianos anciens se dévoile en sourdine. L'ambiance est celle d'une résidence haut de gamme pour étudiants et scientifiques, avec réception et accueil dans la plus pure tradition hôtelière. 10 % de réduction offerts à nos lecteurs en janvier et en août pour des séjours de 1 à 6 nuits.

♣ *Hôtel de la Poste* (plan général C2, **38**) : 1, rue Victor-Fort, 69004. ☎ et fax : 04-78-28-62-67. Ⓜ Croix-Rousse. Chambres doubles de 26 à 25 € avec lavabo, à 35 € avec douche. Au cœur de ce merveilleux quartier de la Croix-Rousse, un village dans la ville, l'un des hôtels les moins chers et certainement l'un des plus sympas, installé dans un immeuble de canuts, certes sans grand charme mais fort bien tenu. La patronne, madame Cœur, accueille tout le monde avec le sourire. L'hôtel compte une vingtaine de chambres : mieux vaut réserver. 10 % de remise sur le prix de la chambre en juillet et août à partir de 2 nuits.

♣ *Hôtel de la Croix-Rousse* (plan général C2, **39**) : 157, bd de la Croix-Rousse, 69004. ☎ 04-78-28-29-85. Fax : 04-78-27-00-26. • cito telcroixrousse@free.fr • Ⓜ Croix-Rousse. Chambres doubles à 50 € avec douche et toilettes, 52 € avec bains et toilettes. Cet hôtel donne directement sur le boulevard de la Croix-Rousse, où se tient tous les jours un grand marché bien sympathique. Ici, plus d'une trentaine de chambres décorées sans fantaisie, mais certaines ont une jolie vue sur Lyon et toutes sont munies d'un double vitrage ! Service efficace, accueil décontracté, une adresse croix-roussienne comme on les aime.

Sur la rive gauche

Bon marché

♣ *Hôtel des Facultés* (plan général D6, **40**) : 104, rue Sébastien-Gryphe, 69007. ☎ et fax : 04-78-72-22-65. • www.hotel-des-facultes. com • Ⓜ Jean-Macé. ⚓ Attention, le dimanche après-midi, la réception est fermée et l'accès se fait avec un numéro de code. Chambres doubles à 33 € avec lavabo, 44 € avec douche et toilettes, petit dej' compris. Un petit hôtel modeste. Ne pas s'attendre au grand confort : les chambres sont souvent un peu passées (moquette usée et couvre-lit d'un autre temps), les sanitaires sont de simples cabines en plastique posées à même la pièce. Malgré tout, l'ensemble est propre, s'arrange peu à peu, et l'accueil s'avère plus chaleureux que les draps. Situé tout à côté du quartier étudiant, donc très animé et commerçant, mais dans une rue calme, à seulement 10 mn à pied du centre-ville. Nous vous recommandons les chambres sur cour, plus tranquilles.

Prix moyens

♣ *Hôtel de Noailles* (plan général D5, **47**) : 30, cours Gambetta 69007. ☎ 04-78-72-40-72. Fax : 04-72-71-09-10. Fermé pendant le mois d'août. La double avec douche et w.-c. à 73 €, 81 € avec bains et w.-c. (90 € en haute saison, quel que soit le confort). Une excellente adresse, sur la rive gauche mais à seulement 10 mn de la presqu'île. Bien que l'entrée de l'hôtel se fasse par le cours Gambetta, toutes les chambres donnent à l'arrière, au calme. Toutes sont climatisées et parfaitement équipées à défaut d'être spacieuses. L'ensemble de l'hôtel est entretenu scrupuleusement. Une propreté qui ne fait aucun doute, qui saute aux yeux. Accueil souriant, service discret et professionnel. Pour nos lecteurs, 10 % de remise sur le prix de la chambre pendant les week-ends.

🛏 *Hôtel Au Patio Morand (plan général E3, 42) :* 99, rue de Créqui, 69006. ☎ 04-78-52-62-62. Fax : 04-78-24-87-88. ● www.hotel-morand.fr ● Ⓜ Foch. Bus n° 4. Chambres doubles à 55 € avec douche, 65 € avec bains (65 et 85 € en haute saison). Quelques triples et quadruples dotées de tout le confort également. Dans la partie la plus agréable du 6e arrondissement, à 10 mn en bus du parc de la Tête-d'Or, à 10 mn à pied de l'opéra et de la gare de la Part-Dieu. Cet hôtel cache derrière une façade banale un adorable patio du XVIIIe siècle, avec sa petite tour et une bien agréable terrasse, le tout formant un bel ensemble où les fleurs et les plantes courent sur les vieilles pierres mises à nu. Côté chambres, rien de luxueux mais tout le confort nécessaire. Chacune possède une personnalité différente et, si certaines sont un peu sombres, toutes restent parfaitement entretenues, comme l'ensemble de l'établissement. Quant à l'accueil, un sans-faute, mélange bien dosé de gentillesse et de professionnalisme.

🛏 *Hôtel Britania (plan général F3, 43) :* 17, rue du Professeur-Weill, 69006. ☎ 04-78-52-86-52. Fax : 04-78-65-97-24. ● www.hotelbritania.com ● Ⓜ Masséna. Congés annuels : en août. Chambres doubles à 65 € avec douche ou bains. Hôtel situé dans le quartier des Brotteaux, tout à côté de l'ancienne gare du même nom, à 5 mn du parc de la Tête-d'Or et à 10 mn de la gare de la Part-Dieu. Installé dans un immeuble assez récent, très sobrement décoré, il dispose d'une vingtaine de chambres spartiates mais tout de même confortables et suffisamment spacieuses. Sur le toit de l'immeuble est installée une terrasse bien agréable aux beaux jours. Bon accueil professionnel. Une adresse sérieuse. Participe à l'opération « Bon week-end à Lyon » et offre à nos lecteurs

10 % de réduction sur le prix de la chambre les vendredi et samedi.

🛏 *Hôtel Au Logis de Vendôme (plan général D3, 44) :* 110, rue Vendôme, 69006. ☎ 04-78-52-09-31. Fax : 04-72-74-27-12. ● www.aulogisdevendome.fr ● Ⓜ Foch. Dans l'agréable quartier Saint-Pothin ; on accède à la presqu'île très rapidement, en traversant la charmante passerelle du collège Ampère. Congés annuels : en août. Chambres doubles de 60 à 70 € avec douche ou bains. Un établissement pimpant, une réception aux couleurs acidulées et un accueil plaisant. Les chambres, pourvues de tout le confort moderne, peuvent donner sur la cour ou sur la rue. Ces dernières sont plus agréables, car la rue à cet endroit est large et plantée de nombreux arbres. 10 % de réduction aux lecteurs du *GDR* les vendredi, samedi et dimanche.

🛏 *Hôtel Le Florence (hors plan général par G6, 45) :* 64, rue du Professeur-Florence, 69003. ☎ 04-72-68-81-81. Fax : 04-78-53-03-67. ● www.hotel-le-florence.fr ● Ⓜ Grange-Blanche. Chambres doubles à 48,80 € avec douche, quelques triples à 58 €. Face à l'hôpital Édouard-Herriot construit par Tony Garnier, à deux pas du quartier Monplaisir et de l'institut Lumière, cet hôtel qui fait également bar et restaurant propose des chambres agréables et claires. Deux donnent sur la terrasse. Réception et petit dej' au bar. Une adresse décontractée et accueillante.

🛏 *Hôtel Lacassagne (hors plan général par G6, 46) :* 245, av. Lacassagne, 69003. ☎ 04-78-54-09-12. Fax : 04-72-36-99-23. ● www.hotel-lacassagne.fr ● Ⓜ Grange-Blanche, puis 10 mn de marche. Bus n° 28. Chambres doubles à 45 € avec douche, 59 € avec bains. Au bout de l'avenue Lacassagne, on se sent déjà un peu à l'extérieur de Lyon. Et pourtant, l'hôtel est campé au pied du 8e arrondissement. Parfait pour ceux qui possèdent une voiture et qui exercent une profession médicale ou paramédicale (pas moins de 5 hôpitaux dans les environs). À sa tête depuis 23 ans, un capitaine au long cours qui accueille avec gentillesse une clientèle d'habitués. Les chambres sont propres et claires, bien qu'un peu étroites parfois. Certaines donnent sur un petit jardin intérieur. Possibilité de prendre un en-cas (salade, croque-monsieur, fromage blanc). Un bon rapport qualité-prix sans prétention. Pour nos lecteurs, 10 % de remise sur le prix de la chambre.

Plus chic

🛏 *Hôtel Foch (plan général D3, 49) :* 59, av. Foch, 69006. ☎ 04-78-89-14-01. Fax : 04-78-93-71-69. ● www.hotel-foch.fr ● Ⓜ Foch. ♿ Chambres de 77 à 110 € (selon la saison) avec douche ou bains. Demi-pension demandée pendant les salons. En plein cœur du 6e arrondissement, mais aussi à 5 mn à pied de la presqu'île. Nous pourrions parler du « charme discret de la bourgeoisie » pour décrire cet hôtel installé au 2e étage d'un ancien immeuble cossu. Une belle réception avec salon, canapés en cuir. Moquette et cheminée pour la salle du petit dej'. Un endroit très calme, confidentiel, et des chambres parfaitement équipées et décorées dans des teintes très douces. Une certaine idée du luxe mais sans ostentation, également un accueil bienveillant et personnalisé, car l'hôtel ne possède que peu de chambres. Participe à l'opération « Bon week-end à Lyon ». Apéritif maison ou café offert à nos lecteurs.

🛏 *Hôtel du Helder (plan général D5, 50) :* 38, rue de Marseille, 69007. ☎ 04-78-61-61-61. Fax : 04-78-61-61-00. ● hotelhelder@wanadoo.fr ● Ⓜ Guillotière. Tramway : Saint-André. Derrière les facultés, donc à 5 mn de la place Bellecour. Chambres doubles à 65 € avec douche ou bains. Avec sa belle réception et ses salons en enfilade, cet établissement a indéniablement un passé. Il a en effet été construit en 1937 et est dirigé par la même famille depuis 1948. Chambres confortables bien qu'un peu vieillissantes, mais c'est tout de même une

maison de tradition, avec un accueil très classique et professionnel, un rien compassé. Si l'hôtel a gardé son charme d'autrefois, le quartier, au demeurant fort agréable, est à présent habité par beaucoup d'étudiants. À quelques rues de là, allez donc faire un tour dans les quartiers chinois et arabe, pleins de couleurs et d'odeurs appétissantes. Aux lecteurs du *GDR*, 10 % de réduction sur le prix de la chambre.

🛏 *Hôtel de Créqui (plan général E4, 51) :* 37, rue de Bonnel, 69003. ☎ 04-78-60-20-47. Fax : 04-78-62-21-12. ● www.bestwestern-lyonpartdieu.com ● Ⓜ Place-Guichard. ♿ Pour aller au centre-ville, c'est-à-dire sur la presqu'île, il vous suffira de passer le pont Wilson ; compter 10 bonnes minutes de marche. Chambres doubles de 70 à 135 € (en saison) avec sanitaires complets. Face à la cité judiciaire, à une encablure des halles et de la gare TGV de la Part-Dieu, cet hôtel neuf et net vaut l'étape. Chambres aux murs habillés de jaune et à la moquette bleue, confortables et gaies ; mais leur taille est, en revanche, modeste. L'accueil souriant cache le professionnalisme rassurant d'une équipe dont l'hôtellerie est le business. Restaurant-bar à vin au rez-de-chaussée. L'hôtel a récemment presque doublé le nombre de ses chambres (de 28 à 52). Le voici donc tout beau, tout neuf, prêt à vous accueillir. Aux lecteurs du *GDR,* 10 % de réduction sur le prix de la chambre durant les week-ends et les vacances scolaires lyonnaises (hors périodes de salons).

OÙ MANGER?

Lyon s'est autoproclamée capitale de la gastronomie. Peut-être... même si l'on mange fort bien dans tout un tas d'autres endroits en France et dans le monde. La table à Lyon, ce sont d'abord les bouchons, des établissements parfois centenaires, où l'on sert les plats traditionnels locaux : andouillette, tablier de sapeur (fraise de veau panée), saucisson chaud, quenelles, cervelle de canut (fromage blanc aux herbes)... Évidemment, le filon bouchon est totalement surexploité, mais il reste encore quelques lieux extra... qu'on vous indique, bien sûr. Impossible de passer à Lyon sans manger dans l'une de ces institutions, en arrosant le repas de pots (de beaujolais, mais aussi de côtes-du-rhône), flacons autochtones de 46 cl.

Mais Lyon doit d'abord sa réputation de capitale culinaire à ses mères (mère Brazier, mère Pompon, mère Caron...), des femmes en voie de disparition qui préparaient les crêtes de coq comme personne.

Aujourd'hui, la ville rayonne par la renommée et le dynamisme de ses grands cuisiniers (Pierre Orsi, Philippe Chavent, Léon de Lyon et, bien sûr, Paul Bocuse, infatigable ambassadeur de la gastronomie française). Retenez ces noms car, à part Orsi, ils ont essaimé des restaurants de diverses catégories dans toute la ville, en marge de leur étape gastronomique. On en cite certains. Pour conclure, convenons qu'on mange fort bien à Lyon, parfois dans des cadres remarquables ; mais retenons aussi que les prix pratiqués sont bien ceux d'une capitale.

Les bouchons de la presqu'île

Aphorisme lyonnais (attribué à Gnafron) : « Mieux vaut attraper chaud en buvant et mangeant que froid en travaillant. » En grande majorité, les bouchons se situent dans la presqu'île, loin des coins touristiques. C'est bon signe. En voici une sélection. Les intitulés bouchonnants des restos situés dans le vieux Lyon n'ont en général de bouchon que le nom. Méfiez-vous des imitations !

Bon marché

|●| *Restaurant Chez Mounier* (centre C5, 60) : 3, rue des Marronniers, 69002. ☎ 04-78-37-79-26. Ⓜ Bellecour. Fermé les dimanche soir et lundi. Congés annuels : la 1re semaine de janvier, la semaine du 8 mai, la dernière quinzaine d'août et la 1re semaine de septembre. Pour 7,40 € à midi en semaine, on a droit à un plat et un fromage ou dessert, une aubaine ! Pour 10 € midi et soir, c'est la totale ; et encore deux autres menus à 14 et 16 €. Notre bouchon préféré dans cette rue, où il y en a beaucoup, des vrais et des faux. De sa vitrine, Guignol sourit aux promeneurs, les invitant à entrer. Deux petites salles à la monacale sobriété, mais n'ayez crainte, l'ambiance est bonne. La cuisine régionale a gardé tout son caractère : gnafrons (petits saucis-sons), gras-double et tablier de sapeur, du lyonnais pur et dur. Accueil du tonnerre des Mounier. Simple et sans chichis ! Remarque : ils n'acceptent pas les cartes de paiement.

|●| *La Mère Jean* (centre C5, 61) : 5, rue des Marronniers, 69002. ☎ 04-78-37-81-27. Ⓜ Bellecour. Ouvert jusqu'à 14 h pour le déjeuner et jusqu'à 22 h le soir. Fermé les samedi et dimanche. Congés annuels : du 20 juillet au 20 août. Menu à 12 € à midi et quelques autres de 15 à 28 € servis midi et soir, dont un « grand » et un « petit lyonnais ». Un des incontournables bouchons bouchonnants de la presqu'île. Pourquoi ? Parce que ancien, parce que inchangé, parce que sympa, parce que pas cher... et parce que bon. Jadis épicerie-resto (on y vendait la nourriture au poids), *La Mère Jean*

est demeurée lyonnaise de la tête (de veau) au pied (de cochon) en passant par l'andouillette. Depuis 1923, on se refile l'adresse de ce minuscule rendez-vous, pas plus grand qu'un mouchoir de poche (réservation indispensable). Et si ce n'est plus une « mère » qui vous accueille, ce sont toujours les mêmes recettes qui garnissent l'assiette : salades de pieds, quenelles lyonnaises, andouillettes. Des classiques, fidèles aux produits frais (ils proviennent tous des halles).

Prix moyens

|●| *Maître Pierre* (centre C4, *62*) : 55, rue Mercière, 69002. ☎ 04-78-37-33-29. Ⓜ Cordeliers. Fermé les dimanche et lundi. Congés annuels : deux semaines en août et la semaine du 31 décembre. Menus de 12,50 € à midi jusqu'à 28 € le soir. Un bon petit resto avec ses toiles cirées à carreaux jaunes et blancs sur les tables où découvrir les spécialités régionales : foie gras, quenelles, etc.

|●| *Café des Fédérations* (centre C3, *63*) : 8, rue du Major-Martin, 69001. ☎ 04-78-28-26-00. Ⓜ Hôtel-de-Ville. Fermé les samedi et dimanche. Congés annuels : de fin juillet à fin août. Menu à 20 € à midi ; le soir, même formule, plus copieuse et variée, à 23 €. Si l'on nous obligeait sous la torture à choisir trois bouchons dans tout Lyon, nul doute que celui-ci figurerait sur une des marches du podium, et certainement la première. Depuis longtemps une institution, et surtout un conservatoire de la cuisine lyonnaise. Les « fédérés » s'y rendent nombreux, mais à table, ce ne sont pas des révolutionnaires. Ils viennent ici en amoureux du gras-double, du tablier de sapeur (mariné deux jours avec vin blanc et moutarde), de la tête de veau sauce ravigote ou des pieds et museau. Tout cela servi avec efficacité et une grande gentillesse, dans un cadre inchangé depuis des décennies (rappelez-vous le film de Bertrand Tavernier, *L'Horloger de Saint-Paul,* avec Philippe Noiret : certaines scènes ont été tournées ici !). En entrée, un plat de charcuterie et plusieurs saladiers généreusement remplis de lentilles, betteraves, museau et pieds, salades variées selon la saison... Un petit buffet de hors-d'œuvre, donc. Puis une entrée chaude (un saucisson ou sabodet,

cuit au vin rouge, par exemple). Et bien sûr, le superbe plat de résistance. Arriveront ensuite le remarquable plateau de fromages – dont l'étonnant fromage fort, la cervelle de canut – et enfin un dessert au choix. Que demande le peuple ?

|●| *Restaurant Chez Georges – Au Petit Bouchon* (centre C3, *66*) : 8, rue du Garet, 69001. ☎ 04-78-28-30-46. Ⓜ Hôtel-de-Ville. Fermé les samedi et dimanche. Congés annuels : en août. Menu à midi à 15,50 €, un autre à 20,50 € et carte le soir autour de 26 €. Il ressemble comme un frère à nos vieux bistrots parisiens, mais ici c'est la version lyonnaise. Serviettes à carreaux, glaces murales et zinc d'époque. Le patron, débonnaire mais discret, présente la carte et assure le service, pendant que sa femme s'agite derrière les casseroles, dans une cuisine de poche. « Menu lyonnais » bien équilibré. Salade du *Petit Bouchon* (cervelas, lentilles, museau...), andouillette à la fraise de veau grillée, saint-marcellin remarquable en provenance des halles, etc. Des grands classiques, rien que des grands classiques.

|●| *Chez Hugon* (centre C3, *67*) : 12, rue Pizay, 69001. ☎ et fax : 04-78-28-10-94. Ⓜ Hôtel-de-Ville. Fermé les samedi et dimanche. Congés annuels : en août. Menu à 22 €, autres menus à 30 et 32 € ; à la carte, compter environ 25 €. Pas loin de l'hôtel de ville, dans une ruelle, cet authentique petit bouchon, un peu hors du temps, nous a séduits. La salle ne possède que quelques tables nappées de carreaux, que le patron surveille avec bonhomie du coin du zinc. Éclairage au néon, un portrait de Guignol et basta ! En cuisine, madame prépare d'excellentes spécialités lyonnaises :

OÙ MANGER ?

pieds de mouton, boudin, sabodet en civet, tablier de sapeur, gâteau de foies de volaille... et un superbe poulet aux écrevisses. Certains soirs, quand les habitués déboulent, belle ambiance.

I●I _Bouchon-Comptoir Brunet_ (centre D4, **68**) : 23, rue Claudia, 69002. ☎ 04-78-37-44-31. Ⓜ Cordeliers. Fermé le dimanche. Congés annuels : du 20 juillet au 25 août. Menus à 19 € (à midi seulement) et 22 € ; menu-enfants offert jusqu'à 6 ans. Certes, ce n'est pas le meilleur bouchon de la ville. Il a pourtant sa place dans la tournée des classiques. La salade lyonnaise, le tablier de sapeur, les quenelles... un bon tour du Lyon culinaire même si tout n'est pas d'égale réussite. La salle joviale et le patron souriant gomment les petites inégalités. Fidèle au poste depuis plus de 6 décennies. Service lyonnais : dur à l'extérieur, doux à l'intérieur. Café offert aux routards.

I●I _Chez Abel_ (plan général B5, **69**) : 25, rue Guynemer, 69002. ☎ 04-78-37-46-18. Ⓜ Ampère. En sortant de l'abbaye d'Ainay, aller tout droit ; c'est à gauche après la voûte. Fermé les samedi et dimanche. Congés annuels : 2 semaines à Noël, ainsi que tout le mois d'août. Menu de midi à 15 €, puis d'autres à 22 et 30 € ; à la carte, les prix décollent. En franchissant la porte de ce petit restaurant, on fait un bond dans le passé, peut-être jusqu'avant la guerre de 1914. Ici, tout semble être d'époque, le parquet qui craque, les boiseries patinées et les nombreux objets accumulés avec le temps. La carte et les menus ne se soucient pas non plus des modes qui se succèdent. Alors, on savoure en prenant son temps les classiques de la ville : quenelles, tripes, terrine maison, etc. Ambiance bouchon garantie et service efficace. À noter, une terrasse de 20 places derrière l'établissement qui donne sur la rue Bourgelat.

I●I _Chez Marie-Danielle – Le Poêlon d'Or_ (plan général C5, **71**) : 29, rue des Remparts-d'Ainay, 69002.

☎ 04-78-37-65-60. Ⓜ Ampère. Fermé les samedi et dimanche. Congés annuels : en août et une semaine fin décembre. Formules à 15 € à midi, 22 € le soir. À la carte, compter environ 25 €. Une figure lyonnaise, cette Marie-Danielle, un peu brusque avec ses clients, mais beaucoup viennent justement pour ça. Quant à son gâteau de foies de volaille, sa terrine maison, on en ferait bien notre quotidien. Bonne ambiance où bourgeois lyonnais et gourmands de passage se régalent de concert dans une ambiance typiquement bouchon.

I●I _Chez Marcel_ (centre C3, **72**) : 13, rue Désirée, 69001. ☎ 04-72-07-97-76. Ⓜ Hôtel-de-Ville. Fermé les samedi midi et dimanche. Congés annuels : 3 semaines en août et la semaine entre Noël et le Jour de l'An. Formules du déjeuner à 9,50, 11,50 et 17 € ; le soir, menu-carte à 20 €. Un néo-bouchon qui bouge dans une rue qui bouge, à deux pas de l'opéra et de l'hôtel de ville. Cuisine bouchon, mais pas plus que ça, c'est-à-dire un peu plus digeste, plus colorée et maison, c'est une certitude. Clientèle bigarrée dans une ambiance bruyante. Agréable terrasse sur la rue aux beaux jours. Apéritif offert aux lecteurs du _Guide du routard_.

I●I _Le Saint-Vincent_ (plan général C3, **79**) : 6, pl. Fernand-Rey, 69001. ☎ 04-72-07-70-43. Ⓜ Hôtel-de-Ville. Ouvert midi et soir, sauf le dimanche. Menu du jour à 13 €. Sur une charmante placette bordée d'acacias, voilà un p'tit bouchon aux murs tendus de rouge qui fait tout simplement plaisir. Au menu, des recettes bouchon dans le rang comme la salade gnafron, le tendron de veau grillé à l'estragon, le grasdouble à la lyonnaise... à accompagner d'un pot lyonnais évidemment, puisqu'on est sous la protection du saint patron des vignerons. En dessert, la tarte à la praline nous a régalé. Voilà un saint qui vaut le pèlerinage !

Les autres restos de la presqu'île

De très bon marché à bon marché

🍴 *Boulangerie Pozzoli* (centre C4, **73**) : 18, rue Ferrandière, 69002. ☎ 04-78-42-66-27. Ⓜ Cordeliers. Fermé le dimanche. Une boulangerie géniale où l'on peut voir, en matinée, les mitrons pétrir, enfourner et défourner leurs productions. François Pozzoli est un des meilleurs artisans de France. Il est aussi le boulanger de Paul Bocuse. Un grand choix de pains, tous merveilleux et tous préparés avec des farines triées sur le volet. Le seigle auvergnat est vraiment comme à la campagne, le kamut (blé égyptien) et l'épeautre (blé sauvage) sont sublimes. Des pains tellement bons qu'on les mange comme des gâteaux. Alors achetez-vous du fromage, de la charcuterie, et improvisez un pique-nique du tonnerre. Également des sandwichs sublimes, tartelettes salées, viennoiseries et pâtisseries vraiment parfaits, rustiques et toujours très frais. En cas d'hésitation, faites-vous conseiller par Mme Pozzoli et ses *girls,* toujours sympathiques et souriantes. En saison (pour Mardi gras), laissez-vous tenter par les bugnes, à la rose, au rhum ou à la fleur d'oranger, toutes sont délicieuses.

🍴 *Vert Olive* (plan général C3, **64**) : 9, rue Saint-Polycarpe, 69001. ☎ 04-78-28-15-31. Ⓜ Hôtel-de-Ville. Au pied des pentes de la Croix-Rousse, derrière la place des Terreaux. Fermé le dimanche toute la journée, le samedi midi, et les soirs du lundi au mercredi. Congés annuels : une semaine en février et tout le mois d'août. Plats du jour autour de 9,50 €. Le soir, menu à 21 €. Accueil et cuisine au diapason, généreux et hautement sympathiques. Bons plats du jour, volailles de qualité toujours bien mitonnées, salades copieuses, goûteuses et colorées. Ambiance chaleureuse et additions modérées. Service féminin adorable et attentionné. Une de nos adresses favorites. Apéritif maison offert aux lecteurs du GDR.

🍴 *Maison de thé traditionnelle Cha Yuan* (plan général C5, **74**) : 7-9, rue des Remparts-d'Ainay, 69002. ☎ 04-72-41-04-60. Ⓜ Ampère. ♿ Ouvert jusqu'à 19 h seulement. Fermé les dimanche et lundi. Menu à midi à 10 € ; l'après-midi, formule pâtisseries et thé : plus d'une centaine de thés, de 4 à 9 €. Une boutique de thés accolée à un salon de dégustation ou, pour être plus précis, une maison de thé, c'est d'ailleurs ce que signifie *Cha Yuan* en chinois mandarin. Tous deux décorés avec un extrême souci du bon goût, des matériaux naturels dans des tonalités chaudes. Ici, point de dragons et lanternes rouges à fanfreluches, mais de belles photos et des objets asiatiques pour une atmosphère raffinée. Un accueil franco-chinois chic et sympathique, mais surtout des conseils et une façon de préparer le divin breuvage qui classent cet établissement dans un créneau définitivement haut de gamme. On ne vient pas ici simplement pour étancher sa soif, mais pour passer un moment privilégié, pour savourer un thé comme on déguste un grand vin ou un havane. Le menu du déjeuner est parfait, à la fois varié et goûteux, avec plusieurs spécialités à la vapeur, deux desserts et un thé.

🍴 *Arizona Grill* (centre C4, **70**) : 8, rue Ferrandière, 69002. ☎ 04-78-42-35-02. Ⓜ Cordeliers. Fermé le dimanche et lundi. Congés annuels : en août. Menus à 15 et 19 € ; à la carte, à partir de 20 €. Non, non et non, le hamburger n'est pas uniquement un pauvre steak haché caoutchouteux pris en otage entre deux tranches de pain étouffant ! Ce restaurant prouve qu'on peut se régaler de cette spécialité familiale américaine qui subit depuis des décennies les derniers outrages. Ici, on sert le hamburger à l'assiette : 200 ou 300 gr d'une excellente viande de bœuf, fraîche, hachée, cuite à la poêle et accompagnée de grosses frites, pour littéralement fondre de plaisir. Un restaurant qui fait la nique aux fast-foods et usines à viande qui infestent les centres touristiques. Une adresse familiale hautement sympathique.

|●| *Le Petit Grain* (plan général C5, 75) : 19, rue de la Charité, 69002. ☎ 04-72-41-77-85. Ⓜ Ampère ou Bellecour. Ouvert de 10 h à 18 h en continu ; de 10 h à 15 h les dimanche et lundi. Congés annuels : du 15 au 30 août. Plats entre 7,50 et 10 €. Plats-enfants. Face aux musées des Tissus et des Arts décoratifs. Loin des bouchonneries, une bonbonnière installée dans une ancienne boutique de modiste, à peine agrandie, près de la rue des antiquaires (Auguste-Comte), et tenue par un souriant personnage. D'origine vietnamienne, sa cuisine intègre le *bo bun,* généreux bol de vermicelles de riz agrémentés de bœuf ou de poulet et relevés d'herbes, la crépinette saigonnaise ou la volaille au gingembre, et plein de salades réalisées au gré du marché. Succulentes tartes : poire et chocolat, pomme-cannelle... Une excellente adresse. Profitez-en pour flâner aux alentours, le quartier est sympa. Apéritif maison offert aux lecteurs du *GDR*.

|●| *Rivière Kwaï* (centre C4, 76) : 7, rue Chavanne, 69001. ☎ 04-72-00-87-11. Ⓜ Cordeliers. Ouvert de 19 h à minuit, fermé le dimanche. Congés annuels : en août. À la carte uniquement, repas à partir de 20 €. Un restaurant asiatique sans son indéfectible décor rouge et or avec lustres à franges et vraies fausses cascades en sous-verre. Une belle salle aux murs couleur mastic, et puis de beaux objets pour une ambiance ethnique assez épurée. De la vraie cuisine thaïe, fine, goûteuse, authentique et délicate. Au service, la discrète femme du chef, Française et fière ambassadrice de la gastronomie siamoise. Carte assez brève, garantissant des produits de qualité.

|●| *Café-saladerie L'Arrosoir* (centre D3, 87) : 25, rue de l'Arbre-Sec, 69001. ☎ 04-78-39-57-57. Ⓜ Hôtel-de-Ville. Ouvert de 12 h à 14 h (14 h 30 le week-end) et de 19 h 30 à 23 h 30, tous les jours. Plat unique à 7 €, repas complet autour de 15 €. Dans le coin, ils sont à touche-touche, les restos. *L'Arrosoir* a un style bien à lui. Une déco pétillante, des jeunes gens toujours souriants au service, et des salades garnies de diverses bonnes choses. Émincé de volaille, *brick,* omelettes, etc. Côté dessert (et c'est souvent là que le bât blesse dans les saladeries), le *tiramisù* est bon, le fondant au chocolat tout aussi honnête. En résumé, tout est simple, copieux et surtout goûteux. Avec des prix vraiment raisonnables, pas étonnant qu'il fasse un carton.

|●| *Café de la Mairie* (plan général B5, 77) : 4, rue d'Enghien, 69002. ☎ 04-78-42-43-29. Ⓜ Ampère. Fermé les samedi soir et dimanche. Plats du jour autour de 7,50 €, menu à 11 € le midi. Pour des petits plats du jour sans chichis. Les murs de ce café sont couverts d'autographes et de menus de grands chefs, mais c'est bien une cuisine de ménagère qui y est préparée, avec néanmoins quelques incursions vers la cuisine provençale et des saveurs du monde entier. Tomates farcies, andouillette sauce moutarde, tourte à la viande... Aux beaux jours, on peut manger sur le trottoir et apprécier la vue sur le clocher d'Ainay. Café offert à nos lecteurs sur présentation de ce guide.

|●| *Le Salers* (centre C4, 78) : 8, rue Confort, 69002. ☎ 04-78-37-55-36. Ⓜ Cordeliers. Ouvert le midi uniquement, jusqu'à 16 h 30. Fermé le dimanche. Congés annuels : la semaine du 15 août. Formule plat du jour + dessert à 9,50 €. Les meilleurs plats du jour de la presqu'île. Et quel bonheur d'être accueilli avec un pareil sourire ! À table : des produits frais, cuisinés le matin pour être servis à midi, et on recommence le lendemain. Des plats rustiques et savoureux, qui mettent à eux seuls de l'ambiance autour des tables. Blanquette de volaille, lasagne aux trois poissons, tout est vraiment maison, et ça se sent... Un des rares endroits de la ville où manger en plein milieu de l'après-midi.

|●| *Summertime* (centre C3, 83) : 2, rue Verdi, 69001. ☎ 04-78-27-70-43. Ⓜ Hôtel-de-Ville. Fermé les samedi

midi, mardi soir, puis dimanche et lundi toute la journée. Congés annuels : en août. Le midi, formule à 12,50 €. Le soir, menus de 15,50 à 22 €. Tapie tout contre l'opéra, la rue Verdi offre un petit choix intéressant d'adresses où se sustenter. Des restos à touche-touche, et pas un autre type de commerce. Le *Summertime* offre sûrement le meilleur rapport qualité-prix de la rue avec sa formule du déjeuner comprenant entrée, plat et dessert. Générosité aussi à l'heure du dîner. Cuisine colorée, savoureuse, ayant souvent recours à des épices douces. Accueil souriant, service discret et efficace.

|●| *Le Café 203* (centre C-D3, *80*) : 9, rue du Garet, 69001. ☎ 04-78-28-66-65. Ⓜ Hôtel-de-Ville. Ouvert du lundi au samedi de 7 h à 1 h et le dimanche de 9 h à 1 h. Fermé entre Noël et le Jour de l'An. Plats et formules de 9,20 à 12 € ; formule sur le pouce à 10 €. Ce resto est tapi dans une ruelle au pied de l'opéra. Vous ne pouvez pourtant pas le manquer, il y a presque toujours une rutilante Peugeot 203 stationnée devant. Un joli petit bar-restaurant au décor de bois blond où chaque semaine est exposé un artiste différent, voilà déjà une bonne raison de fréquenter l'endroit. Clientèle jeune et branchée, mais pas seulement. On va donc au *Café 203* pour boire son petit crème du matin, pour l'apéro, ou pour manger, midi et soir (restauration légère), même tard. Par exemple, une salade de maquereau et ses navets confits aux oignons, un poisson simplement cuit à l'huile d'olive avec une légère ratatouille, ou une volaille à la vapeur. Souci de légèreté, mais belles portions tout de même. Service diligent, et une ambiance branchée mais juste ce qu'il faut. Juste à côté, au 23, rue de l'Arbre-Sec (☎ 04-78-27-29-14), le même, mais « 100 tabac ». Comme vous l'avez compris, un établissement entièrement non-fumeurs.

|●| *Lolo Quoi* (centre C4, *84*) : 40-42, rue Mercière, 69002. ☎ 04-

72-77-60-90. Ⓜ Cordeliers. Ouvert tous les jours midi et soir. Repas avec pâtes et dessert autour de 17 €. Une des rares bonnes adresses de la rue Mercière, célèbre pour sa concentration de restaurants. Cela dit, on changerait volontiers le « c » de Mercière par un « d » quand on voit le travail exécuté dans les établissements de cette belle rue. Ici, des pâtes très honnêtes dans un décor moderne vraiment réussi. Ambiance très sombre mais éclairée intelligemment. Clientèle branchée.

|●| *Tartufo* (plan général C5, *85*) : 37, rue Sainte-Hélène, 69002. ☎ 04-78-37-22-42. Ⓜ Bellecour. Ouvert au déjeuner uniquement. Fermé les week-ends et jours fériés. Menu du jour à 15,50 €. Une discrète mais ancienne adresse du quartier des antiquaires. L'adresse n'est pas une pizzeria, on s'y régale d'une excellente cuisine italienne typique, préparée avec de bons produits. Le menu du jour change justement tous les jours. *Antipasti, bresaola* et *rucola*, carpaccio de bœuf, *gnocchi alla genovese*...

|●| *Le Falafel* (plan général C3, *86*) : 21, rue Terme, 69001. ☎ 04-78-39-19-41. Ⓜ Hôtel-de-Ville. Ouvert tous les jours. Formules sandwich à 6,50, 6,95 et 8,95 €, formules plat du jour de 7 à 9,50 € ; le soir, menus entre 13 et 20 €. Ici, deux possibilités : les plus fauchés se régaleront d'un sandwich, à manger sur place au bar ou à emporter. Plusieurs choix de garnitures sont proposés, dans de bonnes galettes. C'est vraiment meilleur que les habituels et envahissants *kebab*. L'autre possibilité est de manger dans la partie restaurant, soit avec les formules sandwich, soit en choisissant dans les menus en dépensant un peu plus. Tout est bon, frais, goûteux et bien assaisonné. Les vendredi et samedi soir, on peut manger dans la salle voûtée du sous-sol, où il y a des représentations de danses orientales. Musique qui va de la variétoche à deux sous jusqu'à l'envoûtante Fairouz.

Prix moyens

|●| ***Thomas*** *(plan général C5, 99)* : 6, rue Laurencin, 69002. ☎ 04-72-56-04-76. Ⓜ Ampère. Fermé le dimanche. Congés annuels : la première quinzaine de mai et les 3 premières semaines d'août. Menus à 15 € à midi, à 29 € le soir. Une qualité pareille à des prix pareils, il faut le voir pour le croire aurait dit saint Thomas. Produits ultra-frais, cuissons et assaisonnements vraiment au quart de poil. Voilà un jeune chef qui goûte sa cuisine, qui met les produits en valeur, ne masque pas les saveurs en péchant par excès. De l'entrée au dessert, du bel ouvrage qui n'en fout pas plein les yeux à grand renfort d'énoncés alambiqués. Les vins semblent être choisis avec autant de soin que les produits. Accueil et sourire exquis. Un bon point aussi pour le cadre fort agréable, discret et de bon goût.

|●| ***L'Étage*** *(centre C3, 88)* : 4, pl. des Terreaux, 69001. ☎ 04-78-28-19-59. Ⓜ Hôtel-de-Ville. Ouvert midi et soir. Fermé les dimanche et lundi, ainsi que les jours fériés. Congés annuels : du 27 juillet au 21 août. Plat du jour à 11 €, servi à midi sauf le samedi, menus à 18 et 26 € ; également un « menu homard » à 51 €, à commander deux jours à l'avance. Une belle adresse. Pour sortir des lyonnaiseries, pénétrez au fond de cet étroit couloir et gravissez l'escalier à vis jusqu'à... *L'Étage*. Poussez la lourde porte et installez-vous dans le décor raffiné de ce salon boisé tendu de rouge. Si vous avez la chance d'avoir une table près de la fenêtre, vous entendrez glouglouter la fontaine aux beaux jours. Le décor est à l'image de la cuisine : gracieux, fin et précis. Carte courte qui tourne au gré des saisons, mais dont la qualité n'est jamais prise en défaut. Parmi les spécialités, le foie gras poêlé et les noix de Saint-Jacques. Clientèle d'habitués surtout, qui s'élargit bien vite : réserver plusieurs jours à l'avance est impératif. Café offert aux lecteurs du *Guide du routard*.

|●| ***Le Bistro Pizay*** *(centre C3, 89)* : 4, rue Verdi, 69001. ☎ 04-78-28-37-26. Ⓜ Hôtel-de-Ville. ♿ Fermé les dimanche et lundi. Congés annuels : 2 semaines début janvier et les 2 premières semaines de septembre. Menus à 12,50 et 17 € le midi, 25 € le soir. Ici, on n'est pas bas de plafond. Pas de mezzanine pour augmenter la capacité des salles et manger les uns sur les autres. On n'est plus à Paris. Georges Cottin, un ancien ingénieur du son parisien, a repris ce petit bouchon lyonnais en octobre 2001. On peut ainsi admirer le plafond à la française et cette belle fresque murale aux paupières dilatées, le trait noir d'un Van Dongen inspirant. Le soir, les lampes d'usine vous coiffent aussi chaleureusement qu'une couveuse. La vie est au palais. Les assiettes sont copieuses, mais leurs reliefs ne sont pas de ceux qu'on laisse au fond des plats. La cuisine est savoureuse et l'on se sent bien ici. Chaque jour, 2 plats, 2 entrées. Et si, comme le souffle un mur, la maison fait payer la casse en raison du prix élevé de la verrerie, rassurez-vous, il n'y a en fait que les casse-pieds qui trinquent. Bref, une adresse sympathique où l'on offre le café aux routards.

|●| ***Alyssaar*** *(centre D3, 90)* : 29, rue du Bât-d'Argent, 69001. ☎ 04-78-29-57-66. Ⓜ Hôtel-de-Ville. Ouvert le soir uniquement, à partir de 19 h 30. Fermé tous les midi et les dimanche et lundi. Congés annuels : en août. Menus à 12, 15 et 19 €. Chez *Alyssaar*, le maître des lieux est syrien. Dans son restaurant, on se sent plus invité que client, car il a cette gentillesse naturelle qui vous va droit au cœur. Choisissez l'assortiment d'entrées (« assiette du calife »), il vous expliquera comment associer ses spécialités et dans quel ordre les déguster. Laissez-vous conseiller, il le fera avec plaisir et humour. Le voyage continuera avec, par exemple, un étonnant bœuf aux cerises ou une brochette de poulet mariné. Avec le « dessert des Mille et Une Nuits », le voyage n'aura pas seulement été gastronomique mais aussi initiatique. Un seul petit reproche, qui ne peut être qu'amical : ici, on nous a donné le goût du

voyage, mais la carte ne change guère. Digestif offert aux lecteurs du *Guide du routard*.

I●I *La Gargotte (plan général D3, 91) :* 15, rue Royale, 69001. ☎ 04-78-28-79-20. Ⓜ Hôtel-de-Ville. Fermé les dimanche, lundi, mardi soir et samedi midi. Congés annuels : en août. Menus à 14 € à midi, 22 € le soir. Dans le quartier gay lyonnais. Deux salles séparées par une cuisine microscopique d'où sortent de bons petits plats inspirés par le marché du jour. On choisit sur le tableau qui se promène de table en table. C'est un menu unique avec, en général, un choix de cinq entrées, autant de plats chauds (avec toujours un poisson) et de desserts. Classique mais efficace. Bonnes sauces à la crème à peu près inévitables, le chef serait-il normand ? Ambiance village bon enfant. Digestif maison offert à nos lecteurs.

I●I *Le Bouchon des Carnivores (centre C5, 93) :* 8, rue des Marronniers, 69002. ☎ 04-78-42-97-69. Ⓜ Bellecour. ♿ Ouvert tous les jours sauf à Noël et le Jour de l'An. Service continu de 12 h à 23 h (23 h 30 les vendredi et samedi). Formule à midi à 12,50 €, menus à 16, 23 et 35 € ; menu-enfants à 8 €. Vous l'aurez compris, l'endroit n'est pas le rendez-vous lyonnais des top models. Ici, on vient en carnassier, pour s'offrir une viande de qualité. Crue ou cuite, elle arrive tout droit de la chambre froide vitrée du fond de la salle (un petit vivier !). Et si vous craignez ledit bovin, très représenté dans les deux salles, offrez-vous des pieds de porc grillés ou une andouillette tirée à la ficelle.

I●I *La Brasserie Georges (plan général C6, 94) :* 30, cours de Verdun, 69002. ☎ 04-72-56-54-54. Ⓜ Perrache. Service de 8 h à 23 h 15 la semaine, de 12 h à 0 h 15 les vendredi et samedi. Fermé le 1er mai. Plat du jour à 9 €. Menus de 18,50 à 24 € ; menu-enfants à 7,50 € de 4 à 12 ans, gratuit jusqu'à 3 ans. Près de 710 m² de plafond d'une seule portée, soutenu par trois poutres en sapin et trois boulons. La *Brasserie Georges* est un monument. C'est d'abord la consécration de Georges Hoeffherr, un Alsacien né en 1795.

Un brasseur visionnaire qui prend pour emplacement un terrain insalubre mais stratégique : au carrefour de l'axe Paris-Lyon-Marseille. En 1836, la *brasserie Georges* est fondée. L'étape des diligences cède la place à la gare de Perrache le 1er juin 1857. Le succès est sur les rails. Lamartine, Verlaine, Jules Verne, les frères Lumière, le peintre Jongkind, Mistinguett, Zola, Rodin ont fréquenté l'endroit. Une institution qui accueille tous les grands banquets électoraux. Droite, gauche. 1 200 couverts sous l'égide d'Alain Juppé en 1997. 40 tonnes de choucroute sont consommées chaque année. Record mondial homologué en 1996 au *Guinness des records* de la plus grande omelette norvégienne servie : la spécialité de la maison sur 34 mètres de long. Bref, une cuisine simple, peut-être pas la meilleure de Lyon mais servie très professionnellement dans un cadre Art déco où l'on digère l'Histoire avec l'appétit des grands yeux. Animation jazz le samedi soir. Apéritif maison offert à nos lecteurs.

I●I *La Cantine des Sales Gosses (centre C3, 95) :* 5, rue de la Martinière, 69001. ☎ 04-78-27-65-81. Ⓜ Hôtel-de-Ville. Ouvert le soir du mardi au samedi. Fermé les dimanche et lundi. Menus de 18 à 32 €. Aucun mauvais tour de la part de ces sales gosses. Juste des clins d'œil pour que les grands gones retombent un peu en enfance. On s'amuse des tapis de jeux multicolores sous les assiettes, des cartons à dessins qui renferment le menu et des bonbecs qui accompagnent l'addition. Trois petites salles sympathiques et une grande tablée à l'étage pour se retrouver entre copains. Ambiance résolument décontractée. Il n'empêche que côté cuisine, c'est plutôt sérieux. Des mariages audacieux et une présentation soignée des plats qui, une fois en bouche, achèvent de vous séduire. Parmi les spécialités de la maison, le roulé grand cru : filet de bœuf, magret de canard et foie gras sauce miroir ; côté desserts, charlotte au *Nutella,* pain perdu à l'ananas... Service jeune, souriant et efficace.

OÙ MANGER ?

|●| **Le Petit Persan** (centre C4, **96**) : 8, rue Longue, 69001. ☎ 04-78-28-26-50. Ⓜ Cordeliers. Fermé les dimanche et lundi ainsi que le mercredi midi. Congés annuels : en août et la 2e semaine des vacances de février. Trois menus de 11,50 à 23 €. Dans cette étroite et courte rue Longue, une cuisine persane fine et délicate servie avec beaucoup de gentillesse dans un décor raffiné. Les premiers menus sont déjà très alléchants. Le plus cher propose en entrée une grande assiette de dégustation, puis plat et dessert. Feuilles de vigne maison, taboulé, etc. Digestif maison offert aux lecteurs du GDR.

Plus chic

|●| **Le Sud** (centre C5, **97**) : 11, pl. Antonin-Poncet, 69002. ☎ 04-72-77-80-00. Ⓜ Bellecour. Ouvert tous les jours jusqu'à 23 h (minuit les vendredi et samedi). Menus du jour à 18 € (2 plats) et 20,40 € (3 plats). Compter autour de 40 € à la carte. Les points cardinaux ont leur signature. C'est Bocuse qui a frappé, avec cette grande et lumineuse brasserie aux couleurs méridionales. Le filon des annexes est bien exploité, mais quand les arômes sont si bien domestiqués, les cuissons précises et le service professionnel, on entre volontiers dans la danse. Les saveurs méditerranéennes caressent le palais, comme la soupe du pêcheur safranée, les tajines de légumes ou d'agneau, le risotto aux noix de Saint-Jacques cuites à la plancha... On a fait aussi un sort au vacherin glacé minute et au baba au rhum tradition qui nous ont été malicieusement conseillés. Et quel que soit le marché, il est difficile de se tromper. L'été, quand la véranda s'ouvre et que les tables débordent sur la place piétonne, c'est tout bonnement royal !

|●| **Institut Vatel – École hôtelière** (plan général C6, **98**) : 8, rue Duhamel, 69002. ☎ 04-78-38-21-92. Ⓜ Perrache. Tout à côté de la gare de Perrache, entre la place Carnot et le Rhône. Fermé les dimanche et lundi. Congés annuels : durant les vacances scolaires et en août. Menus de 20,50 à 30 € ; également un « menu gourmand » à trois plats pour 38 €, servi uniquement le samedi. Un rapport qualité-prix imbattable, malgré des additions guère moins élevées qu'au restaurant. Des élèves tirés à quatre épingles, des assiettes superbes, copieuses, et des recettes parfois inventives. Le buffet de pâtisseries est redoutable, avec au moins quinze desserts différents. Bien sûr, on a adoré les flambages et découpages, devenus si rares de nos jours. Mais la cerise sur le gâteau, c'est tout de même lorsqu'un étudiant bégaie et s'empourpre en présentant les fromages, renverse du vin en vous servant ou (si vous avez de la chance, mais c'est tout de même rare) flambe la nappe en même temps que les poires. À chaque service un petit dérapage, pour le plus grand plaisir de tous les clients. Apéritif maison offert aux lecteurs du GDR.

|●| **La Commanderie des Antonins** (centre C4, **100**) : 30, quai Saint-Antoine, 69002. ☎ 04-78-37-19-21. Ⓜ Bellecour ou Cordeliers. Fermé le dimanche et le lundi midi. Congés annuels : de fin juillet à mi-août. Menu du déjeuner à 20 € avec entrée, plat, dessert et une boisson ; le soir, à la carte, compter 38 € sans le vin. Pour profiter du cadre exceptionnel à prix raisonnable, nous vous conseillons le menu du déjeuner, très abordable. Le soir, la carte nous a paru tout à fait excessive. Splendides salles en enfilade, un peu partout de la pierre patinée, érodée, puis une armure ici, un coffre ancien là, enfin un éclairage à la bougie pour parfaire l'atmosphère moyenâgeuse. Des cuisines, ouvertes sur la salle, arrivent une moelleuse terrine aux foies de volaille, de bonnes viandes, préparées le plus simplement possible (grillées ou poêlées), un confit de canard maison tout à fait succulent. En dessert, de bons sorbets (goûtez ceux à la poire, ou encore au miel et au thym, tout simplement sublimes), des tartes également fabriquées sur place. À l'apéritif (offert sur présentation de ce

guide), nous vous recommandons le vin de basilic, très délicat. Les patrons sont passionnés de cuisine ancienne et ils organisent des repas-conférences : consulter leur calendrier car si vous êtes de passage, c'est à ne pas manquer.

Dans le vieux Lyon

Spécial fauchés

|●| *Le Petit Rabelais* (*centre B4, 101*) *:* 8 bis, pl. Saint-Jean, 69002. ☎ 04-78-38-18-79. Ⓜ Cordeliers. Fermé le lundi. Menus de 9 à 25 €. Plats à 6,50 €. Un resto carrément intéressant pour manger dans ce quartier où les petites adresses sont rares. Situation extra, face à la cathédrale. À ce prix, on ne va pas demander la lune, mais les plats, tout simples, requinquent sans ruiner. Et aux beaux jours, on profite de l'agréable terrasse sur la place pavée et piétonne. Clientèle jeune, service rapide et accueil sympa.

De bon marché à prix moyens

|●| *Alicante El Bario* (*centre B5, 102*) *:* 16, rue Saint-Georges, 69005. ☎ 04-78-37-99-11. Ⓜ Vieux-Lyon. Ouvert du mardi au samedi, uniquement le soir. Congés annuels : entre Noël et le Jour de l'An et en août. Repas à la carte autour de 25 € ; menu à 30 € uniquement pour les groupes. Les tapas sont souvent considérées comme des grignoteries apéritives et, il faut bien le reconnaître, elles ne sont que rarement bonnes. Ici, elles sont délicieuses, et on en fait volontiers un repas, en se régalant de l'entrée au dessert. On peut aussi choisir un poisson *a la plancha*, c'est-à-dire grillé, ou bien une paella *valenciana*, la spécialité de la maison. Accueil chaleureux, service attentionné, très souvent de la musique *flamenca* pour l'ambiance et un décor qu'on vous laisse découvrir, bigarré comme un film d'Almodovar. Une très bonne adresse.

|●| *Les Lyonnais* (*centre B4, 103*) *:* 1, rue Tramassac, 69005. ☎ 04-78-37-64-82. Ⓜ Vieux-Lyon. Ouvert midi et soir, jusqu'à 23 h. Fermé les dimanche soir et lundi. Congés annuels : du 1er au 15 août. Formules à 12 € à midi, 20 € le soir en semaine, menus de 19 à 22 €. Pas facile de créer un néo-bouchon dans la ville des bouchons ! Pari réussi, et tant pis pour les esprits grincheux ! Depuis son ouverture, ça ne désemplit pas. Les portraits d'illustres inconnu(e)s lyonnais(es) tapissent les murs de la grande salle jaune. En plus de l'atmosphère sympathique, des formules convaincantes, un service efficace et des prix attractifs. Au « menu lyonnais », les incontournables tabliers de sapeur, petits saucissons chauds, tête de veau tiède sauce gribiche, fricassée de volaille au vinaigre, andouillette beaujolaise, tandis que le « menu du marché » varie selon l'humeur et la saison. Café offert à nos lecteurs.

|●| *Les Adrets* (*centre B4, 104*) *:* 30, rue du Bœuf, 69005. ☎ 04-78-38-24-30. Ⓜ Vieux-Lyon. ♒ Fermé les samedi, dimanche et jours fériés. Congés annuels : en août et pendant la semaine de Noël. Menu très complet à midi, vin et café compris, à 13 € ; autres menus de 19 à 38 € ; menu-enfants à 8,50 €. À la carte, compter environ 30 €. Pas particulièrement à la mode, mais les vrais Lyonnais, jeunes et vieux, connaissent bien cette adresse discrète, où l'on s'arrache l'excellent menu du midi qui, non content d'être réalisé avec bonheur, ne fait pas dans le mesquin : on y a mangé une soupe de poisson mieux qu'à Marseille, un sauté de cerf aux pâtes fraîches de tout premier ordre, une cervelle de canut d'excellente tenue, le tout arrosé d'un pichet de bon aloi. Le déjeuner fut conclu par un café puisque tout cela entrait dans le menu du midi. Une affaire à saisir.

OÙ MANGER ?

L'apéritif est offert aux lecteurs du *Guide du routard*.

|●| *Le Charleston* (*centre C4, 120*) : 1, rue Soufflot, 69005. ☎ 04-78-42-74-80. Ⓜ Vieux-Lyon. Ouvert tous les soirs en semaine, midi et soir les dimanches et jours fériés. Fermé le lundi. Menus de 15 à 25 €. Au *Charleston*, on mange une cuisine honnête, fort copieuse et assez bon marché. Dans ce haut lieu du tourisme, l'escale est appréciable. Belles salades, lyonnaises ou aux escargots, saumon mariné, filet de sandre sauce provençale. Pas de mauvaise surprise. Accueil et service agréables, patronne tout sourire. Café offert sur présentation de ce guide.

|●| *Café-restaurant du Soleil* (*centre B4, 105*) : 2, rue Saint-Georges, 69005. ☎ 04-78-37-60-02. Ⓜ Vieux-Lyon. ♿ Sur la petite place de la Trinité. Service de 12 h à 14 h et de 19 h 30 à 23 h au moins, puis fait bar jusqu'à 1 h. Fermé le dimanche. Congés annuels : une semaine à Noël. À midi, plat du jour à 8 € et menu express à 10,50 € ; autres menus de 13 à 30 €. Une petite adresse bien sympathique nichée dans une maison du XVIIe siècle, sur une adorable placette. Une vraie bonne surprise culinaire, à l'écart des mangeoires de la rue Saint-Jean. Tout ce qu'on y a mangé était tout simplement réussi. Parfumé, cuit comme il faut, copieux et à prix justes. Pas mal de propositions lyonnaises (andouillettes, quenelles...) mais pas uniquement, le tout réalisé avec un efficace tour de main. La bonne halte en descendant de Fourvière, surtout quand quelques rayons de soleil viennent frapper la charmante terrasse. Tiens, saviez-vous que la façade a longtemps servi de décor au premier *Guignol* ? Un peu plus loin, avenue du Doyenné, vous trouverez un monument érigé en l'honneur de Laurent Mourguet, son fondateur. Digestif maison offert aux lecteurs du *GDR*.

|●| *Le Coquemar* (*centre B4, 106*) : 23-25, montée Cardinal-Decourtray, 69005. ☎ 04-78-25-83-32. Ⓜ Fourvière. Ouvert tous les jours à midi et les vendredi et samedi soir. Fermé le lundi. Congés annuels : en janvier. Menus de 10 à 20 €. On vient y déjeuner en famille. Même entre collègues, la semaine ressemble à un dimanche ; à ces dimanches qui ne seront jamais des lundis (le lundi est ici jour de repos). L'accueil est chaleureux, la salle désuète mais prolixe comme une petite madeleine proustienne. Qui, enfant, n'a jamais compté les heures dans un pareil endroit ? Les caoutchoucs oblitèrent les vitres. La cuisine est saine et simple comme un déjeuner à la campagne. Le lieu est non-fumeurs, le service discret, efficace. La grand-mère s'active derrière les fourneaux, effile encore quelques haricots, la petite-fille est en salle et la mère veille à tout. Tout est assourdi jusqu'aux bruits des couverts à l'exception du service divin. 15 h sonnent déjà. Le pot de saint-jo est depuis longtemps fini. On admire une dernière fois la tarte au citron meringuée sur la table d'entrée avant de sortir. Repu comme un enfant gâté au pied de Fourvière dans sa lumière d'hostie.

|●| *Le 21* (*centre C4, 107*) : 21, quai Romain-Rolland, 69005. ☎ 04-78-37-34-19. Ⓜ Vieux-Lyon. Fermé le dimanche. Congés annuels : 15 jours en août. Deux menus lyonnais (entrée, plat, dessert) à 16,80 et 19,80 €. L'une des rares adresses nocturnes de Lyon. De 20 h à 2 h on peut commander des quenelles ou saluer une pièce de boucherie prise dans les rets d'une sauce au vin. Deux salles de 25 couverts. Pour gagner la seconde, il faut traverser la cuisine et saluer les cuisiniers. John, le patron, parle en chuchotant dans un bazar hétéroclite, un décor de chine attrapée ici ou là, avec le désordre savoureux des esprits curieux. Au bar, il vous servira des « fœtus » : « C'est en deçà de la mominette ! » Contenance : 1 cl. Non qu'on ait le liquide rapiat ou le breuvage thérapeutique genre liquide amniotique. Ici, on aurait plutôt le poil avenant des tontons flingueurs. John vit à Saint-Tropez. Une coutume qui permet d'entendre la mer jusqu'au fond d'un dé à coudre. Pour nos lecteurs, le digestif est offert.

Un peu plus chic

|●| *Happy Friends Family (centre B4, 163)* : 29, rue du Bœuf, 69005. ☎ 04-72-40-91-47. Ⓜ Vieux-Lyon. Ouvert le soir uniquement ; mieux vaut réserver. Fermé le lundi. Congés annuels : du 10 au 30 août. Menus de 21 à 31 €. À la carte, compter autour de 38 € avec un bon vin bien structuré, comme un pécharmant. Lapin en gigolette farcie aux seiches en piperade ombragée par une friture de poireaux sortie tout droit d'une pomme purée à l'ail. Dame nature semble pousser dans les assiettes avec l'exubérance d'une flore tropicale. On fouille, on cherche, la fourchette s'arrête en chemin dans cette luxuriance savamment ordonnée. On fait goûter son voisin. Les yeux se plissent. Tant de sentes gustatives nous égarent. Attentifs, les garçons nous aident un peu. De la pointe de la langue jusqu'au fond de la gorge, chaque bouchée ouvre un joli terroir. Les associations sont inventives, les saveurs délicates. Les épices soulignent sans dénaturer la spécificité des produits. Millefeuille de côtelettes d'agneau en croustillant d'épices, poêlée de topinambours aux raisins, velouté de potimarron parfumé à la cardamome, gratinés au saint-marcellin sous une crémette de morilles. On voyage et si l'on défriche, c'est, somme toute, moins les assiettes que notre palais.

|●| *Chez Maurizio (plan général A5, 109)* : 1, pl. Eugène-Wernert, 69005. ☎ 04-78-25-83-63. Ⓜ Saint-Just. Service jusqu'à 22 h. Fermé les dimanche et lundi. Formules le midi à 13 et 27 € ; repas à la carte entre 23 et 25 €. Un peu excentré, sauf si vous allez visiter Fourvière. Pas une pizzeria mais bien un restaurant. Additions plutôt élevées, mais la meilleure cuisine italienne de Lyon. Maurizio fait régulièrement son marché en Italie et n'a pas son pareil pour vous mitonner un *osso buco* ou saisir des *piccàte* de veau au citron et à la sauge. *Antipasti*, salade de *rucola* au jambon cru poêlé. Bien sûr, divines pâtes, comme les *penne al gorgonzola...* Très bons desserts aussi : figues sèches au vin rouge ou *tiramisù* accompagnés d'un *caffe ristretto*. En prime, cette ambiance *tipicamente italiana,* un rien frime mais toujours bon enfant. Service parfois un peu débordé. Préférable de réserver. De l'autre côté de la rue, épicerie-traiteur où l'on peut acheter les délicieux *antipasti* ou de quoi confectionner de délicieux *panini*. Quelques tables en terrasse aux beaux jours.

Encore plus chic

|●| *La Tour Rose (centre B4, 110)* : 22, rue du Bœuf, 69005. ☎ 04-78-37-25-90. Fax : 04-78-42-26-02. Ⓜ Vieux-Lyon. ♿ Ouvert midi et soir, sauf le dimanche. Premier menu à 53 €, puis menus à 91 et 106 €. *La Tour Rose,* tenue par Philippe Chavent, est une institution de la gastronomie lyonnaise. Comme ses pairs, Bocuse et Lacombe, il a ouvert plusieurs établissements en ville. La place est fort belle : une vaste verrière moderne arrangée avec un goût sûr et chaleureux, ouvrant sur la tour... rose, évidemment, et la terrasse encadrée de beautés Renaissance. Mais passons à table ! Oseur sachant oser, émérite bateleur de casseroles, notre chef possède la fougue créative d'un étudiant des Beaux-Arts et la rigueur impitoyable d'un colonel en retraite. Bravo ! Évidemment, cela ne réussit pas à chaque fois et si nombre de ses coups d'audace sont de vrais coups de maître, certains tombent parfois à plat. Gadgets, diront les méchants. C'est la règle du jeu. Inventer, c'est parfois se tromper ! Mais l'impardonnable, c'est l'absence d'un service à la hauteur d'une maison de ce type. Pas un regard, pas un égard, Edgar ! Sans flirter avec l'obséquiosité ni la lourdeur flagorneuse de certaines maisons, quand on dépense beaucoup d'argent on aimerait un petit sourire, un mot gentil, rien qu'un. Qu'on se

OÙ MANGER ?

sente un peu le roi... l'espace d'un instant. Détail qui ravira les amateurs d'art contemporain : à chaque service, une table sera parée des housses de chaise brodées de palindromes (mots qui peuvent être lus indifféremment de gauche à droite et de droite à gauche) de Gérald Minkoff. L'apéritif est offert aux lecteurs du *GDR*.

À la Croix-Rousse

Bon marché

|●| *Le Comptoir du Vin (plan général C2, 136)* : 2, rue de Belfort, 69004. ☎ 04-78-39-89-95. Ⓜ Croix-Rousse. Fermé les samedi soir et dimanche. Congés annuels : du 10 au 20 août. Plats entre 8 et 12 €. C'est sûrement dans ce petit bar-resto que bat le cœur de la Croix-Rousse, à mille lieues des restos conceptualisés et autres établissements « marketés ». Cuisine sans chichis, familiale, simple et copieuse. Bonnes viandes, poêlées ou en sauce, que l'on sauce avec gourmandise. Atmosphère de bistro populaire d'antan. Des vins à prix raisonnables qui semblent être appréciés par le plus grand nombre, et qui dévalent les gosiers à grandes gorgées entre deux éclats de rire. Comme on dit à Lyon, mieux vaut attraper chaud en mangeant que froid en travaillant !

|●| *Le Comptoir du Sud (plan général B3, 111)* : 10, rue Rivet, 69001. ☎ 04-78-28-01-74. Ⓜ Hôtel-de-Ville. Fermé les samedi soir, dimanche et jours fériés. Congés annuels : 3 semaines en août. Plat du jour à 7,50 € ; à la carte, prévoir environ 16 €. Sur les pentes de la Croix-Rousse, côté Saône. Un café-restaurant avec un superbe plafond à la française, des murs jaunes et des tables en bois aux couleurs pastel. Un endroit tout simple pour boire un verre ou manger un morceau. De bonnes salades et quelques viandes. On vient ici entre copains ou quand on ne veut pas se ruiner. C'est sans chichis et c'est bien comme ça. Service un peu débordé aux heures d'affluence.

Prix moyens

|●| *Pasta Luna (plan général C2, 145)* : 4, rue du Mail, 69004. ☎ 04-78-39-56-19. Ⓜ Croix-Rousse. Fermé les dimanche et lundi toute la journée, les soirs du mardi au jeudi. Formule du déjeuner à 10 €. C'est assez rare, mais toujours agréable de manger dans une épicerie. On vient ici pour les pâtes succulentes, les charcuteries (jambons, mortadelle...) triées sur le volet, les *Parmiggiano, Gorgonzola* à se damner, etc. Le meilleur de l'Italie à deux pas du marché de la Croix-Rousse. Patronne charmante, petite terrasse aux beaux jours.

|●| *Maison Villemanzy (plan général C3, 114)* : 25, montée Saint-Sébastien, 69001. ☎ 04-72-98-21-21. Ⓜ Croix-Paquet. Fermé le dimanche et le lundi midi. Congés annuels : du 2 au 15 janvier. Plat du jour et salade à 11 €, menu à 22,50 €. Avec sa merveilleuse terrasse coiffant tout Lyon (il y a même une longue-vue), cette authentique maison bourgeoise accrochée aux pentes de la Croix-Rousse, ancienne résidence d'un médecin-colonel, mérite le déplacement. Mais il vaut mieux réserver, les amateurs de vue étant nombreux. Au piano, Guillaume Mouchel. C'est un des hommes de main de Jean-Paul Lacombe, qui, comme Bocuse et Chavent, possède plusieurs adresses en ville. L'endroit est toujours complet. Mais on y va surtout pour la vue...

|●| *Mon Père était Limonadier (plan général C2, 151)* : 9, rue Justin-Godard, 69004. ☎ 04-78-30-93-10. Ⓜ Croix-Rousse. Fermé le dimanche toute la journée et les lundi et samedi midi. Congés annuels : en

janvier. Formule du déjeuner à 15,50 €. Le soir, compter à partir de 23 €. Une adresse bien connue des Lyonnais, Croix-Roussiens ou pas. Déco colorée, un rien broc. Petite terrasse bancale aux pieds d'une volée de marches typique du quartier. À midi, la formule offre entrée, plat du jour et café. La carte est en fait un tableau noir qui se promène entre les tables. On y trouve des plats bien tournés, inspirés par le marché. Belle assiette ibérique (jambon *Serrano, Queso Mancheco...*), fine pastilla aux escargots à la sauge, excellente pièce de bœuf charolais poêlée aux poivres exotiques, etc. Délicieux chardonnay ardéchois en pot et le tour est joué.

|●| *Au Temps Perdu* (plan général C2, 116) : 2, rue des Fantasques, 69001. ☎ 04-78-39-23-04. Ⓜ Croix-Rousse. Service de 19 h à 23 h 30 du lundi au samedi ; possibilité de déjeuner sur réservation. Fermé le dimanche. Uniquement à la carte. Compter autour de 23 €. La rue des Fantasques forme un véritable balcon avec vue sur Lyon. De jour comme de nuit, c'est superbe. Adresse bien croix-roussienne, avec ses banquettes en skaï et son vieux bar. Accueil sympa et décontracté, loin de l'agitation du centre-ville. Dans les cuisines, que l'on aperçoit, on prépare une cuisine de bistrot, légère et soignée. Le choix à la carte est vaste, incluant quelques recettes méditerranéennes. De très bons desserts et un choix de vins assez important et abordable. À noter, salle cosy avec un beau panorama à l'étage. Apéritif offert aux lecteurs du *Guide du routard*.

|●| *Le Tango de la Rue* (plan général C2, 118) : 7, rue des Pierres-Plantées, 69001. ☎ 04-72-07-08-88. Ⓜ Croix-Rousse. ⚒ Petite rue en pente typiquement croix-roussienne. Ouvert de 19 h à 23 h 30, du mercredi au samedi soir. Congés annuels : en août. Menu à 10 € ; à la carte, compter 13 € environ. Une adresse où l'on est reçu avec le sourire. Bonnes petites tapas sans prétention à manger en entrée ou pour un simple apéro et quelques plats pas forcément hispanisants mais

méditerranéens tout de même si l'on veut faire un vrai repas. Atmosphère bien agréable (bien que très enfumée). Musique live une fois par mois. Apéritif maison offert à nos lecteurs.

|●| *Pure Voyage* (plan général C2, 153) : 8, rue Pailleron, 69004. ☎ 04-72-07-75-79. Ⓜ Hénon. Ouvert le soir uniquement. Fermé le dimanche. Congés annuels : en août. Menu à 25 € le midi. Le soir, à la carte, compter 40-45 € pour un repas complet avec boisson. Un resto *lounge*, discrètement installé derrière le théâtre de la Croix-Rousse. Déco *lounge*, musique *lounge*, confort *lounge*, tout est *lounge* vous l'avez compris. En revanche, la cuisine et l'accueil sont de bien meilleure qualité que dans la moyenne des établissements de ce type. Une carte faite de spécialités étrangères. Lors de notre visite, nous nous sommes régalé de petits coquillages farcis façon créole, parfumés au rhum et citron vert. La souris d'agneau frottée au *raz el hanout* était confite, et sa saveur agréablement soutenue par une réduction de xérès. Présentation à l'assiette soignée, service attentionné et tout sourire pour des prix fort raisonnables qui donnent envie de faire salon.

|●| *La Coquette* (plan général B2, 119) : 9, pl. Tabareau, 69004. ☎ 04-78-28-44-13. Ⓜ Croix-Rousse. Fermé le dimanche toute l'année et le lundi en hiver. Congés annuels : du 10 au 20 août. Menu du jour à midi à 15 € ; autre menu à 25 €. Une cuisine généreuse en saveurs et en quantité, servie dans une ambiance bistrot tout à fait conviviale. Le menu du jour, comprenant entrée, plat et fromage ou dessert, est des plus réjouissants. Une première salle avec un beau bar en formica jaune, et deux autres, plus petites et intimes. Rognon de veau entier à la graine de moutarde, salade de haricots verts au foie gras et vinaigre de cassis. Belles portions à déguster en terrasse aux beaux jours. L'adresse qui monte, bien qu'elle soit déjà sur le plateau de la Croix-Rousse... Sou-

OÙ MANGER ?

haitons que l'adresse conserve son excellent rapport qualité-prix assez unique. L'apéritif maison est offert aux lecteurs du *GDR*.

Sur la rive gauche

Bon marché

I●I *Friterie Marti – Chez Emeri* (*plan général D5, 123*) : 4, Grande-Rue-de-la-Guillotière, 69007. ☎ 04-78-72-02-21. Ⓜ Guillotière. Ouvert tous les jours midi et soir (le dimanche, uniquement bar et tapas). Service dès 8 h du matin, et le soir jusqu'à 1 h. Plats du jour entre 9 et 14 € ; à la carte, compter 19 €, boisson et apéro compris. Cette friterie existe depuis plus d'un siècle, un caboulot tenu à présent par Emeri, une charmante Portugaise, et ses enfants. Ici, la morue est dans tous ses états, et toujours appréciée, qu'elle se présente en beignet, au four ou en sauce. On y mange aussi une délicieuse paella (le vendredi), des tapas (à toute heure), du jambon cru *serrano*... Les plats du jour changent selon le marché. Ce qui est invariable, c'est l'ambiance assez unique de ce bar-restaurant. La musique y est souvent un peu trop forte, variété portugaise ou Charles Aznavour selon l'humeur, et les conversations toujours très animées. On aime bien la salle du bas, où l'on peut voir le cuistot opérer derrière le bar. Entre potes pour une grande tablée, le 1er étage est plus adapté. On s'y déchaîne également les soirs de match. Goûter absolument au *chorizo* flambé. Salon de thé au rez-de-chaussée. Apéro offert aux lecteurs du *Guide du routard*.

I●I *Mai Thaï* (*plan général E4, 125*) : 199, rue de Créqui, 69003. ☎ 04-78-95-40-16. Ⓜ Place-Guichard. Fermé les samedi et dimanche, sauf en automne et hiver où le restaurant ouvre le samedi soir mais ferme le mercredi soir. Congés annuels : en août. Formule du midi autour de 9 € ; le soir pas de menu, compter 23 € pour un repas à la carte. Vous connaissiez les mères lyonnaises, voici une mère thaïlandaise ! Quand on est l'aînée d'une famille nombreuse, on apprend fatalement à cuisiner très tôt. Vous découvrirez donc dans ce mignon restaurant, voisin du nouveau palais de justice, des recettes familiales, typiquement thaïlandaises et préparées à la minute. Ici, la carte est courte, mais cela n'a rien de frustrant. Envoûtantes soupes, merveilleux bœuf au curry fait maison, de délicats desserts au sucre de palme ou encore le délice coco. Cette femme a de l'or dans les mains. Accueil timide. Digestif maison offert à nos lecteurs.

I●I *Indochine* (*plan général D5, 126*) : 13, rue Passet, 69007. ☎ 04-78-72-49-80. Ⓜ Guillotière. Fermé les lundi soir et mardi. Congés annuels : en août et pour les fêtes de fin d'année. Menu express à 9,50 € le midi ; une carte vraiment peu chère : compter entre 8 et 15 €. Deux grandes salles (dont une pour les non-fumeurs). En plein cœur du quartier chinois, l'endroit est toujours très fréquenté, notamment par une clientèle d'Asiatiques, c'est bon signe. Côté ambiance, ça fait un peu cantine, avec les enfants qui se promènent, une grande table réservée aux amis et à la famille. En revanche, au niveau des spécialités, si ce n'est pas de la haute gastronomie, tout y est vraiment très bon et très copieux. Le *bo bun* et certaines soupes (*phó*, etc.) sont presque des plats uniques, donc économiques. Oubliez les habituels poulet à l'ananas ou *nems* (au demeurant très bons), goûtez plutôt la soupe citronnée aux crevettes ou les tripes sautées, qui sont vraiment délicieuses.

I●I *Bar du XXIe siècle* (*plan général C6, 127*) : 3, av. Berthelot, 69007. ☎ 04-78-72-00-66. Ⓜ Jean-Macé. Sert à midi uniquement ; bar jusqu'à 17 h 30. Fermé le dimanche. Congés annuels : 3 semaines en août. Menu du jour à 12,50 € avec entrée, plat et dessert. Après l'émouvante visite du musée de la Résistance et de la Déportation, on ne pouvait pas trouver mieux que ce petit bistrot pour se réchauffer le cœur et le corps. Une vraie bénédiction ! Délicieux accueil d'Élisabeth et Annick, aussi souriantes avec leurs habitués qu'avec les gens de passage, puis une délicieuse cuisine de ménagère comme on n'en mange pas assez souvent. Lentilles en salade, veau Marengo, blanquette, etc. Tout est fait maison, jusqu'au dessert. Apéritif maison offert à nos lecteurs.

I●I *Bar Le Corneille* (plan général *D4, 128*) : 132, rue Pierre-Corneille, 69003. ☎ 04-78-60-69-02. Ⓜ Saxe-Gambetta. Bus n° 4. Sert le midi uniquement, jusqu'à 14 h. Fermé les samedi et dimanche. Congés annuels : 3 semaines en août et une semaine à Noël. Plat du jour à 8 €, menu complet autour de 13 €. À deux pas du quartier chinois, et encore plus près du quartier arabe, un café-resto animé, avec plein de bouquins sur des étagères. Une mention spéciale pour les soirées littéraires, malheureusement devenues plus rares. Une cuisine de femme avec délicieuse terrine maison, foie de veau persillé et, en dessert, par exemple, un crumble. Deux plats au choix changeant tous les jours. *Le Corneille* est le premier bar de la région Rhône-Alpes à vendre exclusivement du café du Commerce équitable au prix du café traditionnel. On repart d'ici tout requinqué pour de belles balades. Apéritif maison offert à nos lecteurs sur présentation de ce guide.

I●I *La Petite Maison* (plan général *D3, 166*) : 35, rue Pierre-Corneille, 69006. ☎ 04-78-24-99-43. Ⓜ Foch. Fermé les vendredi soir, dimanche midi et samedi toute la journée. Congés annuels : en août. Formule à midi à 15 €. Le soir, menu à 23 €. Cette petite maison est un restaurant casher où sourire, générosité et bonne chère sont au rendez-vous. Pas de spécialités juives à la carte mais des plats traditionnels cuisinés casher. Au rez-de-chaussée quelques tables et le bar. À l'étage, une atmosphère cossue de salle à manger privée. Un repas à *La Petite Maison*, c'est l'occasion de manger une cuisine goûteuse et colorée. La salade lyonnaise, sans lardons, ça va de soi, devrait être prise en exemple par bon nombre de tenanciers de bouchons lyonnais. Quant à l'accueil, là aussi, certains devraient venir prendre des leçons dans cette petite maison. Un verre de vin blanc offert à nos lecteurs.

I●I *Restaurant Le Soleil – Chez Kadded* (plan général *D5, 129*) : 26, rue Villeroy, 69003. ☎ 04-78-60-82-64. Ⓜ Guillotière. Bus n° 4. Ouvert tous les jours. Couscous avec une seule viande à 11,50 €. Repas complet aux alentours de 15 €. Déco en formica, style resto ouvrier, des habitués aux tables et des serveurs qui passent les commandes par l'interphone. Du monte-charge, le couscous sort fumant dans des plats en inox, les portions sont impressionnantes. Beaucoup de semoule, mais pas seulement. Beaucoup de légumes et de viande avec. Au méchoui, il était délicieux, au poulet aussi. Également de bons tajines, par exemple d'agneau aux pruneaux. Ce sont les charmantes vendeuses de l'épicerie *Bahadourian* qui nous ont indiqué ce resto. Merci, les filles ! Pour les routards, café ou thé offert sur présentation du *Guide du routard*.

I●I *Resto-Halle – Chez Jacky* (plan général *E4, 164*) : halles de Lyon, 102, cours Lafayette, 69003. ☎ 04-78-62-66-54. Ⓜ Place-Guichard. Bus n° 1. Restauration uniquement à midi. Fermé le lundi. Plat du jour autour de 9 € ; à la carte, compter au maximum 20 €. Derrière Colette Sibilia, la reine du saucisson à cuire, et à côté de Marinette, spécialiste des produits exotiques, ce petit bar-restaurant a une sérieuse tendance à empiéter sur l'allée. À l'étage, une salle avec mur peint (encore un, avec Guignol cette fois-ci !), mais vue tristounette sur un immense immeuble dans le style Le Corbusier. Petite carte avec andouillette, viandes poêlées et grillées toujours accompagnées de légumes frais, mais on préfère les plats du jour préparés par Simone, la femme du patron et, par-dessus tout, spécialiste du gras-double ! Dans sa cuisine microscopique, elle fait des miracles, on n'est pas près d'oublier son sauté de veau avec purée gratinée.

|●| *Le Mitonné (plan général E3, 167)* : 26, rue Tronchet, 69006. ☎ 04-78-89-36-71. Ⓜ Foch. Fermé le week-end. Congés annuels : les 3 premières semaines d'août. Menus à 16 € à midi, à 19 € le soir. Un petit bistro à l'ambiance canaille qui décoince gentiment ce bon bourgeois de 6ᵉ arrondissement. Au menu du déjeuner, une bonne demi-douzaine d'entrée au choix, autant de plats garnis, et de desserts, tous commentés avec précision par le patron au moment de la commande. Service diligent et tout sourire, portions généreuses. Pas de doute, on en a pour son argent. Apéritif maison offert sur présentation du *GDR*.

|●| *Les Petits Chineurs (plan général E4, 168)* : 71, rue Moncey, 69003. ☎ 04-72-60-91-89. Ⓜ Guichard. Tramway : T1 Moncey. Petite zone piétonne agréable entre les halles, la Bourse du Travail et le nouveau palais de justice. Ouvert le midi du lundi au samedi, et le vendredi soir. Formules à 12 ou 15 € le midi, et le soir, compter aux alentours de 30 €. Comme son nom l'indique, le mobilier et la décoration de ce resto, grand comme un mouchoir de poche, ont été chinés. Tables, chaises, vaisselles et couverts dépareillés à l'extrême, kitschissime de préférence. On a un peu l'impression de manger sur le stand d'un marché aux puces, c'est drôle et ça nous a plu. Accueil sympa et coloré. Grosses salades, avec poulet au curry, ou toasts à la fourme d'Ambert, viandes poêlées accompagnées de vraies patates sautées et salade. Terrasse agréable aux beaux jours.

|●| *La Jonque d'Or (plan général D5, 131)* : 20, rue Pasteur, 69007. ☎ 04-78-72-39-43. Ⓜ Guillotière. Fermé le jeudi. Congés annuels : du 28 mai au 18 juin et du 22 décembre au 2 janvier. Pas de menu, mais plats pas chers à la carte : compter de 8,50 à 15 € environ pour un repas complet avec boisson. Dans le quartier chinois, voici encore une très bonne adresse. On a aimé la soupe *(phó)*, les crêpes vietnamiennes et toutes les spécialités de ce beau pays, trop souvent galvaudées, banalisées et surtout mélangées aux spécialités d'autres pays asiatiques. Accueil et service adorables par la famille qui tient la barre de cette jonque joliment décorée de fresques évoquant le Vietnam d'antan. Une adresse très appréciée par les intellos et les artistes fauchés du quartier de la Guill'.

|●| *Couleur Saumon (plan général E3, 132)* : 73, rue Masséna, 69006. ☎ 04-37-24-15-66. Ⓜ Masséna. Ouvert du lundi au vendredi à midi et les jeudi, vendredi et samedi soir. Fermé le dimanche. Formules à 11 € à midi, de 15 à 18 € le soir. Sous toutes les formes et à toutes les sauces, le jeune chef en fait voir de toutes les couleurs aux célèbres salmonidés. En kebab, en tajine, en pavé au saint-marcellin ou mariné à l'huile de noix, et ce ne sont que quelques exemples. Le tout servi dans une salle de la couleur que vous imaginez, avec vue sur la cuisine. Délicieux accueil et desserts (sans saumon) pour ne rien gâter.

|●| *Pom d'Or – Restaurant à criques (hors plan général par G4, 133)* : 66, cours de la République, 69100 Villeurbanne. ☎ 04-78-68-03-71. Bus nᵒ 1. Ouvert le midi du lundi au vendredi et le soir, uniquement le vendredi. Repas autour de 10 €. Dans ce quartier un peu ingrat, les restaurants sont rares. En voici un, propre comme un sou neuf, et où l'accueil est fort sympathique. Après la visite de l'Institut d'Art contemporain, une plongée dans le terroir ardéchois est dépaysante et agréable. Pour ceux qui ne connaîtraient pas, la *crique* est une galette de pommes de terre râpées, appelée dans d'autres régions *paillasson* ou, fort justement, *râpée*. Un peu plus épaisse, on aurait sûrement tout mangé quand même ! Petit jardin en été, pour manger à l'ombre.

|●| *La Cuisine de Valérie – Bouchon lyonnais (hors plan général par G4, 134)* : 99, cours Tolstoï, 69100 Villeurbanne. ☎ 04-78-68-84-52. Bus nᵒ 1. Encore une adresse à proximité de l'institut d'Art contemporain de Villeurbanne. Ouvert le

midi du lundi au vendredi. Congés annuels : les 3 premières semaines d'août. Plat du jour à 7,50 €, menus à 10,50 et 14 €. Un bouchon villeurbannais qui pourrait donner quelques leçons d'accueil et de cuisine à certaines adresses lyonnaises. De la petite cuisine, les assiettes arrivent fumantes : gratin d'andouillette, gâteau de foies de volaille, blanquette, etc. Apéritif maison offert à nos lecteurs.

|●| Le Café du Musée (plan général E1, 135) : 81, av. Charles-de-Gaulle, 69006. ☎ 04-78-93-36-35. Ⓜ Foch, puis bus n° 4. Ouvert les lundi et mardi de 12 h à 15 h et du mercredi au dimanche entre 12 h et 19 h. Un menu unique à 10,50 € et une carte plutôt italienne qui propose plats, salades et pâtes. L'une des rares adresses abordables lorsque vous visitez le musée d'Art contemporain de la Cité internationale. Le café est au rez-de-chaussée et a l'avantage de posséder une terrasse plein sud, la seule de la Cité. Vous pourrez y contempler le parc de la Tête-d'Or et notamment la roseraie qui jouxte le musée. Belle vue, donc. En revanche, la cuisine ne vous laissera pas un souvenir impérissable. Vous en aurez néanmoins pour votre argent : de belles portions, roboratives, toujours servies avec le sourire !

Prix moyens

|●| Le Bistrot du Palais (plan général E4, 137) : 220, rue Duguesclin, 69003. ☎ 04-78-14-21-21. Ⓜ Place-Guichard. Fermé le dimanche toute la journée, le lundi soir et les jours fériés. Congés annuels : du 1er au 23 août. Plats du jour au choix avec salade verte à 11 € ; menu unique à 22,50 €, composé d'un grand choix d'entrées, de plats du jour et de fromages ou desserts. Menu-enfants à 10 €. En face de la mairie du 3e arrondissement, encore un des bistrots de Jean-Paul Lacombe, du célèbre Léon de Lyon. On aime bien ses petites adresses, car elles ne sont pas un produit marketing, ou une sorte de vrai faux grand restaurant, moins cher mais moins bien. On va vraiment manger la cuisine d'un chef et, en l'occurrence, celui-ci est bourré de talent. À la fois capable de vous régaler avec un plantureux coq au vin ou une soupe de courge, il aime aussi étonner, avec par exemple une tartine chaude roquefort-banane. Et on aurait presque redemandé de son gâteau salé de côtes de bettes. Un vrai talent, quoi ! Ajoutez à cela un service pro et décontracté, un cadre bien léché, une carte qui tourne souvent, des prix serrés, et le tour est joué.

|●| Rouge Tendance (hors plan général par D6, 169) : 13, pl. 11-Novembre-1918, 69008. ☎ 04-78-00-15-15. Tramway : Bachut-Mairie du 8e. À côté de la Maison de la Danse. Immense restaurant installé dans un bâtiment industriel. Ouvert tous les jours midi et soir. Fermé le 1er mai. Le midi, plat du jour à 8,50 € et formule à 13 €. Formule wok à volonté à 18 €. Le soir, menu à 20 €. Déco exotico-tropicale. Brigade de serveurs et serveuses sympathiques et efficaces. Rouge Tendance vaut plus particulièrement pour ses formules wok, dont une à volonté. Le principe est simple : on choisit ses ingrédients au buffet réfrigéré, puis on se dirige vers les cuisiniers qui les pochent rapidement dans un bouillon de soja avant de les faire sauter au wok, sur un feu d'enfer. Retour à table pour déguster, puis re-belote pour une deuxième tournée, et « dix de der » si on a choisi la formule adéquate. Le choix des ingrédients est large, avec plusieurs poissons et fruits de mer dont du requin, de nombreux légumes, viandes, etc. Pour arroser tout cela, carte de vins étrangers. Souvent beaucoup de monde, salle bruyante et animée, une vraie ambiance, quoi. Notre verdict : « Wok this way ! » Apéritif maison offert à nos lecteurs.

|●| Resto-Halle Maison Rousseau (plan général E4, 139) : 102, cours Lafayette, 69003. ☎ 04-78-62-37-65. Ⓜ Place-Guichard. Bus n° 1. Ouvert du mardi au samedi de 7 h 30 à

22 h 30 et les dimanche et lundi de 7 h à 14 h. Attention, les écaillers des halles sont fermés du 1er mai au 1er septembre. Des plateaux de fruits de mer à emporter ou à déguster sur place entre 16 et 91 €, mais aussi coquillages, crustacés, soupe de poisson. Depuis 1906, au cœur des halles, la *Maison Rousseau* est une institution. Eh oui, on ne mange pas que de la cochonnaille à Lyon. Il n'y a qu'à voir, le dimanche à midi, le monde qui se presse autour de l'étal. La Rolls des écaillers au prix d'une Rolls, sourire en option.

|●| *Resto-Halle Chez Georges – Bar à huîtres* *(plan général E4, 140) :* 102, cours Lafayette, 69003. ☎ 04-78-62-36-68. Ⓜ Place-Guichard. Bus n° 1. Fermé le lundi et en août. Qualité, fraîcheur, large choix et prix raisonnables pour ce petit bar à huîtres au cœur des halles de Lyon. Également de bons saint-marcellin affinés à point juste de l'autre côté de l'allée, car les patrons sont aussi fromagers.

|●| *Le Val d'Isère* *(plan général E4, 141) :* 64, rue de Bonnel, 69003. ☎ 04-78-71-09-39. Ⓜ Place-Guichard. Ouvert les lundi, mardi et mercredi midi, et les jeudi et vendredi midi et soir ; les lundi, mardi et mercredi soir, sur réservation pour minimum 15 personnes. Plat du jour autour de 8,50 €, menu du midi à 14,50 € avec café offert ; compter environ 15 à 20 € à la carte. Un bar-restaurant où vous serez accueilli dès 7 h du matin, avec un franc sourire et de bonnes odeurs de lyonnaiseries. Car, ici, on sert encore le mâchon lyonnais. Alors, que ce soit à titre expérimental, pour éponger vos excès éthyliques de la nuit, pour bruncher avant une intense journée de tourisme ou tout simplement pour déjeuner, allez vous attabler au *Val d'Isère,* au milieu des portraits de chefs et des photos du Lyon d'antan. Tout ce que vous pourrez y manger est d'une fraîcheur extrême (on sent la proximité de la halle) et toujours bien apprêté. Le répertoire est celui d'un bouchon, mais on peut aussi manger de délicieux poissons. Les desserts sont à l'identique, traditionnels et copieux. Pour les lecteurs du *GDR,* un kir sera offert.

|●| *Daniel et Denise* *(plan général E4, 142) :* 156, rue de Créqui, 69003. ☎ 04-78-60-66-53. Ⓜ Place-Guichard. Bus n° 1. Fermé les week-ends et jours fériés. Congés annuels : en août et une semaine entre Noël et le Jour de l'An. Plat du jour autour de 15 € ; à la carte, compter de 22 à 40 €. Un couple de routards de la restauration lyonnaise, ces deux-là ! Un premier restaurant en ville, puis une escapade de quelques années à Dardilly, dans la proche banlieue, et retour à Lyon, cette fois-ci dans le 3e arrondissement, tout à côté des halles et du nouveau palais de justice. Ils se sont installés dans une ancienne charcuterie de renom qui faisait comptoir-restaurant. Le vieux bar est toujours là, il y a quelques jolis cuivres aux murs, et subsistent aussi les barres qui servaient à pendre les saucissons, palettes fumées et autres merveilles. L'atmosphère est chaleureuse, la cuisine généreuse et bien maîtrisée. On vous le disait, les patrons ont voyagé (mais seulement à Lyon et aux alentours), ça se voit en lisant la carte : omelette du curé aux écrevisses, quenelle de brochet sauce Nantua ou gâteau de lapin en gelée, pour notre plus grand plaisir. Prix et portions raisonnables. Kir offert à nos lecteurs.

|●| *Café-Comptoir Chez les Garçons* *(plan général D3, 143) :* 5, rue Cuvier, 69006. ☎ 04-78-24-51-07. Ⓜ Foch. Bus n° 4. Ouvert uniquement à midi et le jeudi soir. Fermé les samedi et dimanche. Plat du jour à 8,50 €, formule entrée + plat ou plat + dessert à 12 € et repas complet à la carte autour de 25 €. Menu le jeudi soir à 22 €. Un chouette bistrot de quartier aux murs tapissés de tas de cadres et d'objets, et une collection de billets de banque des quatre coins du globe. Tiens, tiens, ça sent le routard ! Côté ambiance, c'est le 6e arrondissement version décoincée, ça s'embrasse au comptoir entre copains-copines. Une grosse clientèle d'habitués, on les comprend, car on mange fort bien et copieusement chez ces garçons. Les viandes en sauce ont pris le temps de cuire, les salades sont croquantes, fraîches et colorées, et les desserts qui trônent sur la table de billard feraient pâlir de jalousie pas mal de grands-mères. Pour le service de midi, le brouhaha va crescendo, ponctué par des coups de cloche. À chaque pourboire, un coup de cloche, et comme tout le monde est sympa, ça sonne souvent!

|●| **Brasserie des Brotteaux** *(plan général F3, 144)* : 1, pl. Jules-Ferry, 69006. ☎ 04-72-74-03-98. Ⓜ Brotteaux. Le café est ouvert à partir de 7 h 30 ; le restaurant sert entre 11 h 30 et 14 h 30, et entre 19 h 30 et 22 h 15. Fermé le dimanche. Menus à 16 et 17,50 € à midi, 27 € le soir, avec pour chacun une entrée, un plat et un dessert. 90 couverts plus 60 en terrasse, face à l'ancienne gare des Brotteaux. Endroit merveilleux, aussi splendide qu'une brasserie (inchangée depuis 1913) campée dans un décor de glaces et de céramiques, drapé de rideaux rouges aux embrasses attachantes. Vous y êtes. La cuisine est tout sauf théâtrale. Le chef Laurent Morel est passé par *Point* (grande toque) et le patron Emmanuel Faucon a le franc-parler des Lyonnais qui se donnent sans compter. Regardez passer les assiettes : pêcheur, italienne ou brasserie, entre 15 et 17 € avec dessert et café. Non seulement copieuses mais originalement présentées. Goûtez aussi l'émincé de poire de bœuf sauce saint-marcellin pour 14,50 €, ou le pressé de foie gras aux pommes caramel au cidre pour 14 €. Tout est fait maison. L'accueil est chaleureux et les serveuses espiègles. Indéniablement, le meilleur rapport qualité-prix du coin dénoncé par tous les voisins. À découvrir absolument, ne serait-ce que pour le hors cadre. Apéritif offert aux lecteurs du *GDR*.

|●| **Jols** *(hors plan général par D6, 146)* : 283, av. Jean-Jaurès, 69007. ☎ 04-78-72-10-10. Ⓜ Debourg. Service jusqu'à 23 h le soir. Fermé le dimanche et le 1er mai. Un menu à 18 € au déjeuner, 15 € si l'on ne prend pas de dessert ou d'entrée ; à la carte, compter 25 €. Après avoir travaillé 10 ans chez Bocuse et 5 ans au Japon, les patrons ont décidé de se lancer. Et ça mord! Dans cette ancienne halle marchande, le lieu (noir) ne manque pas de caractère, les bulots et la friture de seiche non plus. Tout en dégustant fruits de mer et crustacés, on peut observer les cuisiniers s'affairer derrière les différents étals qui entourent une immense salle très animée. Ambiance garantie. Réserver absolument! Apéritif offert aux lecteurs du *GDR*.

|●| **L'Îlot corsaire** *(hors plan général par G6, 147)* : 64, av. des Frères-Lumière, 69008. ☎ 04-78-75-00-00. Ⓜ Monplaisir. ✗ Ouvert tous les jours ; service de 12 h à 14 h 30 et de 19 h à 22 h 30. À midi, le plat du jour est à 7,50 € (sauf les samedi et dimanche) et on trouve 2 formules à 10,50 € ; menus à 18, 22 et 25 € ; menu navigateur à partir de 17 € (crevettes roses en entrée, pavé de saumon, île flottante). Endroit très sympathique, avec terrasse, à deux pas de l'Institut. Le patron a fait ses classes dans la marine. La mer, c'est sa passion. Le chant des mouettes vous accompagne jusqu'aux toilettes. L'accueil est avenant, les garçons attentifs, même en période de grands vents. Les spécialités sont des marmites de moules, servies avec des frites, marinière, à la moutarde ou au roquefort, par exemple, de 11 à 13 €. Un endroit simple et chaleureux comme un marin, où il fait bon s'arrimer un moment. Un espace de jeux est même prévu pour les enfants. Pour nos lecteurs, le digestif est offert.

|●| **Pizzeria Le Verdi** *(plan général F3, 148)* : 13, bd des Brotteaux, 69006. ☎ 04-72-74-29-53. Ⓜ Brotteaux ou Masséna. Ouvert tous les jours, midi et soir. Pizza autour de 10 €. Parmi les meilleures de la ville, pas forcément bon marché mais, vu la taille, on en a pour son argent. On a visiblement laissé à la pâte le temps de lever, et elle est généreusement garnie de produits de qualité. Une de nos préférées : la « Rigoletto », aux tomates séchées italiennes et au fromage de chèvre. Pour les amateurs de jambon cru : la « San Daniele », à la mozzarella, est intégralement drapée de jambon cru après cuisson, un délice. Les autres

spécialités italiennes sont de bonne facture, mais font nettement grimper l'addition.

▐●▌ *Chez Terra – Bistrot japonais* (plan général E3, *149*) : 81, rue Duguesclin, 69006. ☎ 04-78-89-05-04. Ⓜ Foch. Fermé les dimanche et lundi. Au déjeuner, formules de 11 à 20 €. Le soir, repas à la carte autour de 25 €. Tout le monde sait que les sushi sont de Lyon (ha ! ha !) mais que beaucoup sont « nippons ni mauvais » (re-ha ! ha !). Nous sommes ici en présence d'un bouchon japonais à l'ambiance familiale, ce qui n'exclut pas finesse et raffinement pour le contenu des assiettes. Ragoût de porc merveilleusement confit, ravioli maison, poisson cru... Intéressante carte de sakés. Clientèle japonaise et lyonnaise. Certaines fins de soirée, on se sent plus à Tokyo qu'à Lyon. Conseils avisés et beaucoup de gentillesse du côté du service.

De prix moyens à plus chic

▐●▌ *En Mets, Fais ce qu'il te Plaît* (plan général D6, *150*) : 43, rue Chevreul, 69007. ☎ 04-78-72-46-58. Ⓜ Jean-Macé. Fermé les samedi et dimanche. Congés annuels : en août. Deux formules à 15 et 23 € à midi, le vendredi soir un menu dégustation à 38 € ; les autres soirs, uniquement à la carte, compter de 30 à 40 €. Une de nos adresses favorites, et peut-être la cuisine que l'on préfère. Une première salle avec bar et vue sur la cuisine, une seconde avec de drôles de grilles aux fenêtres. Sur les tables aux couleurs fraîches, pas de nappe, mais juste une feuille d'or et de petites lampes modernes et rigolotes. En cuisine, Ishida Katsumi vous concocte une merveilleuse assiette de légumes à l'huile d'olive, à faire se damner les plus carnassiers d'entre nous, une cuisse de canard confite aussi fondante et savoureuse que les pruneaux qui l'accompagnent, ou une truite de mer servie meunière sur un lit d'épinards. Extrême fraîcheur des produits, précision des cuissons à la seconde, justesse de l'assaisonnement et présentation vraiment aboutie, voilà de la belle ouvrage ! Mais attention, les prix montent vite.

▐●▌ *Le Bouchon chez Marcelle* (plan général F3, *165*) : 71, cours Vitton, 69006. ☎ 04-78-89-51-07. Ⓜ Masséna. Fermé les samedi midi, mercredi soir et dimanche toute la journée. Congés annuels : en août. Menu à midi à 25 € ; le soir, la carte est vraiment chère. La grande Marcelle est l'une des dernières et authentiques mères de la ville. Chez elle, on ne vient pas pour un accueil obséquieux ou pour le décor (sauf si l'on aime le cocktail moleskine-formica-lampes au néon), mais pour ce qu'il y a dans l'assiette. Le rituel est immuable et satisfait les nombreux habitués : hors-d'œuvre variés, avec une série de saladiers pleins de lentilles, pommes de terre, haricots verts frais (en saison), cervelas, lard, poivrons... et surtout interdiction de caler. Suivent ensuite, au choix, un des meilleurs tabliers de sapeur de la ville, un foie de veau en persillade, des viandes épaisses et goûteuses. On achève le plaisir avec une délicieuse crème caramel, et surtout on taille une bavette avec Marcelle, attristée d'avoir à effectuer le tour complet de la ville pour faire son marché (tout se perd, mes pauvres petits), mais ravie de vous avoir fait plaisir. En plus, elle offre l'apéritif à nos lecteurs.

▐●▌ *Le Théodore* (plan général E3, *152*) : 34, cours Franklin-Roosevelt, 69006. ☎ 04-78-24-08-52. Ⓜ Foch. Bar ouvert de 8 h à 11 h 30 et de 14 h à 19 h ; restaurant de 12 h à 14 h et de 19 h 15 à 22 h 30 (23 h 30 les vendredi et samedi). Fermé les dimanche et jours fériés. Congés annuels : la semaine du 15 août. Plat du jour à 10 €, premier menu à 15 € le midi, avec une formule à 14 € si l'on enlève l'entrée ou le dessert ; ensuite, menus à 19,50, 26,50, 32,50 et 42 €. Belle terrasse en été. Bel établissement. Service impeccable, non guindé. La vraie générosité de la compétence. Il est vrai que le patron, Robert Perret, ancien directeur général de la *Brasserie Georges*, a eu l'occasion de s'aguerrir l'œil, et l'œil est aux aguets. Les plats circulent avec une discrétion d'encens. Les produits sont de qualité, les plats raffinés : de la juxtaposition des couleurs jusqu'à l'association des saveurs. Terrine de lapin en gelée de feuilles de citronnier, pavé de morue fraîche rôtie à l'anis... Un bonheur d'être servi. Belle carte des vins. Une bonne occasion pour goûter des côtes-du-rhône moins connus, comme le saint-péray dont le cépage viognier titillera délicatement l'échine d'une belle quenelle fraîche de brochet. Digestif maison offert aux lecteurs du *Guide du routard*.

|●| **Le Jardin des Saveurs** (hors plan général par G6, 172) : 95, cours du Docteur-Long, 69003. ☎ 04-78-53-27-05. Ⓜ Grange-Blanche, puis bus n° 28. Fermé le dimanche. Congés annuels : 3 semaines en août. Cinq menus à 27, 32, 38, 44 et 50 €. Ce restaurant a été le fief d'André Perrez, ingénieur chimiste devenu cuisinier, personnage truculent, passionné, hors norme et passionnant. Un homme qui éduquait le goût de ses clients avec détermination, et la plus grande douceur. Aujourd'hui, trois jeunes pros de la restauration ont repris l'affaire. Toujours pas de jardin malgré le nouveau nom de l'établissement, mais un petit coup de jeune à la déco. L'adresse reste une excellente table. Le jeune chef a mis au point des menus intelligents, qui mettent en scène des matières premières de grande qualité. On sent les leçons bien apprises dans de grandes maisons. Les 2 premiers menus sont des menus-carte, le premier à 2 plats, le second à 3 plats. Bravo pour le rapport qualité-prix-plaisir, le chef a décidément les moyens de ses ambitions. Un petit bémol pour l'accueil un peu froid, malgré un service au cordeau. Un sourire, ça fait du bien à tout le monde, à celui qui l'offre et à ceux à qui il s'adresse.

|●| **L'Est** (plan général F3, 154) : gare des Brotteaux, 69006. ☎ 04-37-24-25-26. Ⓜ Brotteaux. Ouvert tous les jours ; service jusqu'à minuit du jeudi au samedi ; jusqu'à 11 h les autres jours. Plat du jour à 13,60 € ;

trois formules (non servies les dimanche et jours fériés) : deux plats à 18 €, trois plats à 20,40 € et trois plats avec boisson à 22,40 €. Installée dans l'ancienne et superbe gare des Brotteaux, c'est la troisième brasserie lyonnaise du grand Paul qui a, depuis, bâti son 4e point cardinal, *l'ouest,* en bord de Saône. Ici, l'œil est sans cesse sollicité. Il y a toujours quelque chose à lire, à découvrir, et on surveille le trafic des trains miniatures, le ballet des serveurs et des cuisiniers coiffés d'immenses toques blanches. À table, de bonnes viandes à la broche et des spécialités d'un peu partout, pas toujours typiques. Le palais est donc moins sollicité que la vue. Les additions, en revanche, sont assez exotiques : c'est le coup de bambou, surtout à la carte. L'idéal est de manger au bar pour avoir une vue directe sur les cuisines : un vrai spectacle que cette belle brigade tirée à quatre épingles. Ça devient si rare.

|●| **Le Splendid** (plan général F3, 156) : 3, pl. Jules-Ferry, 69006. ☎ 04-37-24-85-85. Ⓜ Brotteaux. Ouvert tous les jours ; service jusqu'à 23 h 30. Menu du jour à 16,50 €, puis autres menus de 19,50 à 42 € ; menus-carte entre 26 et 40 € ; menu dégustation « entre Bresse et Dombes » à 37 €. Encore une brasserie de grand chef. Celle-ci appartient à Georges Blanc, de Vonnas dans l'Ain. Il rend ici un bel hommage aux mères lyonnaises, ces femmes qui ont fait connaître la gastronomie régionale avant Paul Bocuse, d'ailleurs installé juste en face dans la gare des Brotteaux. Photos à l'appui façon poster mural. Le poulet de Bresse à la crème est ici un pur moment de bonheur.

|●| **Restaurant Mathieu Viannay** (plan général D3, 157) : 47, av. Foch, 69006. ☎ 04-78-89-55-19. Ⓜ Foch. Fermé les samedi et dimanche. Congés annuels : les 3 premières semaines d'août. Formule du déjeuner à 22 € (entrée + plat ou plat + dessert), menus à 25, 35 et 38 €. Un des meilleurs rapports qualité-prix de la ville lorsqu'on veut s'offrir un repas gastronomique, sans

pour autant se ruiner chez un chef étoilé. Une cuisine bien exécutée, très tendance sans être provocatrice. Des assiettes fort bien présentées, des saveurs tranchées, tout cela est cohérent, le chef a du talent. Grande salle lumineuse et agréable. Rien à redire au sujet de l'accueil et du service, parfaits. Voilà de l'argent bien dépensé.

Où manger en sortant de boîte ?

|●| Boulangerie Au Paradis Gourmand *(centre C4, 162)* **:** 2, rue Saint-Jean, 69005. Ouvert tous les jours sauf les dimanche et lundi, à partir de minuit.

Où manger une bonne pâtisserie ?

|●| Salon de thé Casati *(centre C4, 180)* **:** 31, rue Ferrandière, 69002. ☎ 04-78-37-30-67. Ⓜ Cordeliers. Fermé les dimanche et lundi. Sûrement la meilleure pâtisserie de la presqu'île. Les « becs sucrés » se damneront devant le saint-honoré et les autres spécialités. À emporter ou à consommer sur place dans la splendide salle aux boiseries façon gâteau anglais.

Où boire un chocolat chaud ?

⛾ Bernachon Passion – Salon de thé *(plan général E3, 170)* **:** 42, cours Franklin-Roosevelt, 69006. ☎ 04-78-52-23-65. Ⓜ Foch. Fermé les dimanche et lundi. Congés annuels : du 24 juillet au 25 août. À côté de la pâtisserie-chocolaterie du même nom. Des prix vraiment élevés pour ce salon de thé ultra-snob. Cela dit, la maison *Bernachon,* mondialement réputée, vaut le détour pour son chocolat chaud, d'une qualité absolument hors du commun. Riche et crémeux sans être écœurant, épais mais surtout pas farineux, ni trop sucré ni trop amer : une pure merveille d'équilibre. Alors on pousse la porte du temple, on affronte le regard des fidèles et on va se recueillir devant le suprême breuvage, comme face à soi-même. Un vrai rituel ! Pour les chocolats et gâteaux, on préfère aller directement à côté : c'est moins cher et plus sympa d'aller les manger au parc de la Tête-d'Or.

Où manger une glace ?

⛾ Glacier Nardone : 8-9, pl. Tobie-Rebatel, 69001. ☎ 04-78-27-90-28. Ⓜ Hôtel-de-Ville. Bus n°s 13 et 18. Ouvert tous les jours dès qu'il fait beau, de 10 h à 1 h du matin. Des prix très abordables, de 4,50 à 6 €. Sans doute les meilleures glaces qu'on ait mangées, fabriquées à l'ancienne. Une terrasse ombragée d'où l'on contemple l'agitation de la ville et les trolleys qui montent à la Croix-Rousse. L'accueil et les conseils avisés de la patronne décupleront votre plaisir. Mauricette Nardone (Momo) a le tempérament de feu d'une authentique mère lyonnaise. Un autre glacier Nardone est installé dans le vieux Lyon (pas de la même famille, de fabrication différente), mais les glaces ne nous ont pas du tout séduits.

Où manger dans les environs?

Prix moyens

◉ Le Buldo *(hors plan général par A2, 173)* : 2, quai Raoul-Carrié, 69009. ☎ 04-78-83-99-41. Ⓜ Gare-de-Vaise puis bus n° 43 en direction de Neuville, arrêt Velten. Au déjeuner, menus à 14 et 19 €, le soir, menu à 26 €. Menu-enfants à 10 €. On vient au *Buldo* pour profiter de la terrasse, en fait un ponton pratiquement au ras de l'eau, isolé de la circulation du quai. On goûte à la fraîcheur de la Saône, en scrutant la toute proche île Barbe. Au menu-carte, nous avons été agréablement surpris par la qualité des plats servis, et la taille avantageuse des portions. Les incontournables du bord de l'eau (friture et grenouilles) comme les compositions plus personnelles (hure de saumon en gelée, onglet de bœuf au cassis) sont autant de petits plaisirs. Le chef, un ancien danseur, est devenu un vrai pro des fourneaux. Meilleur rapport qualité-prix du secteur. Café offert sur présentation de ce guide.

Très, très chic

◉ Restaurant Paul Bocuse : 69660 Collonges-au-Mont-d'Or. ☎ 04-72-42-90-90. ● www.bocuse. fr ● De Lyon, emprunter le tunnel de la Croix-Rousse, remonter la Saône sur sa rive droite pendant 7 ou 8 km jusqu'à Collonges ; c'est le long de la rivière. Ouvert tous les jours de 12 h à 13 h 30 et de 20 h à 21 h 30, sur réservation évidemment. Menus à 109, 150 et 185 €. Que vient donc faire un tel établissement dans le *Guide du routard* ? Pas facile d'inciter des gens à pousser la porte d'un temple, surtout à ce prix-là ! Faites donc l'impasse sur deux bonnes tables et économisez de quoi vous payer une fois, rien qu'une fois, ce voyage au paradis. À force d'entendre que Bocuse est un mégalo, que ceci et que cela... on en oublie que c'est avant tout un formidable cuisinier. On a découvert chez lui une atmosphère admirable de justesse, une symphonie intelligente de mise en condition, pour déguster la meilleure des cuisines. Si l'on perdait d'un coup tous les livres de cuisine de la planète, il faudrait retrouver un « maître-étalon », et c'est certainement à Bocuse et à son équipe, menée par Roger Jaloux depuis des décennies, qu'on ferait appel pour recomposer les bases de la culture culinaire française. Les recettes sont finalement assez simples (enfin, façon de parler), mais tout est absolument par-fait ! Après avoir pénétré dans l'antre voyant rouge et vert et passé en revue les fresques à la gloire de l'ami Paul, on peut commencer la fête : l'accueil, doux et gentil ; l'espace, bourgeois et confortable ; le maître d'hôtel, jamais avare d'explications. L'assiette ensuite : après les superbes mises en bouche, voici un foie gras chaud poêlé aux pommes caramélisées, une soupe de truffes ou de grenouilles cressonnière ou encore une dodine de canard à l'ancienne, truffée et pistachée. Puis le loup en croûte feuilletée, sauce choron, la quenelle lyonnaise, sauce homard et champignons, ou la côte de veau bourgeoise en cocotte. Produits, saveurs, cuissons, températures... et découpe. Zéro faute ! Et c'est cela qu'on paie. On parlerait bien du chariot de fromages (de chez la *Mère Richard* à Lyon) et de la farandole des desserts si ces expressions n'avaient pas été galvaudées par de mauvaises maisons. Mais c'est bien de cela qu'il s'agit : ambassadeur aux fruits confits, crème au chocolat noir, pruneaux à la cannelle et l'indispensable crème brûlée... On prend, on reprend, on se laisse aller à cette joie gourmande, presque coquine, de goûter à tout. Et notre maître d'hôtel de se réjouir plus notre faim est grande, notre plaisir infini. Laissez le sommelier guider votre verre (en précisant votre gamme de prix), il connaît son affaire et vous surprendra, car tout est possible au pays des saveurs. Ah, quel moment, mes amis!

OÙ SORTIR?

Où boire un verre?

Dans la presqu'île

Animée d'une affairiste et commerçante activité diurne, la presqu'île possède toute une gamme de bars, du grand café au petit troquet, où chacun a, selon sa classe sociale, ses habitudes. La nuit venue, autour des Terreaux et des pentes, d'autres établissements ouvrent alors leurs portes, pour d'autres habitués, plus dissipés. Certains cafés schizophrènes passent avec talent du plat du jour au verre de nuit.

Nous nous devons de vous mettre en garde contre la rue Sainte-Catherine, où les nombreux bars (certains très bien) accueillent tous les indésirables refoulés par les physios des boîtes chic du coin. Les vendredi et samedi soir, passé une certaine heure, l'ambiance peut tourner au vinaigre.

Grand Café des Négociants (centre C4, 200) : à l'angle des rues Édouard-Herriot et Grenette, 69002. ☎ 04-78-42-50-05. Ⓜ Cordeliers. Ouvert tous les jours (sauf le 1ᵉʳ mai) non-stop de 7 h à minuit (1 h les vendredi et samedi). Si les prix à la carte nous ont semblé astronomiques, le lieu vaut vraiment le détour pour prendre un verre, un café ou le petit dej'. Créé en 1864, le *Grand Café des Négociants* a tout d'abord abrité les tractations virulentes propres aux grandes foires à bestiaux du quai Saint-Antoine. Plus tard, ce fut au tour des diamantaires de négocier leurs ventes par signes convenus à coup de jeux de miroirs. Les miroirs sont toujours là, soulignés de frises et rehaussés de dorures. Décor baroque splendide. Un lieu pour voir autant que pour goûter.

À l'Escalier (centre C3-4, 201) : 8, rue de la Platière, 69001. ☎ 04-78-28-35-96. Ⓜ Hôtel-de-Ville. Ouvert tous les jours sauf le dimanche, jusqu'à 22 h (23 h le samedi). Fermé une semaine en août. Une clientèle bigarrée pour un endroit plein de couleurs et d'ambiance, surtout le soir. Possibilité de casser la croûte. Jetez aussi un œil aux expos de peinture et de photos.

BD Fugue Café (centre C4, 202) : 14, rue Confort, 69002. ☎ 04-78-37-41-46. Ⓜ Cordeliers. Ouvert de 10 h à 19 h. Fermé le dimanche toute la journée et le lundi matin. Formule à 7,50 € comprenant une tarte salée, un dessert et une boisson. Une grande librairie entièrement dédiée à la B.D. Sur trois niveaux au moins, de la bande dessinée bien classée, pour tous les goûts et tous les âges. Également la possibilité de boire un coup ou de manger un snack en compagnie de Gaston, Spirou, Tintin et les autres.

Hot Club Jazz de Lyon (centre C4, 203) : 26, rue de la Lanterne, 69001. ☎ 04-78-39-54-74. Fax : 04-78-30-96-67. Ⓜ Hôtel-de-Ville. Ouverture des portes du mardi au jeudi à 21 h, et les vendredi et samedi à 21 h 30. Congés annuels : en juillet et août. Pour l'entrée, compter 9 € (7 € tarif réduit). Les consommations ne sont vraiment pas chères. Le plus vieux bar associatif de jazz en France, parrainé par Duke Ellington, a fêté ses 50 ans en 1998. La belle cave voûtée bénéficie d'une excellente programmation et accueille toutes les tendances du jazz (be-bop, salsa, musiques improvisées, New Orleans, vocal, etc.). Les plus grands noms du jazz ont joué ici, et le *Hot Club de Lyon* demeure une étape indispensable d'un jazzman en France. Une consommation offerte au bar sur présentation de ce guide.

Au Forum *(centre C4, 216)* **:** 15, rue des Quatre-Chapeaux, 69002. ☎ 04-78-37-19-74. Ⓜ Cordeliers. Lyon ne manque pas de bars gays, mais celui-ci compte parmi les plus sympas ghettos avec une clientèle variée. Aux touristes et nouveaux arrivants, les patrons donnent volontiers quelques tuyaux pour passer un bon séjour à Lyon. Petite terrasse fort agréable en été.

Tombé du Ciel *(centre C4, 204)* **:** 9, rue du Port-du-Temple, 69002. ☎ 04-78-42-69-30. Ⓜ Cordeliers ou Bellecour. Ouvert du mardi au samedi de 15 h à 3 h. Dans cette rue où les filles pensent plus à monter les étages (entre autres) qu'à tomber du ciel, des missionnaires oblats de Marie-Immaculée ont ouvert un estaminet. Cette congrégation, forte de 5 000 membres et présente dans 78 pays, fut fondée en 1826 par Charles de Mazenod, évêque de Marseille, dans le but d'apporter la parole de Dieu dans les endroits les plus saugrenus (prisons, champs de courses) et sous des formes parfois inattendues. Ce bistrot attachant est l'un de ces avatars. Aucun prosélytisme dans ce bar sympa qui ressemble à n'importe quel bar sympa, mais certainement une meilleure écoute des consommateurs qu'au bord de n'importe quel autre comptoir. Une salle de recueillement accueille, à l'étage, les âmes en recherche de sérénité. Païens et mécréants, n'hésitez jamais à pousser cette porte où l'on relit avec gaieté les évangiles et où l'on n'hésite pas à fêter Noël en juillet. Grande tolérance et parfois animation (pianiste, théâtre) en fin de semaine.

Eden Rock Café *(centre C4, 207)* **:** 68, rue Mercière, 69002. ☎ 04-78-38-28-18. Ⓜ Cordeliers. Ouvert de 12 h à 3 h. Fermé les dimanche et lundi. Congés annuels : mi-août. Plat du jour à 8 € le midi ; à la carte, compter environ 15 €. Rencontre incongrue entre un décor inspiré du rêve américain et du rock des années 1950 et un hôtel particulier du XVIe siècle (levez la tête pour admirer les plafonds), qui fut un temps l'un des plus chic bordels de la ville. L'ambiance diffère selon les niveaux. Au rez-de-chaussée, grand bar assez calme où l'on peut manger midi et soir jusqu'à assez tard. À l'étage, une salle agréable où des groupes (rock, blues, funk) viennent se produire les mercredi, jeudi, vendredi et samedi soir, autour de 22 h. Souvent, l'entrée est gratuite, mais les consommations sont alors majorées. Tout comme Sainte-Catherine, la rue Mercière, ex-haut lieu de la prostitution lyonnaise, est bordée de bars et de restaurants. Ambiance jeune !

Ayers Rock *(centre C3, 208)* **:** 2 et 4, rue Désirée, 69001. ☎ 04-78-29-13-45. Ⓜ Hôtel-de-Ville. Ouvert tous les jours de 18 h à 3 h. Cet authentique et vaste bar australien draine une jeunesse en mal de dépaysement, qui se retrouve autour de produits du terroir de là-bas : bière, alcools, etc. On peut donc y boire, y écouter de la musique (très fort) et assister à des concerts en fin de semaine. En revanche, l'accueil nous a un peu déçus. Tarifs *happy hours* pour les routards.

Bistrot de la Pêcherie *(centre C3, 209)* **:** 1, rue de la Platière, 69001. ☎ 04-78-28-26-25. Ⓜ Hôtel-de-Ville. À l'angle avec le quai de la Pêcherie. Ouvert tous les jours de 7 h à 3 h. De mémoire de Lyonnais, il y a toujours eu un café ici. Le dernier héritier de cette tradition bistrotière est un grand bar assez tendance, où différentes clientèles se succèdent et où, finalement, toute la jeunesse de la ville défile à un moment donné. En terrasse face à la Saône, des fauteuils plutôt accueillants ; à l'intérieur, un *melting-pot* à quatre pieds dont de hautes chaises en rotin. On y organise des apéro'mix à coup de musique afro-cubaine, house, nu jazz ou *tech house*.

Dans le vieux Lyon

Au pied de Fourvière, dans ce quartier hautement touristique, il y a plusieurs sortes d'endroits. D'abord les bars et restaurants à touristes (que vous n'aurez aucune difficulté à repérer), ensuite les nombreux et peu amènes bars du quai Pierre-Scize, dits « bars Hugo Boss » en hommage au couturier préféré des jeunes fils et filles à papa qui les fréquentent (non sans avoir emprunté voiture et portefeuille du papa en question). En aval sur la Saône, quai Romain-Rolland, d'autres bars-boîtes ouvrent leur porte à (presque) tous, mais franchement, ils n'ont rien de miraculeux. Enfin, on trouve dans ce quartier pavé quelques vieux troquets miraculeusement préservés et quelques nouveaux pubs fréquentables. C'est bien sûr dans ce vivier que nos adresses sont puisées.

OÙ SORTIR ?

🍸 **Johnny Walsh Irish Pub** (centre B5, 210) : 56, rue Saint-Georges, 69005. ☎ 04-78-42-98-76. Ⓜ Vieux-Lyon. Ouvert tous les soirs de 19 h à 3 h. Un pub chaleureux où les Irlandais nostalgiques se retrouvent. Également plein d'Anglais, et des Lyonnais aussi. Musique live souvent. Toujours beaucoup de décibels, d'ambiance et encore plus de Guinness. Happy hours de 19 h à 23 h pour les lecteurs du GDR.

🍸 **Café-Comptoir – Chez Mimi** (centre B4, 211) : 68, rue Saint-Jean, 69005. ☎ 04-78-38-09-34. Ⓜ Vieux-Lyon. Ouvert de 12 h à 1 h. Fermé les lundi et mardi. Un minuscule troquet fermement tenu par la fameuse Mimi, qui l'a décoré comme une brocante : belle collection de plaques émaillées, affiches anciennes, vieux matos de bistrot, etc. Les habitués, genre gauchistes vieillissants mais toujours verts, se répartissent sur de petites tables en bois posées sur un authentique parquet brut. On y boit de la bière, du vin chaud l'hiver, et à toute heure on peut y grignoter des petits plats de snack, avec un vrai service midi et soir. Menu le moins cher à 7 €, repas complet en moyenne à 10 €. Une ambiance attachante et conviviale, qui n'a que peu cédé aux impératifs de la modernité, même dans la cuisine, qu'on traverse pour aller aux toilettes.

🍸 **The Smoking Dog** (centre C4, 212) : 16, rue Lainerie, 69005. ☎ 04-78-28-38-27. Ⓜ Vieux-Lyon. Ouvert tous les jours de 14 h à 1 h. Dans ce bar, genre pub anglais tout en longueur, on aime les livres : une bibliothèque parallèle au bar court au-dessus des tables et, le mardi, un pub-quizz est organisé pour le plaisir des instruits ! On aime aussi les retransmissions sportives que des écrans diffusent en direct. Atmosphère et déco chaleureuses. Service au bar. Happy hours entre 18 h et 20 h du lundi au vendredi.

🍸 **St. James Pub** (centre C4, 213) : 19, rue Saint-Jean, 69005. ☎ 04-78-37-36-70. Ⓜ Vieux-Lyon. Ouvert tous les jours de 11 h à 3 h (1 h le dimanche). Parmi les nombreux pubs qui, depuis des années, éclosent dans la nuit lyonnaise, on aime bien celui-ci, qui se revendique irlandais. Décor très réussi avec des vitraux et des tables compartimentées qui préservent l'intimité des buveurs de bière, et d'autres salles voûtées en sous-sol. Pour ce qui est de l'animation : fléchettes, billards, retransmissions sportives et concerts de temps en temps. Clientèle assez anglophone et chaude ambiance lors des matchs du tournoi des Six-Nations (notamment France-Irlande). Petite restauration.

🍸 **L'Ambassadeur** (centre C4, 214) : 22, quai Romain-Rolland, 69005. ☎ 04-72-41-83-73. Ⓜ Vieux-Lyon. Ouvert de 17 h à l'aube. Fermé le dimanche. Ce pub cosy, tout en longueur, a élu domicile le long d'un quai où les boîtes jouent à touche-touche. Il se décontracte la nuit venue, quand les danseurs se déchaînent sur la petite piste en sous-sol. Un bon endroit pour finir la nuit : bon accueil et bonne ambiance. Soirées à thème assez chaudes (champagne, bière, cocktails...), paraît-il, le jeudi.

🍸 **L'Espace Gerson** (centre B3, 215) : 1, pl. Gerson, 69005. ☎ 04-78-27-96-99. ● www.espacegerson.

com ● ☧ Ouvert à partir de 20 h 30. Fermé le dimanche. Entrée : 12 €, tarif réduit (chômeurs, étudiants, etc.) à 8 € ; 15 € pour les soirées spéciales. Les lundi et mardi à 21 h, « spectacle exceptionnel », c'est-à-dire audition et tremplin pour jeunes talents. Café-théâtre spécialisé dans le comique. Chansonniers, sketchmen, chanteurs et autres déconneurs montent sur scène dans le but de faire rire le public, en général bon enfant. Florence Foresti, Anne Roumanoff et plein d'inconnus qui ne le resteront peut-être pas longtemps. Bar après le spectacle pour continuer à rigoler. Renseignez-vous sur la programmation, qui détermine évidemment la réussite de votre soirée. Mais le genre est, on ne vous l'apprend pas, casse-gueule. Réductions aux lecteurs du *GDR* (tarif à 9 €).

☧ *La Cave des Voyageurs – Bar à vins* (centre C3, 217) : 7, pl. Saint-Paul, 69005. ☎ 04-78-28-92-28. Bus n° 1. Un tout petit bar à vin juste en face de la gare Saint-Paul. Jolie sélection de vins au verre, servis à bonne température et commentés de façon plus technique si on le souhaite. Une façon agréable de s'instruire en levant le coude.

☧ *Cargo* (centre C4, 218) : amarrage près de la passerelle du Palais-de-Justice, 69005. ☎ 04-78-42-12-33. Ⓜ Vieux-Lyon. Trois bonnes raisons pour venir au *Cargo*, péniche nichée au pied du vieux Lyon. La première : enfin un lieu calme, non enfumé, où l'on peut se parler sans être obligé de crier. La deuxième : l'impressionnante carte de cocktails (365, un pour chaque jour de l'année !) d'une maîtresse des lieux qui n'a pas peur des mélanges. La troisième : l'étonnante collection de verres dans lesquels ces cocktails vous seront servis. Ainsi, n'accusez ni l'alcool ni le roulis si votre verre semble pencher comme la tour de Pise. Et rassurez-vous, on est repartis sans le mal de mer !

☧ *Le 110 Vins* (centre B4-5, 219) : 3, rue Saint-Georges, 69005. ☎ 04-78-37-99-64. Ⓜ Vieux-Lyon. Ouvert de 11 h à 15 h et de 18 h à 1 h. Fermé le dimanche et le lundi matin. Un petit bar à vin au décor typiquement bar à vin, dans le recoin de Saint-Georges non encore envahi ou abîmé par le tourisme de masse. C'est un peu Saint-Jean il y a 30 ans. Une halte sympathique, prétexte à lever le coude, en mangeant éventuellement la traditionnelle assiette de fromages ou de charcuterie. Café offert aux lecteurs du *GDR*.

À la Croix-Rousse et sur les pentes

Le quartier des canuts et des traboules, perché sur sa colline, regarde de haut l'agitation mercantile de la presqu'île à ses pieds. Héritiers des établissements où se réunissait une classe ouvrière rebelle, les bars de la Croix-Rousse sont certainement les plus accueillants, les plus particuliers et les moins filtrés de la ville, qui semble, au cœur de ce village, avoir oublié qu'elle était grande. Difficile de tous les répertorier, mais ouvrez les yeux et les oreilles, vous n'aurez aucun mal à compléter notre liste. Les pentes, ces ruelles étroites qui, partant de derrière les Terreaux, montent vers la Croix-Rousse, sont jonchées de bistrots. Il y en a des bien, des moins bien et des carrément nuls.

☧ *Café Chantecler* (plan général C2, 220) : 151, bd de la Croix-Rousse (pl. des Tapis), 69004. ☎ 04-78-28-13-69. Ⓜ Croix-Rousse. Ouvert du lundi au samedi de 7 h 30 à 1 h et le dimanche de 8 h 30 à 21 h. Le patron, grand buveur de bière devant l'Éternel, rêvait de sa brasserie. Il l'a donc montée derrière son bar, d'où l'on voit les fûts. S'il a le temps, cet original brasseur se fera un plaisir de vous expliquer la fabrication du jus de houblon, qu'il produit en trois versions : blonde, ambrée et bitter. Et comme il ne manque pas d'idées, concert le jeudi soir en hiver. Et une bien belle terrasse, petite restauration le midi.

⚲ **Atmosphère** (plan général C3, **222**) : 9, montée des Carmélites, 69001. ☎ 04-78-28-68-76. Ⓜ Croix-Paquet. Ouvert du lundi au jeudi de 11 h à 2 h, jusqu'à 3 h le vendredi et de 18 h à 3 h le samedi. « L'Atmo, le bar qu'il vous faut », a-t-on entendu de la bouche d'un client qui devrait travailler dans la pub. Bonne atmosphère en effet, où les conversations sont faciles à lier devant la fresque qui décore le mur. Concerts de temps en temps, genre piano-bar, et soirées à thème tous les mois. Apéro offert à nos lecteurs. Presque en face, Farmer (au n° 9), fermé le dimanche, joue la carte d'une déco rigolote et campagnarde. Pas mal mais moins sympa.

⚲ **Cassoulet, Whisky, Ping-Pong** (plan général C2, **223**) : 4 ter, rue de Belfort, 69004. ☎ 04-78-27-19-79. Ⓜ Croix-Rousse. Ouvert de 18 h à 3 h. Fermé les dimanche et lundi. Congés annuels : en août et une quinzaine de jours en fin d'année. Ce petit bistrot original, typiquement croix-roussien tant dans le fond que dans la forme, est l'œuvre d'un patron ironiquement lunaire qui parvint à concilier trois de ses passions. Ainsi, il sert avec décontraction un cassoulet honnête pour son prix (8,50 €) et plusieurs whiskies, tous aussi racés les uns que les autres. Enfin, du fond de la minuscule scène de l'estaminet qui accueille de façon sporadique des lectures poétiques ou des musiciens classiques, un escalier en colimaçon mène jusqu'à deux chambrettes, simplement meublées d'une table de ping-pong miniature et de quelques chaises pour les spectateurs. Fond musical jazzy, couleurs de bistrot, vins au verre et casse-croûte : un bar conceptuel et convivial.

⚲ **Le Bec de Jazz** (plan général C3, **224**) : 19, rue Burdeau, 69001. Pas de téléphone. Ⓜ Croix-Paquet. À l'angle avec la rue Pouteau. Ouvert du lundi au samedi de 22 h à 5 h. Entrée : 3 €. Dans ce coin des pentes où les effluves musicaux, souvent médiocres ou calibrés, s'échappent des troquets pour se mélanger dans la rue, nous avons aimé ce piano-bar, vaguement associatif. Ne vous laissez pas impressionner par le côté bricolo et approximatif de l'entrée, sur laquelle règne une drôle de barmaid, mais poussez jusqu'à l'adorable salle du fond d'où, avachi sur de gros fauteuils ou assis sur des banquettes de moleskine, on écoute le piano à queue. Musique cool, interprétée par le patron, le pianiste béninois Tchangodeï, qui donne des concerts de jazz 3 fois par semaine, parfois accompagné par une trompette à la voix rauque et suave. Attention, l'enseigne est discrète. En face, un tabac reste ouvert jusqu'à 3 h le week-end.

⚲ **Modern Art Café** (plan général B2, **225**) : 65, bd de la Croix-Rousse, 69004. ☎ 04-72-87-06-82. Ⓜ Croix-Rousse. Ouvert tous les soirs jusqu'à 2 h, et de 11 h à 2 h non-stop les samedi et dimanche. Comme son nom l'indique, un endroit dédié à l'art contemporain. Un endroit qui bouge, mais surtout pas un endroit snob et pince-fesse, repaire d'intellos coincés. On est dans un bar, et pas dans une galerie d'art. Expos tournantes d'artistes souvent locaux. Installations et musiques thématiques également. Tous les dimanches d'hiver, soupe maison. Aux beaux jours, grande terrasse sur le boulevard.

Et ailleurs...

Lyon est une vaste cité, et n'allez pas penser que, hors du centre, point de salut. Les autres arrondissements ne ressemblent pas à des déserts de pierre. Il y a juste plus de place, et donc des endroits qui peuvent prendre leurs aises, avec ou sans talent.

⚲ **Oxxo** (hors plan général par G2, **226**) : 7, rue Albert-Einstein, 69100 Villeurbanne. ☎ 04-78-93-62-03. Ⓜ République. Ouvert du lundi au vendredi de 10 h à 1 h (2 h le mercredi, 3 h les jeudi et vendredi), le samedi de 20 h 30 à 4 h et le dimanche à partir de 18 h. À deux pas de l'université de Lyon I, cet ancien garage a été transformé en grand bar de jeunes, aux soirées éclatantes et variées. D'abord, il y a l'entrée, avec son avion et sa statue d'Indien, puis l'intérieur dont la liste des objets récupérés constituerait un nouvel inventaire à la Prévert (notez l'idée des sièges d'école repeints et des télécabines). Trois ou quatre soirs par semaine, des concerts, des soirées DJ, du café-théâtre, des *thematic parties* : l'*Oxxo* peut s'enflammer, même si les autres soirs il n'est pas d'un calme olympien (programme sur Internet : ● www.oxxo-kfe.com ●). Bruyant et pas cher, ce bar sympathiquement potache, où la bière se sert dans du plastique et le pastis au mètre, ravira les éternels étudiants.

▼ *Le Gnome et Rhône (plan général E5, 227) :* 157, av. du Maréchal-de-Saxe, 69003. ☎ 04-78-60-27-86. Ⓜ Saxe-Gambetta. Ouvert de 9 h 30 à 1 h (3 h les jeudi et samedi). Fermé le dimanche. Ce curieux nom était celui d'un fabricant de motocyclettes lyonnais. Aujourd'hui, ce grand bar installé dans le quartier des concessionnaires et décoré de plaques émaillées chantant des marques disparues est le rendez-vous des motards. Deux motos empaillées à l'intérieur, et des dizaines bien vivantes garées devant, surtout le samedi après-midi, pour le traditionnel meeting hebdomadaire. Outre cette clientèle casquée, le plat du jour à 8 € a su séduire au déjeuner les employés du quartier. Accueil souriant.

▼ *Ninkasi Ale House (hors plan général par D6, 229) :* 267, rue Marcel-Mérieux, 69007. ☎ 04-72-76-89-00. Fax : 04-72-76-89-01. Ⓜ Stade-de-Gerland. ♿ Le bar-boîte est ouvert de 10 h à 1 h (3 h le week-end) ; le resto, de 11 h à 23 h en se-maine et de 19 h à 23 h le dimanche. Dans ce grand entrepôt, à deux pas du stade de Gerland où évolue l'Olympique Lyonnais, d'ex-étudiants d'une école de commerce ont ouvert une brasserie artisanale (on se demande où ils ont fait leurs études, ceux-là !). C'est bien « marketé », bien pensé, probablement astucieusement financé et joliment installé, à mi-chemin entre le *truck stop* américain (déco métal) et la *Bierhaus* munichoise (grandes tables communautaires avec bancs). On y brasse donc de la bière, une douzaine de variétés dans l'année, qui mûrit dans les fûts derrière les baies vitrées. Bière blanche, bière aux fruits, bière de flocons de seigle, etc. Cette grande taverne propose trois soirées DJ par semaine (entrée libre). Une salle de concert de 600 places vient même d'ouvrir sous le bar (prévoyez environ 15 € pour l'entrée). Scène ouverte tous les jeudis soir. Au resto, formule menu le midi avec boisson et frites ou dessert à 3,20 € en plus du plat choisi (salades, grillades, flammenküche...). En revanche, préférez le pain bio du restaurant aux piètres « hamburgereries » servies sur un plateau recouvert d'une serviette.

▼ *Le aKGB (hors plan général par D6, 230) :* 2, rue des Bons-Enfants, 69007. ☎ 04-37-28-63-30. Ⓜ Jean-Macé. Fermé les dimanche et lundi. Dans la cour, un groupe est debout, verres de vodka à la main. Les éclats de conversation masquent les éclats de verre qui résonnent au milieu des chants cosaques. À l'intérieur, un bar à vous damner, la plus belle collection de bouteilles de vodka de la ville. Et surtout, d'adorables petits boxes privés, tous décorés de lustres et services de cristal. Car l'endroit fait aussi restaurant. Votre nez ne vous trompera pas. Un menu pris au hasard de la carte : assiette de l'agent LX, dossier thon et mission fraise. Une adresse révolutionnaire où l'on n'a pas peur des paradoxes. Le concept a été créé aux États-Unis...

♟ *Le Cube* (plan général F2, 231) : 115, bd de Stalingrad, 69100 Villeurbanne. ☎ 04-78-17-29-84. Ⓜ Masséna ou Charpennes. Ouvert à midi du lundi au vendredi, le soir du mercredi au samedi à partir de 18 h. Le *115* ayant fini par lasser, *Le Cube* prend la relève. Cette fois-ci, décoration très léchée dans un cadre m'as-tu-vu. Dès l'entrée, passé un impressionnant barrage, l'œil est saisi par l'immense comptoir en marbre noir (le plus long de la ville !). Le lieu se veut chic. Au centre, une mini-piste de danse et derrière encore, un espace restaurant (formule à 16,30 € le midi, formule à 29 € le soir et à la carte). On a surtout été séduits par la jolie terrasse extérieure où l'on peut déjeuner les jours de beau temps.

Où écouter de la musique ? Où danser ?

Grande ville très codifiée, Lyon n'est pas une cité aisée pour le noctambule étranger, particulièrement s'il veut sortir dans la presqu'île, où les clubs privés sont souvent réservés à une clientèle qui y a ses habitudes (boîtes échangistes, bars à hôtesses, etc.). Filtrage rigoureux à la limite de la paranoïa et visages inconnus systématiquement repoussés, sauf si vous garez devant l'entrée votre Ferrari violette et que vous laissez ostensiblement dépasser une liasse de dollars de votre poche. Lyon, la nuit, aime le pognon et ne s'en cache d'ailleurs pas. Heureusement, quelques établissements tendance laissent encore une place à l'inconnu qui vient de débarquer, surtout s'il fait montre par sa tenue et son attitude d'une certaine élégance. Celui-ci aura comme objectif de guetter les *flyers* imprimés qui annoncent les soirées spéciales (les dimanches soir du *Fish-Club,* notamment). Si vous ne souhaitez pas vous départir de votre tenue de jour ou ne vous sentez pas au top de la branchitude, vous trouverez votre place dans les petites discothèques plus accessibles mais moins rigolotes du quai Romain-Rolland, par exemple. Les amateurs de techno et de raves balisées devront quitter la ville pour la banlieue, tout comme les grandes bandes de jeunes qui n'ont que peu de chance de s'insérer dans la nuit lyonnaise. Enfin les vrais noctambules, qui savent que la communauté homosexuelle est, ici comme ailleurs, celle qui propose le plus d'endroits rigolos, finiront leur nuit autour de la rue Royale, la « Castro Street », entre Saône et Rhône.

♪ **La Marquise** (plan général D4, 232) : péniche amarrée face au 20, quai Victor-Augagneur, 69003. ☎ 04-37-40-13-93. Ⓜ Guillotière. Au sud du pont Wilson. Ouvert du mercredi au samedi jusqu'à 5 h. Entrée : de 6 à 8 €. Bar-boîte flottant plutôt sympa, tout en longueur (forcément), avec un passage délicat du bar central qui forme un goulet d'étranglement. Clientèle jeune et un peu mode, filtrage pas trop excessif, mais parfois beaucoup de monde, et ambiance *groovy* avec une piste où se trémoussent les amateurs de funk et de house pondérée. Belle terrasse pour causer. Le vendredi en début de soirée, les apéros de *La Marquise* permettent d'apprécier cette belle péniche de façon plus calme.

Le Fish-Club (plan général D4, 233) : bateau amarré face au 21, quai Victor-Augagneur, 69003. ☎ 04-72-84-98-98. Ⓜ Guillotière. Ouvert du mercredi au samedi. Entrée autour de 11 €. Pour embarquer sur ce très beau bateau, il faut passer sous les fourches caudines d'un service d'ordre musclé qui aime les jeunes gens élégants et/ou excentriques. On peut le déplorer (surtout si l'on se fait jeter), mais c'est à ce prix que *Le Fish-Club* demeure l'endroit où il faut être vu. Donc, une boîte à la mode, avec une fille en cage qui sert des cocktails. Superbe et grand endroit avec terrasse évidemment, fréquenté par des 20-30 ans qui se dandinent sur de la *house garage*. Ne ratez pas la vue plongeante sur la salle des machines, par une dalle de verre. Un dimanche par mois, le *Fish* organise des soirées thématiques assez marquantes. Ouvrez l'œil pour attraper le *flyer* qui vous donnera les dates.

♪ *Le Black & White (centre C4, 234)* : 18, quai Romain-Rolland, 69005. ☎ 04-78-42-36-34. Ⓜ Vieux-Lyon. Ouvert du mardi au samedi. Entrée donnant droit à une boisson. Sur cette portion de quai où les discothèques pullulent, on aime bien cette boîte *black* où l'on accepte les *Whites* qui ont l'air sympa et dont la tenue est en phase avec l'ambiance (en gros, pas de baskets). Du coup, le public est assez mélangé, et tout le monde, dont pas mal de jolies filles, se frotte sur des rythmes caraïbes et afro-cubains. L'endroit est petit mais agréablement décoré de sculptures dogons.

♪ Parmi les voisins et concurrents du *Black & White*, citons la célèbre **Grange au Bouc** (au n° 9) où les quadras et plus tentent de tirer leur dernière cartouche, **L'Alibi** (au n° 13), autoproclamée « boîte beauf la plus tringle de la ville », absconse définition qui révèle toutefois une certaine vérité, et encore **L'Ambassadeur** (voir « Où boire un verre ? »). Un peu en amont de la Saône commence le très animé quai Pierre-Scize, mais, définitivement, nous n'accrochons ni sur les endroits ni sur leur clientèle.

♪ **Trans Europ Express** *(plan général D2, 235)* : 29, cours d'Herbouville, 69004. ☎ 04-72-98-23-00. Ⓜ Croix-Rousse. Ouvert du jeudi au dimanche de 20 h à 5 h ; les lundi, mardi et mercredi, uniquement sur réservation. Congés annuels : du 15 au 30 août. Entrée avec une consommation : de 8 à 13 €. Menu à 30 € ; consommations autour de 8 €. Sur les quais assez déserts du Rhône, au pied de la Croix-Rousse, un pick-up Chevrolet jaune signale la présence de cette petite discothèque populaire au bon sens du terme et un peu en marge du circuit de la nuit. On y vient entre amis et sans façon, jouer au karaoké, dont la maison s'est fait une spécialité en s'équipant d'un gros matos audiovidéo. Ambiance bon enfant, public assez jeune anti-frime, et musique *dance* et variété sans histoire. Accueil très agréable pour une boîte. Apéro offert à nos lecteurs.

♪ **Road 66** *(centre C3, 236)* : 8, pl. des Terreaux, 69001. ☎ 04-78-27-37-42. Ⓜ Hôtel-de-Ville. Ouvert tous les soirs jusqu'à 3 h au moins. Fermé le lundi. Pas de droit d'entrée sauf les jeudi, vendredi et samedi (6,50 €). À partir du mercredi, cette salle de billard du plafond de laquelle pend un bombardier B17, brassant de ses hélices l'air enfumé, devient boîte à danser. Clientèle et musique faciles. Le filtrage de l'entrée est surtout destiné à éviter les débordements, fréquents les vendredi et samedi soir, de la voisine rue Sainte-Catherine. Pour les lecteurs du *GDR,* une conso au choix est offerte.

♪ *Le DV1 (plan général D3, 237)* : 6, rue Roger-Violi, 69001. ☎ 04-72-07-72-62. Ⓜ Croix-Paquet. Fermé les lundi et mardi soir. Pas de droit d'entrée et consos pas chères. L'un des grands rendez-vous gay de ce secteur, que le monde hétéro investit peu à peu. Cette boîte, où les filles et les hétéros ouverts, marrants et tolérants sont les bienvenus, est sans doute la plus sympa du genre. Ambiance un peu entre garçons, mais on s'y amuse beaucoup. Parfois, des spectacles sur la scène de la salle du bas où des « Dalidaphiles » singent leur défunte idole. Si vous êtes un joli garçon qui n'a pas l'habitude de ce genre d'ambiance, préparez-vous à d'éventuelles mains baladeuses. Tout se règle sans s'énerver, avec un refus et un sourire. Homophobes, merci de passer votre chemin. Pour nos lecteurs, un apéritif maison est offert.

♪ Signalons encore quelques endroits à la périphérie. *Le Space* (chemin des Voyageurs, 69360 Ternay ; ☎ 04-78-02-05-08 ; ouvert les vendredi et samedi à partir de 23 h), à une quinzaine de kilomètres au sud de Lyon (accès par l'A 7, sortie Solaize), est le temple de la techno. Enfin, les aficionados de grosses machines devront prendre leur voiture pour faire 12 km au nord de Lyon jusqu'au **Xyphos** (route de Poleymieux, D 73, 69270 Couzon-au-Mont-d'Or ; ☎ 04-78-22-31-55 ; ouvert le week-end), un énorme complexe de trois discothèques aux ambiances différentes, pouvant accueillir plus de 2 000 personnes. Il y a des gens qui aiment. Une entrée gratuite offerte à nos lecteurs.

À VOIR

LA COLLINE DE FOURVIÈRE

🎥🎥 Cette colline historique, dont le nom évoque pour quelques millions d'automobilistes un cauchemardesque tunnel autoroutier, aujourd'hui contourné par une ubuesque déviation, est d'abord le premier site occupé à Lyon. C'est là que tout débuta, alors c'est aussi là que nous commencerons notre balade à remonter le temps. Pour grimper tout là-haut, on vous conseille le funiculaire, appelé ficelle car tiré par un câble *(sic !)*, au niveau de la station de métro Vieux-Lyon. Bien qu'il passe sous un tunnel, c'est le moyen le plus pittoresque d'accéder à la sainte colline. Attention, il y en a deux. Prendre celui de droite, qui monte à la station Fourvière, et non son voisin qui va à Saint-Just (on prononce « Saint-Ju »). Fonctionne de 6 h à 22 h, toutes les 5 ou 10 mn selon le moment de la journée. Tiens, on y tourna une scène du film *Lucie Aubrac*.

Cela dit, les courageux marcheurs auront le choix d'emprunter l'une des montées qui conduisent à Fourvière depuis le vieux Lyon et en seront récompensés, car cette partie secrète de la ville est exquise. On leur conseille la montée du Gourguillon (entre Saint-Jean et Saint-Georges), celle du Garillan ou encore celle des Chazeaux, qui rejoint la montée Saint-Barthélemy et les jardins du Rosaire. Nous, fainéants comme pas deux, on a préféré descendre que monter à pied.

Un peu d'histoire

En 43 av. J.-C., Munatius Plancus (Munate le Planqué en français) reçoit du sénat de Rome l'ordre de créer une colonie pour accueillir les anciens de ses légions. On s'installe alors sur la colline, le meilleur emplacement puisqu'il permet de contrôler la confluence Rhône-Saône ainsi que les principales voies de circulation. Une vraie ville s'y développe, avec des temples petits et grands, des amphithéâtres, des voies romaines, un cirque (le célèbre *Bouglionus*) et un forum, *Forum Vetus* ou Vieux Forum, qui deviendra au fil du temps Forvière, puis Fourvière. Une enceinte délimite les formes de la cité puisque les tombeaux sont ensevelis obligatoirement hors les murs. Les pentes de la Croix-Rousse, quant à elles, restent essentiellement gauloises. Auguste fait de cet embryon de ville une capitale et les grands prêtres s'y retrouvent chaque année. Les Romains domineront la place quelque cinq siècles, et Lugdunum deviendra, avant Narbonne, le centre de la Gaule. Un gigantesque et néanmoins ingénieux système de quatre aqueducs permet de faire venir l'eau de très loin. Celui du Gier, encore en partie visible aujourd'hui, sera le plus monumental. L'importance de la ville romaine et la majesté des édifices sont attestées par la richesse et la diversité des découvertes archéologiques. Au IXe siècle, longtemps après le départ des Romains, la colline s'effondre, à cause de l'importance du réseau hydraulique souterrain, et le forum romain est emporté. Les vestiges retrouvés aujourd'hui sont malgré tout parmi les plus importants du pays.

Au XVIᵉ siècle, la colline devient le site de prédilection de nombreuses communautés religieuses. On l'appelle alors la « colline qui prie », en opposition à la Croix-Rousse, celle « qui travaille ». Plus que jamais elle continue aujourd'hui d'abriter un nombre impressionnant d'écoles et de communautés en « iste » : maristes, lazaristes, impressionnistes, « j'm'en-foutistes », carmélites (zut, c'est pas en « iste » !), sœurs de Jésus-Marie... (rayez les mentions inutiles). Tous les jours on voit grimper sur la colline des centaines de mômes habillés en dimanche pour recevoir une éducation bien comme il faut. Amen !

🎬🎬 *L'esplanade (centre B4) :* avant de s'attarder sur la basilique, admirer la vue extraordinaire sur toute la ville qui permet de mieux la comprendre. Le vieux Lyon en contrebas, la presqu'île avec la trouée de la place Bellecour et la statue de Louis XIV, l'hôtel-Dieu et ses coupoles et le Crayon, rapport à sa forme, qui signale le quartier moderne de la Part-Dieu, les flèches de l'église Saint-Nizier. Plus loin le dôme de l'opéra et sur la gauche les pentes de la Croix-Rousse. Il paraît que lorsque le temps le permet on devine les contreforts des Alpes. La colline est truffée de galeries souterraines et draine les eaux des monts du Lyonnais.

– *L'abri du Pèlerin :* sur la gauche de l'esplanade. On y trouve toilettes, eau potable et grandes tables de bois où l'on peut apporter son manger. Petite buvette ouverte tous les jours (sauf l'hiver). Juste à gauche de cet abri, une vieille, longue et modeste demeure qui abritait les chapelains à la retraite.

🎬🎬 *La basilique de Fourvière (centre B4) :* elle n'est pas très belle, c'est un fait, et les chrétiens d'aujourd'hui ont moins de chance que les millions qui les ont précédés dans cet antique lieu de pèlerinage. Fichée au sommet de la colline, elle fut élevée dans la 2ᵉ partie du XIXᵉ siècle à la suite d'une sorte de vœu. Les Lyonnais s'étaient promis que si les Prussiens n'envahissaient pas la ville, ils bâtiraient un vaste édifice religieux. Une importante souscription permit donc à cette grosse et immaculée pâtisserie de voir le jour sous la direction de l'architecte Pierre Bossan, puis de Sainte-Marie Perrin (ce n'est pas une sainte, mais un architecte). Bossan, ancien mécréant, rencontra le curé d'Ars et devint très croyant. Il se mit en tête de faire « la plus belle église, pour la plus puissante des reines, la Vierge ».
De style néo-trouve-tout, on la qualifie, au choix, d'éléphant retourné, de meringue, de commode renversée ou de pièce montée. Bossan voulait réaliser une forteresse pour protéger la Vierge. C'est réussi. Il mourut en cours de chantier. Allure massive, créneaux, tourelles, ce château fort du Ciel possède ses passages dérobés, ses souterrains, ses tribunes, ses espaces secrets (pas visibles)... La basilique se veut le symbole du retour aux valeurs traditionnelles. Une tarte à la crème, qu'on vous dit, à l'image du Sacré-Cœur à Paris ! Évidemment, aujourd'hui, avec le recul, certains architectes commencent à lui trouver quelques qualités d'ensemble.
Un rapide tour de l'édifice permet de s'apercevoir que tout n'a pas été sculpté, faute de moyens, notamment au niveau de l'abside. En façade, épaisses colonnes en granit d'Italie, galeries d'anges et arcades vaguement arabo-andalouses. Au sommet, une vierge dorée qui devait être inaugurée le 8 septembre 1852, mais le mauvais temps empêcha de la percher à cette date et il fallut attendre le 8 décembre de la même année pour la dresser sur son piédestal. Ce jour-là, les Lyonnais disposèrent lumignons et bougies pour montrer leur dévotion à la Vierge. La tradition se perpétua et chaque année à cette date toute la cité s'illumine, soutenue par un éclairage municipal d'excellent niveau.

– *La crypte :* on y accède directement par l'extérieur, sous l'entrée principale. Véritable église sous l'église puisqu'elle est aussi grande que sa frangine du dessus, mais en beaucoup moins élevée. Jeter un œil sur l'autel dont le bas-relief raconte la mort de Joseph. Le sculpteur a donné au papa

À VOIR

de Jésus les traits de... Pierre Bossan. Voûte du chœur couverte de mosaïques. Curieusement, plus on s'éloigne du chœur, moins la pierre est travaillée et les murs deviennent peu à peu vides de sculptures, ce qui donne à la crypte cet aspect austère. Dans la travée de droite, prendre l'escalier de Saint-Joseph pour accéder de l'intérieur à la basilique principale.

– *L'intérieur :* on pourrait le qualifier de romano-baroco-byzantin si ce n'était faire offense à ces styles architecturaux. Murs entièrement couverts de mosaïques illustrant l'Ancien Testament. Hyper-chargé. Anges, animaux, tribunes, personnages...

– ***Visites guidées insolites :*** rendez-vous à l'entrée de la tour du Carillon (en haut des escaliers, sur la droite), à 14 h 30 et 16 h tous les jours de mai à septembre, uniquement les mercredi et dimanche en avril ainsi que d'octobre à décembre. Tarif : 4 €. Visite de la tribune et des galeries, et chouette montée dans les combles entre les dômes et la charpente métallique type Baltard, découverte du carillon et de ses 23 cloches, puis accès à la corniche pour une vue inoubliable. Renseignements : ☎ 04-78-25-13-01.

– ***Accès à l'observatoire*** *(payant) :* entrée par la tour de la Prudence sur le flanc gauche de l'église. Deux cents marches et, 45 m plus haut, c'est la vue la plus haute et la plus belle sur la ville. On est à la hauteur de l'archange saint Michel et on peut jeter un œil à la vierge dorée. Petit musée de Fourvière sur le flanc gauche de l'église (voir plus loin la rubrique « Musées »).

🔦 ***La tour métallique*** *(centre B4) :* la tour Eiffel, comme certains l'appellent abusivement. Si en effet elle utilise la même technique, à savoir un treillis de poutres métalliques, elle ne fut pas réalisée par les ateliers du célèbre Gustave. Il s'agit en fait d'une tentative sympathique et un rien ridicule de contrebalancer l'imposante présence religieuse de la basilique en édifiant un « phare républicain », sorte de temple profane pour l'Exposition internationale de Lyon en 1894. Elle ressemble de fait au 3e étage de la tour Eiffel. Comme sa grande sœur, elle sert de relais de radio et télévision. Ne se visite pas.

Petit crochet pour ceux qui en veulent toujours plus

🔦🔦 ***La passerelle des 4-Vents*** *(plan général B4) :* au pied de la tour métallique ; face au n° 9 de la montée Nicolas-de-Lange, emprunter le chemin qui mène à la passerelle des 4-Vents et traverse le parc des Hauteurs. Jusqu'en 1937, ce chemin n'avait rien de bucolique puisque c'était la continuation de la ficelle (le funiculaire), qui avait pour but unique de mener les cercueils et les corbillards du vieux Lyon jusqu'au cimetière de Loyasse où était enterré tout le gratin. Abandonné en tant que tel, c'est aujourd'hui une agréable promenade dans un coin peu fréquenté de Fourvière. De la passerelle, on embrasse une vue insolite sur la Croix-Rousse et toutes les collines du nord de Lyon, dont le bâtiment des Subsistances. À gauche, l'hôpital de Fourvière et ses jardins. C'est de ce genre d'endroit qu'on s'aperçoit que Fourvière est resté un coin étonnamment sauvage.

🔦🔦 ***Le cimetière de Loyasse*** *(plan général A4) :* en poursuivant la balade, on peut gagner le cimetière le plus célèbre de Lyon en un quart d'heure de marche environ. Ouvert de 8 h à 17 h (17 h 30 entre le 2 mai et le 2 novembre). Dominant la ville de son calme, il accueille toutes les grandes familles. C'est le cimetière des riches, à l'opposé de celui de la Guillotière. Ici on se mesurait, même dans la mort. Les tombes sont donc plus pompeuses les unes que les autres. Néo-byzantin, roman, grec, en forme de temple, sarcophage ou de pyramide (période « retour d'Égypte » de Napoléon), des colonnes brisées... on y trouve tous les styles en vogue au XIXe siècle. Abordons ce lieu de repos par une énigme : pourquoi donc ce cimetière est-il tout rond ? Curieuse forme « radioconcentrique » en effet, comme si, même dans le repos éternel, l'homme continuait à tourner en cercles infinis autour de son destin.

Dès l'entrée, sur la droite au fond, la tombe d'Édouard Herriot. Très stalinien dans son dépouillement, le buste du président ressemble d'ailleurs curieusement au petit père des peuples. Les mauvaises langues racontent qu'il avait beaucoup de maîtresses. On remarque d'ailleurs que sa femme n'est pas à ses côtés. Bouderie éternelle ? Sorte de Peppone local, ce radical-socialiste avait son Don Camillo, le cardinal Gerlier. Et si l'on vous dit ça, c'est que les deux hommes se donnaient rendez-vous au *Clos Roguet,* un resto campagnard de Fourvière situé non loin de là, à l'abri des regards indiscrets. Vos pérégrinations vous mèneront peut-être ensuite devant la tombe de la famille Guimet, et notamment d'Émile, l'inventeur du « bleu Guimet » (pigmentation pour soierie) et grand routard devant l'Éternel, qui rapporta de ses expéditions en Asie plein d'œuvres d'art. En 1789, il fonda à Lyon un important musée, transféré à Paris en 1945. Une des sépultures les plus discrètes est peut-être celle de Pierre Bossan, dont la modestie est inversement proportionnelle à son œuvre architecturale. Le point culminant du cimetière est le sommet de la tombe de Jean-Pierre Pleney. Pyramidale et très haute, elle est chapeautée par une pleureuse dont on dit que la tête était creuse et se remplissait quand il pleuvait. Les larmes étaient censées ressortir par les yeux. Astucieux et lourdingue à la fois. Depuis le temps, ça doit être bouché parce qu'on n'a rien vu couler. Amusant, ce « monument des Jouteurs » où 33 jouteurs amis se firent enterrer tous ensemble. C'est leurs femmes qui n'ont pas dû être ravies ! On y voit les rames, le plastron et les lances, insignes de ce sport. À l'angle des allées 10 et 79, la tombe discrète de Willermoz, franc-maçon qui rêvait d'unifier toutes les loges à Lyon.

Ne quittez pas Loyasse sans faire halte devant la sépulture de Nizier Anthelme Philippe (1849-1905), entourée d'une grille et toujours fleurie. Appelé aussi Maître Philippe ou Philippe de Lyon, il est visité par des touristes du monde entier bien que sa renommée en France ne dépasse pas la région lyonnaise. Guérisseur, magnétiseur et grand psychologue, il soignait ses patients par l'imposition des mains et la simple parole. Il fut deux fois appelé à la cour impériale auprès de Nicolas II pour tenter de guérir la tsarine. Il prédit notamment la naissance du petit tsar Alexis. Pour toutes infos supplémentaires concernant les « habitants » du cimetière, la boutique de fleurs située face à l'entrée est tenue par un couple charmant et très serviable.

🕯 Retour devant la basilique. Ceux qui veulent rapidement regagner le vieux Lyon traverseront les **jardins du Rosaire** *(centre B4),* anciens jardins religieux à l'arrière de la basilique, puis choisiront de dévaler la **montée des Chazeaux** (autrefois appelée la *montée Tire-Cul),* celle **du Garillan** ou celle **du Change.** Ceux qui souhaitent visiter les **ruines gallo-romaines** et l'admirable **musée** *(plan général B4)* attenant prendront la rue *Roger-Radisson* qui passe devant la basilique (voir plus loin la rubrique « Musées »).

– Après la visite, on sort par la *rue de l'Antiquaille,* au bas des ruines, puis *place des Minimes* pour récupérer la *rue des Farges* et la *montée du Gourguillon,* qu'on va descendre, histoire d'être contrariant.

🕯🕯 **La montée du Gourguillon** *(centre B4-5) :* ancienne voie romaine qui a conservé son tracé et qui reliait la ville basse au plateau de Fourvière. *Gourguillon* vient sans doute de « gurgulio », qui signifie gargouille ou gorge. Normal, puisque cette trouée dans la colline permettait l'évacuation des eaux pluviales. De chaque côté, quelques maisons aux accents Renaissance, qui ont été modifiées lors des siècles suivants. Le n° 48 en est un exemple parmi tant d'autres. Ruelles pavées, petits jardins suspendus débordants de verdure, terrasses... À droite du n° 26, mur de soutènement de la colline qui ne parvient pas toujours à retenir l'eau suintant au travers. Encore quelques jardins en terrasses et des contreforts. Face au n° 14, l'**impasse Turquet** *(centre B5)*. Descendre quelques marches pour découvrir une étonnante demeure du XVIe siècle avec trois niveaux de balcons de bois soutenus par d'antiques poutres traversant toute la demeure. Au n° 2, façade Renaissance. Essayez donc d'ouvrir la porte (en général fermée) pour découvrir un couloir de style, avec au fond une galerie à l'italienne et un escalier à vis très typique.

Tout au bas de la montée du Gourguillon, adorable **place de la Trinité** aux accents villageois. À l'angle, le *Café-restaurant du Soleil,* parfait pour prendre un verre ou grignoter un morceau en terrasse quand le soleil donne (voir « Où manger ? »). C'est l'image de ce café qui servait autrefois de décor de fond dans les spectacles de Guignol. Pour Laurent Mourguet, dont la famille habitait le quartier, il symbolisait le café populaire de Lyon. À chaque angle, la Vierge et saint Joseph, et au centre un chouette petit soleil. Il faut dire que la maison appartenait à la famille Barou-du-Soleil. L'emblème fut facile à trouver. Un peu plus bas dans la rue, au coin de la *rue Tramassac* et de la *rue Mourguet,* un *saint Pierre* en angle. Nous abordons ici le populaire quartier *Saint-Georges,* appartenant au vieux Lyon.

¶ **La rue Tramassac** *(centre B4)* **:** ceux qui pousseront jusqu'à cette rue rencontreront au pied de la colline, face à la cathédrale, une plaque commémorative de ce qu'on appela la catastrophe de Fourvière. En novembre 1930, les édifices au pied de la colline qui longeaient la rue Tramassac montrèrent des signes de faiblesse puis s'effondrèrent à cause de l'humidité (due à la grande quantité d'eau circulant dans la colline), exactement comme au temps des Romains. Il fut interdit de reconstruire, et aujourd'hui la nature a repris ses droits.

En empruntant ensuite la *rue de la Brèche,* on découvre le cœur du vieux Lyon, le quartier *Saint-Jean,* avec sa cathédrale.

LE VIEUX LYON

¶¶¶ Étonnante perle Renaissance, c'est le deuxième plus grand quartier d'Europe de ce style, après Venise. Il fait partie du site historique inscrit au Patrimoine mondial de l'Unesco depuis la fin 1998. Tout petit secteur en réalité, puisqu'il ne couvre que 25 ha, coincés entre la Saône et la colline de Fourvière. Un bouquet de rues au parfum d'antan, à la cohérence architecturale parfaite, un miracle de pierres, un plaisir pour les yeux et une plongée en apnée dans une belle tranche d'histoire. Mais commençons par le début.

Adresses utiles

■ **Renaissance du vieux Lyon :** 50, rue Saint-Jean, 69005. ☎ 04-78-37-16-04. Fax : 04-78-37-58-44. Ⓜ Vieux-Lyon. Permanence les mardi, mercredi, jeudi et vendredi de 14 h 30 à 18 h 30. Une association qui a la pêche et dont les membres sont toujours prêts à se décarcasser pour expliquer ce qu'était et ce qu'est devenu ce secteur. Bonjour, Annick et Annie, respectivement Lioud et Neyret. Et bravo !

■ **Le Patrimoine Rhônealpin :** 5, pl. de la Baleine, 69005. Entrée par la rue des Trois-Maries. ☎ 04-72-41-91-47. Fax : 04-72-40-06-51. Ⓜ Vieux-Lyon. Ouvert du lundi au vendredi de 9 h à 12 h et de 14 h à 17 h. Fédération d'associations de la région Rhône-Alpes travaillant à la valorisation du patrimoine et à la promotion du tourisme culturel. Infos sur les 8 départements de la région.

Un peu d'histoire

Les Romains se retirent

Après le déclin romain et celui de la ville haute (le *Forum Vetus* – voir plus haut le texte sur Fourvière), la région est envahie par des tribus barbares, les Bagaudes. Ce sont des bandes de paysans de la Gaule romaine, ruinés par les guerres. Rappelons que la ville était alors alimentée en eau par des aqueducs et un important réseau de tuyaux de plomb. Or, ces barbares, par définition peu civilisés, volent ce plomb pour en faire des armes. C'est malin ! Plus d'eau pour la colline ! Aussi la population déserte-t-elle Fourvière au début du IVe siècle pour venir s'installer juste au pied de la colline, au bord de la Saône et donc de l'eau. Il suffit de creuser le sol et hop ! celle-ci jaillit. La cité se redéveloppe en longueur et chaque cour, chaque ensemble de maisons possède alors son puits privé.

Les premières foires et l'arrivée des Italiens

Les siècles passent, le quartier change, mais le véritable tournant se produit en 1420, lorsque Charles VII accorde à Lyon deux foires franches (gratuites). Elles drainent une importante population de marchands et de banquiers, à grande majorité italienne, notamment des producteurs et marchands de soie. Le commerce explose, mais ce n'est encore rien. Sous Louis XI, en 1463, le nombre de foires passe à 4, chacune d'une durée de 15 jours. Une foule de 5 000 à 6 000 personnes débarque et emplit la place du Change et les venelles du vieux Lyon. Petit à petit, l'Italien fait son nid et les grandes familles qui font leur beurre ici décident de s'y installer définitivement. Cette étroite bande de terre devient alors l'un des plus grands centres d'échanges de biens et de services d'Europe. Les Transalpins appartiennent à l'aristocratie marchande : Piémontais, Génois, Lombards et surtout Florentins. Ils posent bagages dans l'actuel quartier *Saint-Jean*, tandis que *Saint-Paul* se consacre plus à la finance qu'au commerce : trésoriers généraux, receveurs du domaine du roi, banquiers... Les étroites ruelles résonnent des noms des Médicis (ils tenaient une maison de banque), des Strozzi, des Pazzi et *tutti quanti*. *Saint-Georges*, quant à lui, conserve un tissu populaire de mariniers (les « nautes »), de potiers et de canuts. *Saint-Jean* sera italien durant tout le XVIe siècle et la première moitié du XVIIe siècle, mais les foires déclinent en 1590 car elles perdent à cette date leur caractère franc. Petit à petit, les Italiens rentrent au bercail.

Le quartier Renaissance

Quand ils arrivent au début du XVIe siècle, les Italiens apportent avec eux leur sens du commerce mais aussi leur architecture. Ils bâtiront plusieurs centaines de demeures superbes, dont la plupart sont aujourd'hui classées. Elles sont concentrées entre les églises Saint-Georges et Saint-Paul. Les édifices sont hauts et les rues étroites, car l'espace disponible est limité. Les traboules facilitent le passage des piétons tout en évitant une perte de place pour les habitations. Par chance, tout ce quartier restera quasiment inchangé, à part la construction du palais de justice et de deux églises. Le XIXe siècle n'a d'yeux que pour la presqu'île et la Croix-Rousse. Tant mieux ! Mais le vieux Lyon se délabre petit à petit, devient insalubre. Les populations les plus déshéritées y trouvent refuge. Le siècle suivant n'apporte rien de mieux. Les façades sont lépreuses et la palette chromatique oscille du gris baveux au noir crasseux. Pire, le maire Louis Pradel, grand bétonneur, qui prend ses fonctions à la mort d'Édouard Herriot, caresse le projet d'une voie rapide entre Fourvière et la presqu'île, amputant sans vergogne le vieux Lyon. Le projet dément ne verra jamais le jour, grâce à l'action de l'association « Renaissance du vieux Lyon » qui joua un rôle moteur dans la préser-

À VOIR

vation du quartier. Par ailleurs, André Malraux, ministre de la Culture, fit voter une loi sur la réhabilitation des quartiers anciens en 1962. Deux ans plus tard le vieux Lyon fut le premier secteur sauvegardé de France.

Renaissance d'un quartier

Une intense réhabilitation débuta dans les années 1970. Elle touche actuellement à sa fin. On reprit tout à zéro : rues rendues aux piétons, remodelage total des façades, réinstallation de meneaux aux fenêtres, destruction des ajouts disgracieux réalisés dans les cours, réhabilitation de ces dernières, mise au point d'un éclairage adéquat... Un boulot de titan et une réussite exemplaire. Parfois, on va même bien au-delà des réalités historiques, notamment en ce qui concerne la recolorisation des édifices. En effet, au XVIe siècle, les couleurs étaient réalisées avec les sables du Rhône et de la Saône, ce qui donnait des nuances de gris, de jaune pâle, de sable. Lors de la réhabilitation, on tapa sans hésiter dans la palette italienne, comme à Venise : rose, rouge, orange et sable. Tant mieux. Ainsi, le nouveau vieux Lyon est-il sans doute plus beau que l'ancien. Revers de la médaille, autrefois calme – bien qu'insalubre –, ce secteur est devenu en 10 ans LE quartier touristique par excellence, avec les débordements qui vont avec. La *rue Saint-Jean* n'est plus qu'une grande mangeoire où se côtoient le pire et le pire, sorte de rue de la Huchette à Paris, où l'on racole le client à grands coups de « Viens donc essayer mon bouchon ! ». Les meilleurs emplacements sont convoités par des commerces rentables et le quartier devient la victime de son succès. Le vieux Lyon en *fashion victim,* on aura tout vu ! Mais n'est-ce pas le cours naturel de l'évolution des quartiers ? Qu'aurait-on dit si tout avait été rasé ! Réjouissons-nous donc de cette évolution. Même si certains aspects commerciaux ne nous plaisent qu'à moitié, la réhabilitation du vieux Lyon est une vraie réussite à saluer. Il fait évidemment partie des 500 ha inscrits au Patrimoine de l'Humanité par l'Unesco. À saluer également : on a tenté de conserver dans le quartier une importante diversité sociale. Plusieurs édifices superbes sont des HLM (entre autres, au n° 28 et aux n°s 38-40, rue Saint-Jean ; au 2, pl. du Gouvernement ; et la célèbre galerie due à Philibert Delorme au 8, rue de la Juiverie).

Les marques de la Renaissance

Vous allez voir une quantité de demeures Renaissance au cours de vos pérégrinations. Pas forcément inutile d'avoir quelques références en la matière. On ne va pas vous faire un cours magistral sur le sujet, on en serait bien incapable. Voici quand même les principaux caractères architecturaux de ce style. L'élément principal est sans conteste la cour et son indispensable escalier à vis, abrité dans une tour plus haute que les bâtiments eux-mêmes, véritable marque de prestige et symbole de richesse. Il permettait de desservir deux immeubles : l'un en direct, l'autre par l'intermédiaire de galeries en loggia ouverte à l'italienne (au départ gothique, puis de plus en plus remplacée par des plafonds de bois à la française). Mentionnons aussi les fenêtres à meneaux moulurées, le puits dans la cour et parfois le passage couvert, voûté d'ogives ou pas. Sans omettre toutes les sculptures d'angle, les culots, etc. Tous ces éléments ne sont pas présents partout, mais au moins trois d'entre eux le sont dans la plupart des demeures Renaissance. L'architecture est globalement la même partout, mais tout réside dans l'équilibre de l'ensemble, les petites différences, les cocasseries, les audaces, le souci du détail... alors ouvrez l'œil, et le bon !

BALADE DANS LE VIEUX LYON

Notre balade dans le vieux Lyon parcourt les trois quartiers qui le composent en commençant par *Saint-Georges,* le plus populaire à défaut d'être le plus touristique, puis on remonte vers le nord pour rencontrer *Saint-Jean,* où se concentrent les visiteurs d'un jour, pour terminer par *Saint-Paul,* lui aussi un peu délaissé.

Saint-Georges *(centre B5)*

❦❦❦ On démarre devant le *Café-restaurant du Soleil,* place de la Trinité (voir le commentaire sur cette place dans la rubrique « La colline de Fourvière », plus haut). Ici les maisons sont moins ouvragées, les rues plus étroites. En fait, les riches marchands italiens n'y habitaient pas vraiment. Ce sont plutôt les Lyonnais qui y résidaient. Ainsi, peu d'édifices portent la marque de leur talent. C'est un peu le petit frère oublié. Peu de boutiques, quelques bars et un tissu populaire encore très présent, avec pas mal d'artisans, ce qui lui donne cet air de village presque méditerranéen aux beaux jours. On aime.

❦❦ *La rue Saint-Georges (centre B4-5) :* elle a conservé son joli tracé médiéval. Au n° 2, on pénètre donc dans une belle cour. Entre les n°s 3 et 5, bas-relief en imposte représentant un phénix. Le n° 6 propose encore une cour intéressante (pas toujours ouverte). On « traboule » au n° 12, une des rares ouvertes à Saint-Georges. Monter les escaliers en plein air pour découvrir cette charmante courette privée abritant des logements... HLM. Bravo ! Ressortir par la porte située au sommet des escaliers de droite (petite porte vitrée marron), puis redescendre par l'escalier qui permet d'aboutir au n° 10 de la même rue. Plus loin, plusieurs boutiques rénovées et quelques bars nocturnes. Une errance sympathique le nez en l'air.

❦ *L'église Saint-Georges (centre B5) :* dessinée par Pierre Bossan au milieu du XIXe siècle et de style néo-gothique, elle ne possède pas d'intérêt architectural notable. Église traditionaliste où l'on célèbre encore la messe anniversaire de la mort de Louis XVI (si, si !), avec les enfants de chœur en chasuble et tout le tintouin. Beaucoup de jupes plissées et de gars aux cheveux ras dans l'assistance. Sans commentaire.

❦❦ Bifurquer par la **montée des Épies** *(centre B5)* et tout droit la **rue Armand-Caillat,** bordée de vénérables demeures, modestes et rafistolées. Une échappée qui prend rapidement des allures champêtres comme on les aime. On récupère la montée du Gourguillon, qui clôturait notre parcours de Fourvière.

Saint-Jean

❦❦ *La cathédrale Saint-Jean (centre B-C4) :* sur la place du même nom. Ⓜ Vieux-Lyon. Ouvert du lundi au vendredi de 8 h à 12 h et de 14 h à 19 h 30, le samedi de 8 h à 12 h et de 14 h à 19 h et le dimanche de 14 h à 19 h. La cathédrale est aussi appelée primatiale, à cause du primat des Gaules, titre historique de l'évêque de Lyon. Sans être une merveille dans son genre, c'est malgré tout une très belle réalisation, surtout le soir, grâce à un éclairage de qualité. Elle mélange le roman et le gothique puisque sa construction s'est étalée de 1180 à 1480. Le gros des travaux de la période romane fut réalisé à la fin du XIIe siècle, puis tout au long du siècle suivant. Roman et gothique (primitif et flamboyant) se fondent d'ailleurs parfaitement l'un dans l'autre. La cathédrale fut le théâtre d'événements déterminants pour la vie religieuse et politique : conciles au XIIIe siècle, dépose de la dépouille de saint Louis (Louis IX) lors de son retour de croisade, consécration de Jean XXII au XIVe siècle, mariage d'Henri IV et de Marie de Médicis en 1600. Richelieu y reçut sa barrette de cardinal et Napoléon y vint de temps en temps.

À VOIR

La façade

Large mais pas agressive, rythmée par une balustrade, elle est en partie composée de blocs de pierre provenant d'anciens monuments romains qui se sont effondrés au IXᵉ siècle, notamment l'ancien forum. Elle est très marquée par la fin du XVᵉ siècle, à savoir un gothique très flamboyant, véritable testament du gothique. En parlant de testament justement, les 300 médaillons racontent l'Ancien et le Nouveau. Belle rosace flamboyante et série de gables très pointus surplombant et encadrant les portes. Au sommet trône Dieu le Père (normal) et un poil plus bas la Vierge et l'ange Gabriel (renormal). En revanche, noter que toutes les niches de la façade sont vides. Le responsable ? Le vilain baron des Adrets qui fit son grand ménage au XVIᵉ siècle. Mercenaire à la solde des calvinistes, il abjura le catholicisme et dévasta nombre d'édifices religieux dans le Midi et à Lyon. Ici, il détruisit toutes les statues de saints et décapita tous les anges nichés dans les voussures des trois portails.

L'intérieur

Le principe de construction est simple. L'abside et le chœur sont romans, et plus on s'avance vers la façade, plus on va vers le gothique. Chaque fois que les caisses étaient vides, on cessait la construction, d'où l'étalement de celle-ci dans le temps. Intérieur assez épuré. Travées essentiellement gothiques. Sans faire une revue de détail, voici les principaux points d'intérêt de la visite :

– **Les vitraux :** ils furent démontés pendant la guerre pour être préservés. D'origine, on trouve la rosace centrale dans les tons bleu violet (1392), ainsi que tous les vitraux de l'abside (XIIIᵉ siècle). Du même siècle, voir encore les deux rosaces du transept. Les concepteurs ont adapté les couleurs à la position géographique des vitraux. On s'explique : celui situé au sud possède des couleurs froides, plus claires, pour compenser la chaleur du soleil. Couleurs chaudes, plus denses pour celui du nord. Le plus vieux est dans la chapelle de la Vierge, à côté de l'horloge astronomique, et date de 1180.

– **L'horloge astronomique :** originellement du XIVᵉ siècle, elle fut remaniée aux siècles suivants. Elle se met en branle à 12 h, 14 h, 15 h et 16 h. Il arrive qu'un monsieur soit là pour donner bénévolement quelques explications quand elle sonne. Ouvrez l'œil. La majestueuse façade indique les dates, la position de la Lune, du Soleil, de la Terre et celle des étoiles au-dessus de Lyon. Manque la température à Moscou ! Noter que, compte tenu des connaissances de l'époque, le Soleil tourne autour de la Terre et non l'inverse (comme quoi la science n'est que l'art de mettre tout le monde d'accord sur un sujet précis à un moment donné). Et puis, avez-vous remarqué que le Soleil s'éloigne et se rapproche en fonction des saisons ? Pas mal vu. Le grand cercle en dessous de celui qui donne l'heure renseigne sur la date du jour jusqu'en... 2019. Au-dessus, plusieurs étages d'automates qui se mettent au boulot l'heure venue : le coq qui bat des ailes, l'Annonciation, l'Esprit-Saint, Gabriel, Dieu... bref, toute la famille. Saviez-vous par ailleurs que c'est sur l'air de l'hymne de saint Jean-Baptiste, qui rythme l'action des personnages, que les noms des notes de musique furent déterminés ? Chaque syllabe de chaque début de phrase en latin donna le nom à une note. Ainsi les termes de la chanson : *Ut qué-ant laxis, Résonare fibris, Mira gestorum...* donnèrent l'*ut,* le *ré,* le *mi* et ainsi de suite. Marrant, non ? Sur le flanc droit de l'horloge, une aiguille indique les minutes et, comme le cadre n'est pas rond, afin d'en suivre les contours elle se rétracte au fur et à mesure de son avancée. Pour finir, on raconte qu'on aurait crevé les yeux du créateur de cet engin pour qu'il ne refasse pas la même chose ailleurs. Balivernes et calembredaines...

– **L'abside :** c'est la partie la plus ancienne, du XIIᵉ siècle, donc purement romane.

– *La chapelle des Bourbons :* dans le bras droit de l'église, 2ᵉ chapelle sur la droite. Caractéristique du gothique tardif, donc flamboyant. Fines nervures, clés pendantes, balcon de pierre ciselée comme de la dentelle évoquant des éléments végétaux tels que vigne, houx, gui, chardon, chou, frisée et escargots... de Bourgogne. Toute la grammaire décorative propre à cette période est là. Quelques toiles provenant de la collection du cardinal Fesch, oncle de Napoléon et archevêque de Lyon.

🎵🎵 *La manécanterie (centre B4) :* à droite de la cathédrale, belle bâtisse romane, ancienne maison de chanoines et seul vestige du cloître Saint-Jean détruit à la Révolution. Elle date du XIᵉ siècle et a conservé beaucoup de charme avec sa série d'arcatures aveugles, ses colonnettes assemblées deux à deux... Son nom vient de *mane cantare,* « chanter le matin » en latin, car ce fut à partir du XVᵉ siècle l'école de chant des choristes de la cathédrale. Toutes les statues de la façade furent mutilées en 1562 par le Baron des Adrets. Juste à côté, sur la droite, le jeudi matin, petit marché bio sur la placette.

🎵 *Le jardin archéologique (centre C4) :* sur le flanc nord de la cathédrale Saint-Jean. L'histoire est belle. On voulut, dans les années 1970, construire une annexe au palais de justice voisin. On démolit les anciennes et insalubres maisons... pour tomber sur les fondations de 2 églises médiévales. On abandonna le projet initial pour préserver les fouilles aujourd'hui visibles. Trois édifices religieux s'élevaient donc ici, l'un à côté de l'autre, formant jusqu'à la Révolution un important groupe « archiépiscopal ». Saint-Jean (la cathédrale), Saint-Étienne pour les chanoines du chapitre et Sainte-Croix, simple église paroissiale pour les gens du quartier. L'ensemble formant le cloître Saint-Jean, entouré de murailles. Le tout fut détruit à la Révolution, sauf la cathédrale. Parmi les ruines qui subsistent, voici ce qu'on découvre par ordre d'arrivée dans l'histoire : un baptistère de l'église Saint-Étienne datant en partie du IVᵉ siècle, époque des premiers chrétiens (sous verre). Le baptême se faisait autrefois par immersion du corps, d'où la taille des fonts baptismaux. Incroyable, ils étaient équipés d'un hypocauste, système de chauffage de l'eau par le sol mis au point par les Romains. Et puis l'abside en cul-de-four de Sainte-Croix. Les 2 églises furent entièrement remaniées en gothique lorsque Saint-Jean fut édifiée. Notable encore, cette arche imposante provenant de la nef de l'église Sainte-Croix. Pour en voir une seconde, pousser la porte du n° 6 de la *rue Saint-Étienne*. Au fond de la cour, une travée de l'église est fichée dans le mur porteur. Ça permet d'imaginer la taille réelle de l'édifice.

🎵 *Le palais de justice (centre C4) :* petit crochet par le quai Romain-Rolland pour observer cet édifice construit sur le modèle d'un temple grec, d'où les colonnes. Ceux qui le fréquentent l'appellent d'ailleurs « les 24 colonnes ». Réalisé au milieu du XIXᵉ siècle par Louis-Pierre Baltard, le père du papa des anciennes halles de Paris, il se distingue par son global manque de fantaisie. Colonnes corinthiennes aux chapiteaux à feuilles d'acanthe, c'est la panoplie complète du néo-classique. Une des seules constructions du vieux Lyon, avec quelques églises, de l'après-Renaissance. À l'intérieur (pas visitable, sauf dans des cas qu'il convient d'éviter), peintures du XVIIᵉ siècle.

🎵🎵🎵 *La rue Saint-Jean (centre B-C4) :* véritable colonne vertébrale du quartier. On va l'emprunter et zigzaguer autour d'elle en « traboulant » à qui mieux mieux. Suivez le guide !
– Au *n° 39*, au-dessus du store du resto, un vestige du linteau de la porte de l'église Sainte-Croix, récupéré après la destruction de l'église à la Révolution.
– Au *n° 37*, la **maison du Chamarier** *(centre C4)*, celui qui faisait respecter l'ordre public. Il conservait les clés du cloître Saint-Jean dont cette bâtisse

À VOIR

faisait partie. Porte gothique et pilastres à fleurons. Les meneaux sont ici absents. En effet, à la fin du XVIIIᵉ siècle, le calcul des impôts se faisait selon le nombre de fenêtres. Chaque séparation comptant pour une fenêtre, les propriétaires retirèrent la plupart des meneaux pour payer moins d'impôts. Logique ! Mame de Sévigné résida plusieurs fois ici, sur la route pour aller rendre visite à sa fille à Grignan. Un projet devrait rendre cette maison visitable au public... bientôt.

– On « traboule » au *n° 68,* pour sortir aux *nᵒˢ 3-5,* rue des Antonins. Prendre à droite la **rue de la Bombarde.** Au *n° 8,* belle imposte, toujours aux initiales des proprios. Au *n° 10,* justement, une enseigne de bombarde.

– **La place de la Basoche** *(centre B4) :* rue de la Bombarde. Ancienne *Auberge de la Croix-d'Or*; au XIVᵉ siècle, ce superbe ensemble était habité par des gens de la magistrature, d'où son nom, puisque *basoche* désigne en ancien français le lieu où se tenaient les tribunaux. On a là la panoplie complète du style Renaissance avec deux tours, l'une octogonale, l'autre à pans coupés, loggia au fond et puits. Reprendre à gauche la **rue Saint-Jean,** pousser la porte du n° 58 pour admirer la cour intérieure. Là encore, escalier à vis octogonal et à sa base le charmant puits, accessible par trois côtés, galerie à croisées d'ogives... Dans un coin, noter les photos sur la restauration et les éléments de fresques découverts à ce moment-là. Incroyable, cet édifice est une HLM.

– Au *n° 54,* on « traboule ». C'est l'une des plus longues de la rue, qui traverse 4 immeubles. C'est d'ailleurs sa seule particularité. Sortie au 27, **rue du Bœuf.** Noter les arcades des rez-de-chaussée. C'est le nombre d'arcades qui indiquait l'importance de la boutique. Saviez-vous d'ailleurs qu'à cette époque les plus belles marchandises à vendre étaient disposées par le commerçant sur un volet horizontal donnant sur la rue ? Ainsi les articles faisaient-ils l'objet d'une sélection puisqu'ils étaient « triés sur le volet », d'où l'expression. Et puisqu'on y est, regardez le caniveau central qui faisait office d'égout. Les pauvres gens circulaient au centre de la rue, dans la merde et les immondices, tandis que les plus nantis longeaient les boutiques, là où ça puait le moins. Ils tenaient ainsi le « haut du pavé »...

– Au *n° 19,* rue du Bœuf, belle **enseigne de la maison L'Outarde d'Or** *(centre B4),* une oie sauvage à la chair fine, enseigne d'un maître volailler du XVIIIᵉ siècle. Noter la phrase « Je vaux mieux que tous les gibiers », de 1708. À gauche du n° 19, une porte normalement ouverte le matin : allée à croisées d'ogives, cour intéressante, galerie, escalier à vis et deux tourelles dont l'une à encorbellement, ce qui est assez rare. Au *n° 22,* le célèbre restaurant *La Tour Rose,* avec, au-dessus de la porte, les médaillons des anciens proprios.

– À l'angle de la rue du Bœuf et de la place Neuve-Saint-Jean, au-dessus du resto *Le Comptoir du Bœuf,* fameuse **enseigne** de 1571, attribuée à Jean de Bologne, sculpteur attitré des Médicis, et représentant un taureau. Cette plaque donna son nom à la rue. Sûrement une enseigne de boucher. Anecdote amusante : le proprio de l'époque, M. Louis Thorel, avait la prétention d'être anobli. Il fit tout ce qu'il fallait pour y parvenir, mais cette distinction lui fut refusée. Ses voisins se moquèrent de lui en disant qu'il avait tout du taureau... sauf les attributs.

– Au *n° 16,* la véritable **tour rose** *(centre B4),* anciennement appelée la *maison du Crible,* c'est-à-dire du collecteur d'impôts, qui passait au crible, ou au tamis, les finances des mauvais payeurs. Admirable tour avec ses escaliers à vis, tour en saillie, fenêtre en plein cintre. C'est l'une des plus hautes qui subsistent en ville, bien plus élevée que les habitations autour. Cette surélévation ne servait à rien dans la mesure où elle ne menait nulle part, mais il s'agissait uniquement d'un signe de richesse. Celle-ci est une des plus imposantes. Dans l'angle droit, un puits. De manière plus anecdotique, c'est ici que l'ordre du Clou possède son siège. Au *n° 14,* un passage du XVIᵉ siècle avec encore une tour à escalier octogonal, une fenêtre suivant la pente avec double-arche à clés très pendantes.

– Incursion *place Neuve-Saint-Jean,* pour voir un ensemble admirable donnant sur la rue : belle tour carrée sur pans coupés, grandes loggias ouvertes et trace de fontaine. On « traboule » par la place et on sort par le n° 40, *rue Saint-Jean.* Puis on « traboule » à nouveau presque en face, au n° 27. Cour adorable, très bien refaite, avec galeries ouvertes, fenêtres à meneaux et pierre dorée (pierre argilo-calcaire de couleur dorée qu'on trouve dans la région des... Pierres-Dorées). Noter, dès les premières marches d'escalier, les petits trous qui permettaient de donner de la lumière à la cave située derrière. On sort au n° 6, *rue des Trois-Maries.* Au *n° 5* de la même rue, petite enseigne avec les trois Marie, justement, qui donnèrent son nom à la rue.

– *La place de la Baleine* (centre C4) : au *n° 6,* belle imposte très élégante et fine, en fer forgé et tour de bois ouvragé du XVIIᵉ siècle, style rocaille.

– On pénètre au *n° 24,* rue Saint-Jean pour admirer la **maison Laurencin,** du nom du proprio. Jeter un œil aux galeries : en bas, ogives gothiques, tandis que dans les étages supérieurs, il s'agit de plafonds en bois dits à la française, ajoutés plus tard. Tour octogonale et, au 1ᵉʳ étage, la partie la plus noble de l'habitation, avec fenêtres à meneaux aux nervures ouvragées. Étonnant de savoir que tout cela fut ajouté lors de la récente restauration.

– Au *n° 18,* rue Saint-Jean, encore une gracieuse croisée d'ogives, un escalier à vis, et, penchez-vous, il n'a pas de pilier central comme les autres, mais il est hélicoïdal, ce qui est assez rare. Dans la cour, toujours des galeries et des clés de voûtes frappées aux armes des proprios et encore un puits dans un coin. Sortir et revenir par la petite rue Tramassac.

– *La place du Petit-Collège,* où l'on trouve le célèbre *hôtel de la Cour des Loges* dans un ancien collège, sans doute le plus chic de la ville. Également le superbe *musée Gadagne* (centre B-C4; voir plus loin la rubrique « Musées »), sis dans la remarquable maison Gadagni dont le nom s'est francisé au fil du temps. *Gadagne* voulait dire « gain » en italien, ce qui tombait assez bien pour des banquiers. Ne disait-on pas, à l'époque, « riche comme les Gadagne », et non comme Crésus ? L'immeuble fut racheté au début du XXᵉ siècle par la ville. Même si vous ne visitez pas le musée (ce qui serait dommage), pénétrez dans la cour pour admirer ogives, loggias, meneaux moulurés, puits...

– *La place du Gouvernement* (centre C4), où vivait le gouverneur du Lyonnais, du Beaujolais et du Forez. Il régnait sur la justice, la police et les finances. Rien que ça. Au *n° 5,* une maison du XVIIᵉ siècle. Contrairement aux maisons du XVIᵉ siècle où la tour d'escalier se situait dans la cour, elle est ici en façade. À cette époque, cette tour continue d'être un signe de prestige, mais elle change de position et perd de sa grâce : fronton curviligne et triangulaire alterné, bref, pas décoiffant. Toujours sur la place, au *n° 12,* rue Saint-Jean, le seul exemple d'imposte en bois du quartier, représentant un paon faisant la roue. On « traboule » au *n° 2,* place du Gouvernement, où l'on notera, avant de s'y engouffrer, la porte en anse de panier avec ses petits culots sculptés d'une sirène et d'une sorte de griffon. Dans la haute cour, un puits surmonté d'une coquille et de délicates corniches moulurées. Un sculpteur de la fin du XXᵉ siècle y a ajouté une gargouille. Sortir au *n° 10,* quai Romain-Rolland, et remonter jusqu'à la place Ennemond-Fousseret.

– Sur la place, le *mur peint de la Cour des Loges* (centre C4) : représentation de la réception de l'*hôtel de la Cour des Loges,* évoquée sous forme d'un décor de théâtre qu'on serait en train de monter.

– *La place du Change :* autrefois place de la Draperie (marché au Textile), on y trouve l'ancienne Bourse. C'est sur cette place que se réunissaient banquiers et courtiers. Les affaires se traitaient sur des tables, dehors, qu'on appelait des banques. Ainsi les mots banque et banquet (où l'on mange) ont-ils la même origine (le banquier étant celui qui nous bouffe notre pognon !). Mais les échanges prirent une telle importance qu'on se décida à édifier une Bourse au milieu du XVIIᵉ siècle. On l'appela la Loge du Change, première

Bourse de Lyon, qui fut agrandie et modifiée telle qu'on la voit aujourd'hui par Germain Soufflot. Depuis le début du XIXe siècle, c'est un temple protestant. En face, au *n° 2*, la *maison Thomassin (centre C4)*, avec ses arcs gothiques, ses signes du zodiaque et ses armoiries de France (Charles VIII et Anne de Bretagne). La suite de la balade nous fait pénétrer dans le quartier Saint-Paul.

Saint-Paul

🚶 De la place du Change, emprunter la *rue de la Loge.* Rappelez-vous *L'Horloger de Saint-Paul* de Tavernier, incarné par Philippe Noiret ; eh bien, c'est là, au *n° 4.* L'échoppe a été complètement transformée.

🚶 Prendre à droite la *rue de la Juiverie* en laissant l'attirante montée du Change et ses volées d'escaliers. Quartier juif jusqu'à la fin du XIVe siècle, période à laquelle ses habitants furent chassés et remplacés petit à petit par des banquiers et commerçants italiens. Aujourd'hui, surtout occupée par des artisans et des galeries d'art, la *rue de la Juiverie* est très typique du quartier. Au *n° 23,* un long bâtiment Renaissance en pierre à bossage. Vous ne vous étonnerez pas plus que ça si l'on vous dit qu'il répond au nom de *maison des Lions (centre B4),* puisqu'il y en a 15 en façade. On racontait que l'un des lions cachait un trésor dans son nez. Tous les nez furent évidemment cassés et l'on trouva... rien du tout. Au *n° 18,* en face, encore un édifice Renaissance avec une porte élégante en anse de panier, terminée par de mignons petits culots, et en angle une tourelle de guet en encorbellement. Au *n° 20,* encore une cour (ceux qui en ont marre peuvent arrêter), avec belle allée à ogives très réussie, culots sculptés de griffons, végétaux et figures grotesques. Entre les *n°s* 16 et 18, la *ruelle Punaise,* qui veut dire puer, ce qui n'a rien de surprenant puisqu'il s'agit d'un égout à ciel ouvert, un des derniers témoignages du Moyen Âge. Aux *n°s* 12 et 10, plusieurs frontons triangulaires interrompus. Pour ceux qui tiennent le coup, pousser la porte du *n° 10* pour son élégante cour. Au *n° 8,* pénétrer pour admirer le remarquable *hôtel Bullioud (centre B4),* maison remodelée par Philibert Delorme en 1536. La première cour n'a d'autre intérêt que son puits. Poussez donc jusqu'à la seconde. Véritable joyau avec galerie sur trompes. Cette galerie-façade fut ajoutée et plaquée sur la façade d'origine par Delorme pour que le proprio puisse faire la liaison entre ses deux tourelles. Influence italienne très marquée avec pilastres de styles dorique et ionique. Tenez-vous bien, c'est une HLM ! Sans aucun doute la plus classe qu'on connaisse. Au *n° 4, maison Henri IV (centre B4),* transformée ensuite en gare de funiculaire destinée aux corbillards et aux convois funéraires. Elle fonctionna jusqu'en 1937. On voit mieux la maison par-derrière, en empruntant la montée Saint-Barthélemy, d'où l'on découvre le buste du roi en façade. On prétend qu'il y passa une nuit avec Gabrielle d'Estrées. Bon, on n'était pas là pour tenir la chandelle.

🚶🚶🚶 *La rue de la Lainerie :* au *n° 14 (centre C4),* exceptionnelle *maison des Mayet de Bauvoir,* du plus pur style gothique (XVe siècle) et richement ouvragée, avec pilastres à fleurons qui encadrent les fenêtres, arcs en accolade sculptés... Levez les yeux jusqu'au 1er étage : portraits des proprios et une vierge d'angle qui semble avoir perdu l'Enfant Jésus. Une des plus anciennes maisons du quartier.

🚶 *La partie sud du vieux Lyon,* au-delà de Saint-Georges, est connue sous le nom de la « *Quarantaine* », car c'est là, dans l'hôpital Saint-Laurent, construit au XVIe siècle par la famille Gadagne, que jadis les immigrants étaient placés pour éviter qu'ils n'apportent la peste ou d'autres maladies à la mode en ville. Ce secteur n'a aujourd'hui qu'un intérêt limité.

LA PRESQU'ÎLE

🏃🏃 La presqu'île est artificielle. Autrefois, c'était tout simplement une île puisque le confluent Rhône-Saône se situait au pied de la Croix-Rousse, et son nom était Condate (« confluent » en gaulois). Vers le IIIe siècle, les marécages furent comblés par des alluvions, et l'île devint presqu'île. Le confluent se situait alors juste au sud de l'abbaye d'Ainay. Il faudra attendre l'ingénieur Perrache pour que les marécages soient asséchés au-delà de l'abbaye et que le confluent soit reculé bien plus au sud. Les principeux axes de la presqu'île furent tracés à partir du milieu du XIXe siècle : il s'agit des rues de la République, Victor-Hugo, Édouard-Herriot et de Brest. On doit tout cela au préfet Vaïsse, le Haussmann lyonnais, qui assainit toute cette partie de la ville. Le tracé précédent était essentiellement médiéval, entrelacs de ruelles étroites et sombres, peu propices à la mobilité et encore moins à la répression de la population. Ainsi traça-t-on de larges artères. C'est ce visage que propose actuellement cette langue de terre. Notre circuit en explore les points principaux.

🏃🏃 *La place Bellecour* (centre C5) : point central de la ville, d'où l'on voit les collines de Fourvière et de la Croix-Rousse. Troisième place de France par sa taille (6 ha), après l'esplanade des Quinconces à Bordeaux et la place de la Concorde à Paris, la *Bella Courtis* fut tracée au début du XVIIIe siècle sous Louis XIV, sur d'anciens jardins potagers, propriété de l'abbaye d'Ainay. Louis XIV, dont l'immense statue par Lemot est un point de rendez-vous bien pratique, lui donna son éclat. Les révolutionnaires s'acharnèrent sur la place et sa royale effigie, et c'est une copie voulue par Napoléon qu'on voit aujourd'hui. Avez-vous remarqué que le roi est en empereur romain ? Une petite anecdote circule sur cette statue : certains racontent que le sculpteur se serait suicidé après avoir réalisé qu'il avait oublié les étriers. Calembredaine ! Les empereurs romains montaient sans étriers ! On doit cette fausse rumeur à quelques humoristes lyonnais. De part et d'autre de Louis à cheval, la femme indolente et l'homme impétueux, qui représentent respectivement la Saône et le Rhône, sont en revanche des originaux.

Certains édifices encadrant la place subirent les foudres révolutionnaires. Lyon, coupable d'insurrections pro-royalistes en 1793, fut réprimé par le montagnard Fouché et Collot d'Herbois. « Lyon a fait la guerre à la liberté, Lyon n'est plus », disaient les révolutionnaires. Ainsi la décision fut-elle prise de raser les maisons des plus riches, notamment sur les façades est et ouest de la place, ainsi que les hôtels particuliers du quartier. À l'issue de ces événements, la ville perdit son nom comme on arrache les épaulettes d'un officier déchu. Pendant un an et demi, elle s'appela donc « Commune affranchie ». Rappelons qu'aujourd'hui Lyon n'a pas complètement perdu ses sympathies royalistes et qu'il existe toujours une Association des descendants des martyrs de la Révolution. Le bicentenaire de la Révolution fut d'ailleurs célébré ici avec une grande discrétion. Reconstruites en partie au XIXe siècle donc, les façades sont remarquables de sobriété. Pas d'ostentation, pas d'exhibition des richesses. Attitude typique de la bourgeoisie d'affaires lyonnaise des XIXe et XXe siècles. Tiens, la création du parking souterrain a légèrement bombé la place...

🏃 *La place Antonin-Poncet* (centre C5) : on y voit le vaste *hôtel de la Poste*, d'un style Art déco discret des années 1930. On a également conservé ici le clocher de la chapelle de l'hôpital de la Charité, ancien hospice pour mendiants, mères célibataires et surtout enfants abandonnés, du XVIIe siècle. C'est grâce à l'intervention des habitants que cette tour à horloge fut préservée. Bravo aussi à Michel Noir qui rendit cette place aux piétons et à la verdure, alors qu'elle était dédiée aux bagnoles. Aujourd'hui, celles-ci sont en sous-sol. L'extrémité de la place côté Rhône devrait un jour être une des stations fluviales d'une future ligne de transport en commun de bateaux-mouches qui relierait Gerland à la Cité internationale. Rendez-vous en l'an... 3000.

🎋 *Le quartier d'Ainay* (plan général C5) : grosso modo situé entre Bellecour et Perrache. Deux mots sur ce quartier résidentiel avant de parler de l'église d'Ainay. Plus connu sous le nom de Charité-Ainay, c'est le siège de la vieille bourgeoisie lyonnaise. On se fréquente ici entre bonnes gens, avec le souci permanent de ne pas faire entrer n'importe qui dans le cercle des intimes. Sans être toujours aussi caricatural, le costume comprend souvent quelques éléments de la panoplie suivante : deux rangées de perles, col Claudine, jupe bleu marine et veste de laine à boutons dorés pour les filles ; bermuda à motifs écossais hiver comme été pour les garçons. C'est sans doute un des coins les plus fermés de Lyon. Derrière les façades souvent quelconques se cachent les appartements les plus vastes et les plus luxueux qui soient. Mais le maître mot, chuuut... c'est la discrétion. On dit aussi que les garages du secteur abritent une des plus grosses concentrations de Rolls et de Jaguar de France au mètre carré. Simplement, on ne les voit jamais. Bien souvent immatriculées dans le Var ou les Alpes-Maritimes, elles descendent ni vu ni connu au mois de juin sur la côte en attendant leurs maîtres. Puis elles remontent tout aussi discrètes courant septembre. Ah ! les charmes cachés de la bourgeoisie !

🎋 *L'église Saint-Martin d'Ainay* (plan général B-C5) : rue Vaubecour. Cette église est tout ce qui subsiste d'un vaste monastère dédié à saint Martin dès le IXe siècle. C'est à ce niveau-là que se fermait le confluent jusqu'au XVIIIe siècle. En résumé, cette abbaye bénédictine connut son heure de gloire entre les XIIIe et XVIe siècles. Papes et rois y séjournèrent régulièrement, les calvinistes la saccagèrent en 1562 et la Révolution la réduisit à sa portion actuelle. Il fallut attendre l'important remaniement réalisé au XIXe siècle pour qu'elle reprenne du poil de la bête.

La façade conserve ses contours romans. Les blocs de pierre de la partie basse sont, comme pour la cathédrale, des remplois d'anciens monuments romains de Fourvière. Originellement, les parties latérales n'existaient pas et le clocher était donc avancé. Si le porche a été remanié, le reste des arcades est d'origine. Noter les incrustations de briques en haut du clocher, et, au-dessus de la croix, un bestiaire (oiseaux, cerfs, lions, griffons...).

À l'intérieur, l'essentiel de la décoration est concentré dans le chœur, à part quelques chapiteaux romans sur les côtés. Tiens, les quatre énormes colonnes de granit égyptien qui encadrent le chœur et soutiennent le dôme proviennent de l'ancien autel romain d'Auguste à la Croix-Rousse. Deux chapiteaux historiés du XIIe siècle intéressants : à droite l'Annonciation, Adam et Ève en train de consommer ; à gauche, Caïn qui tue Abel. Un éloquent résumé de l'histoire de l'Homme : l'amour, le sang et le besoin d'éternité. Peintures de l'abside dues à un élève d'Ingres, Hippolyte Flandrin. Dans la chapelle à gauche du chœur, maquette de l'abbaye telle qu'elle était au XVIe siècle. Comme dans la plupart des églises de Lyon, il n'y a pas de déambulatoire : celui-ci servait d'ordinaire à accueillir les pèlerins afin qu'ils puissent tourner autour du chœur et voir les reliques installées dans les chapelles rayonnantes. Or, comme la ville ne possédait aucune relique, il n'y a pas de déambulatoire. CQFD.

– À l'extérieur, sur la placette, un **presbytère néo-roman** avec, dans les fenêtres à arcs trilobés, les sculptures des différents abbés d'Ainay.

🎋 *Les rues Auguste-Comte, Victor-Hugo et de la Charité* concentrent les boutiques de stylistes chic, les antiquaires et quelques galeries d'art.

🎋 *La rue des Marronniers* (centre C5) : à l'image de ses consœurs les rues Saint-Jean et Mercière, elle se caractérise par l'abondance des restaurants qui s'y concentrent.

🎋 *La rue de la République* (centre C3-4-5) : autrefois rue Impériale, aujourd'hui piétonne et commerçante, cette « rue de la Ré », comme l'appellent les Lyonnais, est noire de monde le samedi et déserte le dimanche. Elle fut tracée par Vaïsse pour permettre le passage d'une batterie de canons (22 m de large), à la suite des craintes que suscitèrent les révoltes de canuts (et non pour le plaisir de la promenade). Rendue aux piétons dans les années 1970, elle est bordée de beaux bâtiments aux fenêtres typiquement lyonnaises (lambrequin en fer forgé, pas de volets mais des jalousies), et possède quelques éléments d'architecture notables. Ainsi, au n° 85, l'étroit **édifice du Progrès** de style Empire, encadré de deux cariatides, et, au n° 79, le **ciné Pathé,** typique des années 1930.

🏃 Empruntons la traboule du n° 81 qui permet de sortir rue Belle-Cordière, qu'on emprunte sur la gauche. Place de l'Hôpital part la **rue Louis-Paufique** (plus connue sous son ancien nom, Confort). Louise Labé vécut au **n° 28** au XVIᵉ siècle. Poétesse à la réputation angélique ou sulfureuse selon les sources, surnommée la Belle Cordière car son mari et son père produisaient des cordes, elle tint ici même un salon littéraire de grand renom (voir aussi notre rubrique « Personnages » dans les « Généralités »). Élégant mascaron au-dessus de la porte et imposte de fer forgé, guirlande de pampres et cornes d'abondance.

🏃 **La place de l'Hôpital** (centre C4) : c'est l'entrée principale de l'hôtel-Dieu qui abrite le musée des Hospices (voir plus loin la rubrique « Musées »). La façade côté Rhône est signée Germain Soufflot, qui travailla à Lyon pendant 10 ans.

🏃🏃 Direction **place de la République** (centre C4), refaite brillamment sous Michel Noir par Alain Sarfati. Traversons-la comme un seul homme, en évitant de plonger dans l'agréable fontaine. Sous la place, un parking dont Lyon a le secret : un parking-œuvre d'art. Ça change des parkings-coupe-gorge. On doit celui-ci à François Morellet. Au fond, à côté du Printemps, démarre le joli passage de l'Argue. Avant de l'emprunter, regardez le grand magasin et vous remarquerez que sa devanture est curieusement élargie. En effet, pour agrandir sa surface commerciale, le Printemps a acheté une ruelle à la ville. Tout s'achète, ma pauv' dame.

🏃 **Le passage de l'Argue** (centre C4) : des quelques passages percés dans la ville au XIXᵉ siècle, il ne subsiste que celui-ci. Reliant la rue de la République à celle de Brest, il est typique de l'élégance démonstratrice de ce siècle-là. On y trouvait surtout des ateliers et des boutiques. Aujourd'hui, un vieux chapelier, une transversale glauque, et, au bout, un petit Mercure qui prend la pose quand il n'est pas emprunté par quelque indélicat. Sortir rue de Brest qu'on prend à gauche jusqu'à la place des Jacobins.

🏃 **La place des Jacobins** (centre C4) : rien à voir avec ceux de la Révolution puisqu'il s'agissait de religieux dominicains. Il y avait là un monastère qui a été détruit après la Révolution. On agrandit alors la place et on l'orna de cette belle fontaine de marbre, signée Gaspard André, et dédiée à quatre grands artistes lyonnais. On y reconnaîtra Philibert Delorme, architecte du XVIᵉ siècle qui travailla notamment dans le vieux Lyon, au Louvre et à Azay-le-Rideau ; Hippolyte Flandrin, peintre du XIXᵉ siècle ; Guillaume Coustou, sculpteur du XVIIIᵉ siècle ; et Gérard Audran, graveur de médailles. À leurs pieds, quelques sirènes allant à la pêche. Sur le flanc ouest de la place, au-dessus de la boutique Baiser sauvage, un immeuble d'inspiration vaguement mauresque, réalisé par Bossan, le papa de Fourvière. Bof !

🏃 **La place des Cordeliers** (centre C-D4) : pour remplacer la première bourse, qui était naturellement située dans le vieux Lyon, le palais du Commerce et de la Bourse fut édifié ici au milieu du XIXᵉ siècle dans un style pompier. Il est l'exemple parfait du manque d'imagination architecturale de l'époque. On récupère tous les genres existants, on mélange bien, on verse et voilà ce qui arrive : frontons triangulaires et curvilignes de la Renaissance, pilastres à l'antique et on en passe. C'est aujourd'hui la Chambre de commerce et d'industrie. Au fait, c'est ici, dans l'escalier, que Sadi-Carnot fut assassiné par l'anarchiste Caserio en 1894. Le bas-relief sous l'escalier met en scène une femme qui se jette sans retenue dans les bras d'un homme. On aura reconnu la Saône s'abandonnant dans le Rhône. L'allégorie tarte à la crème a décidément la vie dure.

🦊 **L'église Saint-Bonaventure** *(centre C-D4)* : toujours place des Cordeliers. Ouvert de 8 h 30 à 12 h et de 15 h 30 à 19 h. Édifiée au XIIIe siècle par les franciscains, elle faisait partie d'un vaste complexe composé de cloîtres et de chapelles. Elle doit son nom au grand théologien Bonaventure, ministre général des franciscains. Ces franciscains, appelés également cordeliers à cause de la corde blanche qui ceinturait leur robe de bure, aimaient le dépouillement, et leur mode de vie était axé sur la pauvreté puisque c'était un ordre mendiant. L'histoire fit deux pieds de nez à cette église au milieu du XIXe siècle : tout d'abord on lui installe une bourse, temple du fric, juste en face, et puis la première façade en gothique tardif (fin XVe siècle) est remaniée à la même époque pour être transformée en néo-flamboyant, ce qui correspond à une véritable trahison architecturale quand on voit la simplicité des flancs, et une trahison morale quand on se réfère à son histoire. Cette église revêt pourtant une importance particulière dans le cœur des Lyonnais, puisqu'elle est depuis longtemps le lieu de prière des commerçants et artisans de la presqu'île et des petites gens en général. L'intérieur en gothique primitif est bas, sombre et austère, fidèle à l'esprit de l'ordre franciscain. Toutes les chapelles latérales furent ajoutées au fil des siècles par les différentes confréries et corporations qui la fréquentèrent et sont dédiées à leurs saints patrons. Les vitraux furent refaits après la Seconde Guerre mondiale. En effet, quand les Allemands quittèrent la ville en septembre 1944, ils firent aimablement sauter 22 ponts sur les 24 existants. Presque un carton plein ! Pratiquement tous les vitraux des églises environnantes furent soufflés. Les nouveaux sont d'ailleurs de très belle facture. On reprend notre balade par la rue de la République.

🦊 Derrière la chambre de commerce, la **place de la Bourse** *(centre C4)* possède un charme indéniable depuis son réaménagement dans le style pépinière, avec alternance d'allées de rhododendrons, buis et érables d'espèces différentes. Bravo à Alexandre Chemétoff, le paysagiste.

🦊 On traverse la rue de la République pour emprunter la **rue de la Poulaillerie**, autrefois appelée la rue Maudite parce que ici résidait Pierre Valdès, fondateur d'une sorte de secte, les « pauvres de Lyon » qu'on appela les *Vaudois* (lire son histoire dans la rubrique « Personnages » des « Généralités », en début de guide).

🦊 Toutes les rues de ce quartier portent des noms de commerces du Moyen Âge : **rues de la Poulaillerie, de la Fromagerie, Grenette** (halle aux grains), **des Bouquetiers** (mais non, pas la rue des boucs, la rue des fleuristes !), **Dubois** (ébénistes), **Tupin** (potiers)... En parlant de commerces justement, les amateurs de boutiques anciennes iront voir la *boutique* « *Cuirs et Peaux* » au 15, rue Tupin. Ouvert uniquement les mercredi, vendredi et samedi de 10 h à 12 h et de 14 h à 18 h. C'est la plus vieille boutique de Lyon, inchangée depuis 1895. Éclairage au gaz (il ne fonctionne plus), vieux comptoir en bois et vitrines d'époque. Fournitures pour chaussures, cuirs pour cordonniers... Plein de produits comme des cirages et graisses des années 1920 et 1930 et quelques martinets pour les enfants pas sages et les lecteurs de Sade. Accueil adorable de M. Baudière.

🦊 Remontons un peu plus au nord pour emprunter à nouveau la **rue de la Poulaillerie**, où, au *n° 13*, se trouve l'excellent *musée de l'Imprimerie* *(centre C4* ; voir plus loin la rubrique « Musées »). On « traboule » par le musée. Dans la cour, on pourra admirer l'escalier à vis, la croisée d'ogives, les fenêtres à meneaux... Sortie au *n° 2 bis, rue des Forces* (c'était des ciseaux de tailleur).

🍴 *L'église Saint-Nizier (centre C4) :* pl. Saint-Nizier. Ouvert le lundi après-midi et du mardi au dimanche de 9 h à 18 h, l'après-midi uniquement en juillet et août. ♿ Entrée gratuite. Construite comme tant d'autres sur plusieurs églises précédentes et dédiée à saint Nizier, évêque de Lyon au VIe siècle. Les premières messes lyonnaises, au tout début de notre ère, furent sans doute célébrées ici. Il est communément accepté, bien que rien ne l'atteste, que c'est en ce lieu que furent recueillies les cendres des grands martyrs chrétiens de Lyon en 177. Bâtie entre le début du XIVe et la fin du XVIe siècle, sa façade révèle un curieux mélange : la flèche de gauche (la plus ancienne) est couverte de briques roses tandis que sa voisine est issue d'une rénovation du XIXe siècle. Curieux, ce portail central à caissons et en cul-de-four, comme on dit aux *Guides bleus*, de style Renaissance, avec alternance de rosaces et de chérubins. L'horloge du XVIIe siècle est couplée avec celle à l'intérieur de l'église. Entrons, justement, pour voir, sur la voûte de la nef, le cadran de cette horloge singulière. Et puisque vous y êtes, profitez-en pour jeter un œil au gothique flamboyant de la *chapelle de la Trinité.* Observer encore la *chapelle Saint-Louis-de-Gonzague,* et notamment la *statue de saint Expédit,* martyr et patron des courses ou causes pressées (c'est pas une blague), ainsi que celle en marbre blanc, dans le transept sud. Il s'agit d'une très belle vierge à l'enfant de Coyzevox. À noter enfin que Saint-Nizier fut un lieu de rencontre important des résistants pendant la guerre. Plus récemment, c'est là que celles qui exerçaient le plus vieux métier du monde, Ulla et ses amies, trouvèrent refuge au milieu des années 1970. Dénonçant pêle-mêle les souteneurs et l'indifférence des services sociaux, les filles de Lyon attirèrent l'attention d'une société qui, depuis des siècles, tolère ce commerce sans se soucier des conditions de vie des professionnelles. Certaines choses évoluèrent, sans pour autant avoir vraiment changé.

🍴 Reprendre la rue de Brest vers le nord et bifurquer à droite dans la *rue du Plâtre.* Au *n° 8,* glissez-vous donc dans cette traboule chic dont la courette est occupée par le resto *Le Passage* (très cher), fréquenté par le show-biz de passage... justement. On ne fera, nous aussi, que passer, pour récupérer la rue de la Ré jusqu'à la place de la Comédie.

🍴🍴 *L'opéra (centre C3) :* sur la place de la Comédie, ce qui n'a finalement rien d'étonnant. Une merveille : de facture classique au départ (1831), plutôt ennuyeuse, il devient trop petit, trop vieux et finalement peu pratique. Les systèmes de sécurité ne sont plus adaptés. En 1985, on décide de le réhabiliter et on organise un concours international, qui sera gagné par Jean Nouvel. Réouverture en 1993 sous le petit nom de l'opéra Nouvel.
Casser du vieux pour du nouveau, certains Lyonnais ont détesté aussitôt, nous, on dit chapeau ! Nouvel conserve le péristyle, les 4 côtés, ainsi que le grand foyer. Comme il faut gagner de l'espace et qu'on ne peut pousser les murs, on creuse et on surélève : résultat, 5 étages en dessous et 6 étages au-dessus de la corniche, et un gain sur le vide grâce également à ce fantastique dôme de verre en demi-cercle. Celui-ci est aussi haut que tout le reste. Quel génie de l'espace ! Ça a l'air tellement évident une fois que c'est fait. Pour les étages en sous-sol, comme on descend largement sous le niveau du Rhône voisin, il peut être nécessaire de pomper. Bon, il faut savoir que le pompage est une activité classique à Lyon, où l'eau est partout. Ici, l'équipe de 10 pompeurs est emmenée par l'ingénieur Shadock, et ils pompent courageusement jour et nuit à la main ou à l'épuisette. Mais n'est-ce pas leur lot ? (Mais non, on rigole !) Sur le plan décoratif, Nouvel a choisi le noir comme unique palette chromatique et le rouge pour l'éclairage... et c'est beau. Il avait le désir de réaliser une sorte de monstre marin dans la gueule duquel on entrerait. C'est réussi. Salle de spectacle en bois noir (balcon et parterre), sol de granit noir d'Afrique. À l'origine, les dalles du péristyle du

foyer du public étaient même lustrées. Mais avec les dames en jupe, cela fit désordre...

Un mot sur l'éclairage et l'éclairagiste. C'est Yann Kersalé (qui fut chargé du renouveau de l'éclairage sur les Champs-Élysées et à la tour de Fourvière) qui fit ici merveille. Tout est rouge, comme le sang d'un corps vivant, d'un corps qui vibre. L'éclairage de la verrière est relié à un système de capteurs d'activité qui mesure l'intensité de l'activité sur la scène et dans la salle. En plein cœur de l'action, la luminosité de la verrière croît donc au maximum. Une fois le spectacle terminé, le rouge pâlit doucement. Merveilleuse idée. Et puis vous aurez noté ces charmantes Muses qui ornent la corniche. Comptons-les : 1, 2, 3... 8. Tiens, il en manque une ! Tout simplement parce qu'Uranie, Muse de l'Astronomie, ne fait pas partie des Arts. Elle n'avait donc pas sa place à côté de ses copines. Elles furent refaites en fonte lors de la restauration, puis recouvertes de silicone pour donner l'aspect de la pierre. Des Muses siliconées !

Dans la grande salle (1 100 places) et l'amphithéâtre de l'opéra (200 places), programme très attractif et varié. ☎ 04-72-00-45-45. Fax : 04-72-00-45-46. ● www.opera-lyon.com ● ♿ Chaque année, 30 ballets, 50 opéras et 200 concerts ! Certains spectacles sont gratuits. On s'y rend sans avoir obligatoirement réservé. Jazz un samedi par mois et musiques du monde un vendredi par mois (de 8 à 15 €) ; ballets (de 10 à 30 €) ; opéras (de 5 à 80 €) ; ateliers pour enfants. Jusqu'à 28 ans, tous les spectacles sont à moins de 8 €.

🎭🎭🎭 **La place des Terreaux** (centre C3) : qu'est-ce qu'un terreau ? Il s'agit d'un fossé longeant les fortifications séparant autrefois la presqu'île de la Croix-Rousse. Il fut comblé au XVIe siècle afin d'en faire une place publique où se tenaient le marché aux porcs ainsi que les exécutions capitales. Durant la Révolution, c'est là qu'on installa la guillotine. Là encore, voici une place qui a fait peau neuve grâce à Michel Noir en 1994. C'est l'architecte lyonnais Christian Drevet qui restructura l'ensemble et utilisa les services de Daniel Buren. Pas évident de refaire une place sur laquelle trône déjà une merveille de fontaine. Le choix s'est porté sur un sol de granit noir jalonné de bandes blanches semblant suivre au sol le rythme des pilastres du palais Saint-Pierre (actuel musée des Beaux-Arts).

La vraie bonne idée conceptuelle (nom d'un chameau, qu'on a du vocabulaire !), ce sont les 69 fontaines débordantes au ras du sol et illuminées à la fibre optique qui quadrillent la place. Un vaste espace d'où la voiture a été heureusement chassée pour faire place à la déambulation pédestre. Mais tout cela sait se faire discret et n'est là que pour honorer cet ouvrage superbement dynamique, étonnamment moderne qu'est la **fontaine Bartholdi,** réalisée à l'origine pour la ville de Bordeaux qui n'eut pas les moyens de l'acheter. C'est donc Lyon qui emporta le morceau en 1892. Initialement situé au centre de la place, ce chef-d'œuvre de plomb martelé fut plusieurs fois déplacé avant de se poser définitivement là où il est. Pour Bordeaux, la fontaine était une allégorie de la Garonne allant fougueusement jeter ses eaux à l'océan. Pour Lyon, la dame sur le char représente tout simplement la France tirée par ses quatre grands fleuves. Superbe mouvement fougueux de cette équipée sauvage qui semble se libérer du roc. On a vraiment le sentiment que le char va avancer. Observer les sabots des chevaux, légèrement palmés, tels d'impossibles monstres marins. La fontaine trouva sa place définitive lors du réaménagement de la place, dans le sens de l'écoulement du Rhône et de la Saône.

🎭🎭 **L'hôtel de ville** (centre C3) : salut Gérard ! Édifié au milieu du XVIIe siècle, il brûla en bonne partie deux ans après la fin des travaux, puis fut réhabilité et repensé dans ses proportions actuelles au début du siècle suivant par Jules Hardouin-Mansart, l'architecte de Versailles. Style classique, avec au pinacle un Henri IV ajouté au XIXe siècle en lieu et place d'un Louis XIV qui subit les foudres de la Révolution. Beffroi élégant avec horloge et carillon et, au-dessus, une boule mi-dorée mi-noire qui est censée tourner et indiquer les phases de la lune. Bon, franchement, nous, nous ne l'avons jamais vue bouger. De part et d'autre, encore l'homme et la femme, le Rhône et la Saône. Les vertus cardinales trônent au sommet des pavillons latéraux (Vérité, Justice, Prudence et Force). Pendant la Révolution, c'est ici que siégeait le tribunal. En fonction du verdict, les accusés se dirigeaient soit vers les caves nord s'ils étaient graciés, soit vers les caves sud s'ils devaient être coupés en deux. Au début, on les décapitait en place publique, puis la cadence fut si élevée qu'on finit par se contenter de les fusiller dans la plaine des Brotteaux.

Sur le flanc sud de la place, le *palais Saint-Pierre,* qui abrite le *musée des Beaux-Arts,* entièrement rénové, un des musées majeurs du pays (*centre C3;* voir plus loin la rubrique « Musées »). Les fans de parkings souterrains iront jeter un œil à celui situé sous les Terreaux (entrée au 23, place des Terreaux), dont la conception artistique est signée Matt Mullican. Simplicité, éclairage soft et apaisant (c'est flippant un parking), baigné de musique classique. Des dalles de granit gravées évoquent sur 7 niveaux 7 étapes de la construction de la ville. À l'entrée, fichés dans le sol, quelques objets provenant de fouilles. Un parking-musée. Bonne idée ! Glissons-nous derrière la place par la rue Sainte-Catherine qui se poursuit par la rue de la Martinière, jusqu'au bout, jusqu'à la Saône.

🎥 **Le mur peint des Lyonnais** *(centre C3) :* 2, rue de la Martinière (dans le prolongement de la rue Sainte-Catherine). Répertorie un beau bouquet de Lyonnais célèbres, mais nul doute que certains ont dû faire la tête de ne pas voir la leur en peinture. Ça va de l'abbé Pierre à Bernard Pivot, de Laurent Mourguet à Bertrand Tavernier, de Bocuse à Bernard Lacombe, de l'empereur Claude à Frédéric Dard...

🎥 **Le mur peint de la Bibliothèque de la cité** *(centre C3-4) :* sur le quai de la Pêcherie, à l'angle de la rue de la Platière. Si ce n'est pas le plus inspiré, on y jettera malgré tout un œil puisqu'on passe devant. Axé sur les écrivains de la région Rhône-Alpes, parmi lesquels on reconnaîtra Elsa Triolet, Rabelais, Bernard Clavel, Tardi...

🎥 **Le quai de la Pêcherie** *(centre C3-4) :* en étroite logique avec l'histoire du quartier, on y trouve des bouquinistes, ouverts essentiellement l'après-midi. Suivons le quai jusqu'à la place d'Albon et empruntons la rue Mercière.

🎥 **La rue Mercière** *(centre C4) :* la partie la plus intéressante de cette rue se situe au sud de la rue Grenette. C'est la seule concentration de façades Renaissance (XVIe et XVIIe siècles) dans la presqu'île. Troisième grande mangeoire de la ville avec les rues Saint-Jean et des Marronniers (il n'y a quasiment que des restos). On observera surtout les maisons côté Saône. La rue Mercière était très logiquement la rue des marchands (*via Mercatoria*) et, aussi curieux que cela puisse paraître aujourd'hui vu son étroitesse, c'était l'axe principal qui reliait les deux seuls ponts que Lyon compta pendant des siècles. Nous sommes là au centre du foyer de l'imprimerie qui éclot à Lyon à la fin du XVe siècle. Une bonne quarantaine d'imprimeurs mais aussi enlumineurs, relieurs, cartiers, dominotiers avaient leurs ateliers ici. Le vin, les armes, les épices, les draps et plein d'autres articles s'y échangeaient dans une joyeuse animation. Malheureusement, la rue reçut dans sa partie nord, dans les années 1970, les foudres dévastatrices de Louis Pradel, l'ami du béton. Et il n'y alla pas de main morte. Seule une partie de rue fut épargnée. Il y a à peine deux décennies, c'était encore la rue la plus « chaude » de la ville, avec son chapelet de péripatéticiennes. « Nettoyée » au moment de sa restauration, elle est alors devenue une rue consacrée à d'autres plaisirs, ceux de la bouche (quoique la qualité ne soit pas forcément au rendez-vous...). À l'angle de la rue Ferrandière, le bel *hôtel*

À VOIR

Cardon, au décor raffiné, ayant appartenu à l'un des plus puissants libraires lyonnais, qui se spécialisa dans l'édition d'auteurs jésuites espagnols.

🚶 On « traboule » par le n° 56, rue Mercière, dans l'allée marchande. Sortir *quai Saint-Antoine* et pénétrer immédiatement au *n° 27* par le couloir voûté. Au fond de la cour, deux niveaux de loggias ouvertes, l'escalier à vis et les fenêtres à meneaux, ainsi que la trace d'un ancien puits, le tout typique du XVIᵉ siècle. Essayer ensuite de pénétrer au *n° 29.* Au bout du couloir apparaît la porte d'entrée intacte d'un des théâtres de Guignol de Laurent Mourguet. Il était installé dans l'ancienne chapelle du couvent des Antonins. Petite histoire cocasse : ce couvent s'occupait des malades atteints du « mal des Antonins » ou « mal des ardents », sorte de gangrène transmise par l'ergot de seigle. Louis XI leur avait octroyé le privilège royal d'élever des porcs et de les laisser vagabonder toute la journée dans les rues. Mais ça puait tellement qu'ils finirent par se friter chaudement avec les gens du quartier, puis par se faire tout simplement expulser au XVIIIᵉ siècle. La charité a ses limites.

🎭🎭 **Le théâtre et la place des Célestins** *(centre C4) :* « aux Célestins », comme disent les Lyonnais, un merveilleux théâtre à l'italienne, lieu incontournable, ancré dans la ville depuis 200 ans. Un somptueux écrin qui a accueilli les plus grands, porté de plus jeunes, de tous styles et de tous crins. Le deuxième théâtre de France après la Comédie-Française peut aussi se visiter avec l'office de tourisme, c'est l'occasion assez unique de pénétrer dans le foyer des artistes, puis de fouler la scène l'espace d'un instant. Le théâtre devrait rouvrir début 2005 (se renseigner). Des travaux ont été entrepris pour le rendre plus fonctionnel (création d'une salle de répétition, rafraîchissement de la grande salle, rénovation de la cage de scène, informatisation et motorisation de la machinerie). Ils doivent s'étaler, *a priori,* sur un an. Scène construite exactement à l'emplacement du chœur de l'église des moines Célestins, la boucle est bouclée. La place, comme beaucoup d'autres de la ville, a subi un chouette lifting. Toute de plancher revêtue, elle a un côté chaleureux et tranquille. Au centre, un curieux objet. C'est un périscope qui permet de jeter un œil à ce qui se passe en dessous. Et en dessous, c'est un étonnant parking conçu et réalisé par Michel Targe et Daniel Buren, le plus beau de la ville. Aussi curieux que cela puisse paraître, on ne peut que vous conseiller d'aller y faire un tour tellement il est original et tout simplement beau (ascenseur sur la place). C'est une sorte de spirale ajourée d'alvéoles, autour d'un puits central, avec au fond un grand miroir incliné qui tourne au rythme des véhicules qui montent ou descendent sur fond de musique classique. Il y a de la graine de génie là-dedans. Garer sa bagnole devient presque ludique.

LE QUARTIER DE LA CROIX-ROUSSE

🎭🎭🎭 Tout débute avec l'ancien village gaulois de Condate, dont le nom signifie confluent, puisque c'est à ses pieds que le Rhône et la Saône se rencontraient. Les Romains y avaient édifié un amphithéâtre dont on peut encore voir les ruines. Puis plus grand-chose pendant un paquet de siècles. La véritable naissance de ce quartier couvert de bois, puis saupoudré de quelques clos religieux, a lieu avec le renouveau de la soierie au début du XIXᵉ siècle. La Croix-Rousse se caractérise alors par un habitat particulier : les immeubles de canuts, destinés à accueillir les nouveaux métiers Jacquard qui nécessitent plus de 4 m sous plafond et des traboules pour raccourcir les trajets à travers les immeubles, économiser l'espace et protéger les rouleaux de soie. On quitte alors les autres quartiers devenus inadaptés (Saint-Georges et la Guillotière, notamment) pour s'installer sur les pentes. Près de 50 000 personnes travaillent dans ou autour des métiers de la soie au milieu du XIXe siècle. Ces logements populaires et fonctionnels sont aujourd'hui prisés par la bourgeoisie branchée, et le quartier est devenu à la mode, sans perdre toutefois son côté village. Pour mieux s'en imprégner, lire avant la balade notre texte consacré à l'histoire de la soierie à Lyon, « Les soyeux de Lyon » dans les « Généralités » en début de guide.

BALADE DANS LE QUARTIER

Le secteur peut schématiquement se diviser en deux parties distinctes : les pentes et le plateau. Le boulevard de la Croix-Rousse en constitue la frontière. Notre balade débute sur la place de la Croix-Rousse, au métro du même nom. Explorons d'abord un peu le plateau, moins prisé des touristes, mais qui possède malgré tout un charme désuet, avant de dévaler les pentes. Ceux qui n'ont que peu de temps feront l'impasse sur le plateau et préféreront directement s'attaquer aux pentes, où se concentre toute l'histoire des canuts.

Le plateau de la Croix-Rousse

🏃🏃 Le plateau était autrefois habité par une petite population rurale (chacun y cultivait son petit lopin de terre). Situé en dehors des limites de la ville, l'endroit était peu peuplé. En voici quelques jalons. Départ de la place de la Croix-Rousse.

🏃 *La Grande-Rue-de-la-Croix-Rousse* (plan général C1-2) : bordée par de modestes maisons des siècles passés, toutes simples : au *n° 1,* le **passage Dumont,** étroit et sympa, banal et typique à la fois ; au *n° 11,* petite traboule avec courette et balcon vieillot.

🏃 La *Maison des Canuts* ayant fermé (elle pourrait être rachetée par la ville de Lyon, mais rien n'est encore fait). Il est possible de visiter différents ateliers de tissage traditionnel, animés par d'anciens tisseurs et par des professionnels, grâce à l'association **Soierie Vivante** *(plan général C1) :* 21, rue Richan, 69004. ☎ 04-78-27-17-13. Ouvert le mardi de 14 h à 18 h 30 et du mercredi au samedi de 9 h à 12 h et de 14 h à 18 h 30. Tarif : 3 € par atelier. Visite commentée, sur réservation uniquement. Compter une demi-heure. Achats de soieries à la boutique de l'association (même adresse, mêmes horaires).

🏃 Au *n° 77* de la **Grande-Rue-de-la-Croix-Rousse** (plan général C1), emprunter l'impasse au bout de laquelle on découvre un gentil cinéma des années 1920, avec une petite cour d'école juste derrière. Pour les amoureux de la dernière séance. Deeemandez le prograaamme ! ☎ 04-78-39-81-51. Au *n° 81,* on devine, quand la porte est ouverte, une vieille cour de ferme.

🏃 *Le jardin Rosa-Mir* (plan général C1) : 87, Grande-Rue-de-la-Croix-Rousse. ☎ 04-78-39-26-28. Ouvert d'avril à novembre le samedi de 15 h à 18 h. Visite gratuite. Il était une fois un dénommé Jules Senis-Mir, d'origine espagnole, et qui, fuyant l'Espagne franquiste, devint maçon à Lyon. Un jour, il tombe malade et fait le vœu, en cas de guérison, de construire un jardin en l'honneur de sa mère. Il guérit et durant 25 ans construit ce modeste jardin minéral à la façon du facteur Cheval. Mais comme c'est plus petit et plus modeste, on dira que c'est plutôt le facteur Poney. Il récupère tout ce qui peut l'être : pierres de Couzon, calcaire blanc, galets, coquillages... pour élever des pylônes, des bordures, une minuscule grotte à la Vierge. Amusant, émouvant lorsqu'on connaît l'histoire, kitsch et sympathique.

🏃 *La place Joannès-Ambre* (plan général C1) : elle abrite le théâtre de la Croix-Rousse, typique de l'architecture des années 1930. Sur la gauche de la place, sous le *Crédit mutuel,* une traboule contemporaine sous un immeuble moderne qui permet de gagner la croix qui a donné son nom au

A VOIR

quartier, une simple croix au centre d'un petit carrefour, refaite récemment mais déjà présente au XVIe siècle. Sur la place, juxtaposition des modestes maisons des siècles passés avec les constructions récentes. Pas particulièrement palpitant, mais c'est l'ancien cœur historique de la Croix-Rousse.

🎥🎥 *Le mur des Canuts* *(plan général B-C2) :* à l'angle de la rue Denfert-Rochereau et du boulevard des Canuts, dans un quartier plutôt moderne, tranquille et populaire. Certainement un des murs peints les plus réussis. Hyperréaliste, avec des gens qui bossent, des gens qui passent, d'autres qui regardent les premiers bosser et les autres passer. Belle intégration de la perspective. On devine, de-ci de-là, les mécènes de l'œuvre habilement remerciés.

Les pentes de la Croix-Rousse *(plan général B-C3)*

🎥🎥🎥 Ce quartier possède quelque chose de mythique et son histoire récente mérite d'être racontée, au même titre que son brillant passé (voir « Les soyeux de Lyon » dans la rubrique « Histoire » des « Généralités », en début de guide), afin que la balade que nous vous proposons fasse le lien entre hier et aujourd'hui. D'ailleurs, la population d'autrefois n'est pas sans relations avec les néo-Croix-Roussiens, travailleurs indépendants eux aussi. De tradition populaire jusqu'à l'après-guerre, les pentes recevront une population immigrée au cours des années 1960. C'est à cette même époque que l'on développe en France une certaine approche hygiéniste de l'habitat. C'est l'heure des salles de bains, des frigos pour tous et du chauffage central. C'est aussi souvent l'heure de « nettoyer » en douceur un quartier, de pousser gentiment les moins nantis dehors, parfois même sans le calculer vraiment.

Les années 1970 correspondent, ici comme ailleurs, à une mauvaise période, celle des grandes vagues de démolition aveugle (comme le haut de la montée de la Grande-Côte et de ses jardins). Il faut attendre 1975 pour que soit inventée la réhabilitation. Changement de politique, donc (c'est l'après-Pradel) : on arrête les destructions sauvages et on revitalise, on réhabilite. On ne sait pas encore trop comment s'y prendre, alors on tâtonne. Mais on a le souci de bien faire. On décide en tout cas qu'après les réhabilitations, on doit s'arranger pour reloger la même population qu'avant les travaux. L'absence à cette période d'opérateurs immobiliers aux longues dents permet de mettre ce programme en œuvre sans trop de heurts.

Mais ce qui devait arriver arriva au début des années 1980 et se poursuivit durant toute la décennie : une spéculation foncière forte (qui touchera d'ailleurs Lyon dans son ensemble et toutes les grandes villes) s'abat sur le quartier. La loi Malraux, qui a pour principale finalité la conservation du patrimoine architectural français, attire les investisseurs spéculateurs dans ce quartier historique comme dans bien d'autres. Abus, pressions, début de déplacements dus à l'inflation des loyers après réhabilitation... Ce fut la décennie la plus sombre pour le tissu social croix-roussien.

Heureusement, sous Noir, une charte de la réhabilitation est mise en place et signée en 1991 ; elle comporte trois grands aspects : le respect du patrimoine, le respect des techniques de réhabilitation et le maintien du tissu social par une modération des loyers. Pari tenu et, semble-t-il, plutôt réussi. Et ce, grâce à la volonté de tous les partenaires évidemment, mais aussi grâce à des facteurs inhérents à la Croix-Rousse. Les immeubles du quartier offrent en effet une large palette d'appartements correspondant à une demande et à des bourses très variées. On trouve, par exemple, un fond de population âgée qui n'a jamais quitté le quartier – qui, de fait, va cependant être amenée à s'éteindre peu à peu – mais aussi une jeune population branchée d'artistes, de créateurs et d'étudiants, sans oublier le jeune couple plutôt à l'aise financièrement et qui trouve ici un côté village, une ambiance bohème pas faits pour lui déplaire. Contrairement aux immeubles hauss-manniens parisiens où les bonnes étaient tout en haut et les riches dans les appartements cossus des étages bas, ici les lofts lumineux avec vue démente se trouvent tout en haut et les petits deux-pièces sans lumière sur la cour au rez-de-chaussée. Ainsi les prix des loyers dans un même immeuble varient de manière importante. La mixité sociale s'impose presque par la loi du marché. La cohabitation de ces différentes populations (vieux, jeunes cadres, maghrébins, artistes...) n'est pas sans tourner parfois à la confrontation, mais c'est aussi ça, la richesse des pentes. Un quartier qui a beaucoup bougé ces dernières années et qui n'en finit pas de se reconstituer. Mais ceux qui y vivent l'ont choisi. On n'habite pas les pentes par hasard.

Sur le plan de l'activité économique, malheureusement, le bas des pentes a subi ces dernières années un choc assez important. On assiste à la fermeture de nombre de petites boutiques de confection dans ce qu'il convient d'appeler le Sentier lyonnais (rues Romarin, Saint-Polycarpe, des Capucins) et, de manière générale, à la paupérisation de l'activité diurne. L'augmentation de l'activité nocturne en retour (selon le célèbre principe des vases communicants) provoque quelques tensions, notamment dans la rue Sainte-Catherine. Les nouveaux objectifs : mixité sociale, développement de nouveaux pôles économiques (travailleurs indépendants, consultants, architectes, designers... bref, les nouveaux canuts du XXIe siècle), rééquilibrage de l'activité diurne... Et pendant les travaux de réhabilitation toujours en cours (la montée de la Grande-Côte est encore en chantier), la vie continue. Les acteurs sociaux des pentes travaillent toujours à trouver une définition plus stable à ce bout de quartier historique en plein chamboulement, afin qu'il trouve une vraie place dans la ville et qu'il soit mieux relié à celle-ci... par un fil de soie, solide et invisible.

■ *Vivantes les Pentes :* 11, pl. Croix-Paquet. ☎ 04-72-10-10-10. Ⓜ Croix-Paquet. Ouvert du lundi au vendredi aux heures de bureau. Sont réunis ici trois services de la ville et de la communauté urbaine du Grand Lyon, chargés d'impulser et d'accompagner les opérations d'aménagement urbain et de développement social et économique des pentes de la Croix-Rousse. Pousseront la porte ceux qui s'intéressent aux projets en cours ou futurs du quartier. Des parcours touristiques viennent d'être ouverts, et l'association édite une plaquette d'infos sur les artisans et créateurs des pentes de la Croix-Rousse.

⚒ *La place de la Croix-Rousse* *(plan général C2)* **:** dominée par la statue de Jacquard (inventeur d'un système de métier à tisser qui révolutionna le travail des canuts), elle constitue le lieu où se croisent le boulevard et la grand-rue du même nom, et où se tient un marché particulièrement animé et sympathique. Nous sommes au cœur de ce quartier à l'atmosphère laborieuse, ancien bastion des canuts, ces ouvriers-tisserands de la soie et précurseurs des mouvements prolétaires du milieu du XIXe siècle, avant de quasi disparaître, tués par le progrès technologique.

⚒ Prendre le ***boulevard de la Croix-Rousse*** vers l'est jusqu'au ***gros caillou*** *(plan général C2)*. Quelques mots sur ce boulevard pour rappeler qu'il fut percé au milieu du XIXe siècle, sur l'emplacement des anciens remparts qui protégeaient la ville et qui furent détruits après l'annexion de la Croix-Rousse par Lyon en 1852. Ce gros caillou n'est rien d'autre qu'un bloc erratique du quaternaire, trimbalé ici depuis le Jura par les glaciers qui façonnèrent le site de Lyon. En 1890, en creusant le tunnel pour l'installation de la ficelle, les ouvriers furent gênés par ce rocher voyageur. Débordant d'imagination, ils l'appelèrent le gros caillou. Ne sachant qu'en faire, on l'installa sur ce promontoire.

À VOIR

🕯 Descendre la **rue des Pierres-Plantées** *(plan général C2)* jusqu'à la rue du Bon-Pasteur. Depuis le promontoire qui surplombe le jardin, vue extraordinaire sur Saint-Jean, la colline de Fourvière et la côte, saccagée dans les années 1975. Petite incursion **rue du Bon-Pasteur** pour jeter un œil inquisiteur à l'impasse du même nom, au *nᵒ 49 (plan général C2)*. Adorable écrin populaire et bucolique où quelques arbres font bon ménage avec les immeubles. Un brin de poésie urbaine.

🕯🕯🕯 *La place Colbert (plan général C2-3) :* admirable point de vue sur le Crayon et la Part-Dieu. Au premier plan, sur la droite, l'ancien couvent des Colinettes, aujourd'hui célèbre *Cercle Villemanzy,* qui reçoit aussi bien les chercheurs que les touristes (voir « Où dormir ? »). La place abrite quelques immeubles de canuts, avec leurs grandes fenêtres et leurs stores à jalousies en bois, décorées sobrement de lambrequins festonnés. Il n'y avait jamais de volets car les fenêtres sont si proches les unes des autres qu'il n'y a pas d'espace pour en installer.

🕯🕯🕯 Au *nᵒ 9,* pénétrer dans l'immeuble (si un locataire obligeant vous laisse passer, car la société des HLM a installé un digicode) pour admirer la célèbre **cour des Voraces** *(plan général C3).* Une des images les plus connues de Lyon quand on parle traboules. Exceptionnel escalier droit à la française du milieu du XIXᵉ siècle, avec ses galeries à rampes en fer forgé. La pierre grise, le pilier central, l'austérité du milieu lui donnent un aspect comment dire... particulier. Très bel équilibre. Au-delà de l'esthétique, les Voraces revêtent une importance historique. On dit que ce fut l'un des principaux foyers d'insurrection des canuts en 1831 et 1834. L'endroit abritait également les réunions d'une société secrète, les Voraces, créée au milieu du XIXᵉ siècle et qui fut mêlée à la révolution de 1848. Noter la sobriété des façades. L'accent était mis sur la fonctionnalité et la lumière (grandes fenêtres). Aujourd'hui, cette cour a été réhabilitée par l'association *Habitat et Humanisme,* créée par le père Bernard Devert. Tout a été restauré, mais les habitations restent bon marché. On a veillé à ce que le mélange social et racial soit respecté, comme c'était le cas avant la réhabilitation. Bravo ! Descendre les marches dans la cour tout en bas. On débouche dans une ruelle que l'on prendra à gauche vers les **jardins Villemanzy.** Vue sur la Part-Dieu et, juste en dessous, au premier plan, l'enchevêtrement, brouillon et harmonieux à la fois, des édifices qui bordent le Rhône.

🕯 « Trabouler » à nouveau au *nᵒ 14* de la **montée Saint-Sébastien** et sortir au *29, rue Imbert-Colomès* ; prendre à droite pour croiser la **rue Pouteau.** Jeter un œil aux escaliers qui composent toute cette rue. On note que la plupart des rues de la Croix-Rousse sont très en travers de la pente, et à faible déclivité. En effet, les trop fortes pentes empêchaient les carrioles chargées de marchandises de gravir les collines. Seuls les escaliers et les traboules « coupent le fromage ». On s'imagine aisément les hommes de peine des canuts, les rendeurs – sans doute appelés ainsi parce qu'ils se « rendaient » d'un point à un autre – portant les lourds rouleaux de soie de la fabrique jusqu'aux Terreaux où résidaient les négociants.

🕯 Toujours *rue Imbert-Colomès (plan général C3),* au *nᵒ 8,* la minuscule **rue Caponi,** la rue la plus étroite de la ville, où un gros malin, lors de notre passage, avait graffité un sympathique « interdit aux camions ». Lever les yeux pour observer les vieilles jalousies de bois. Il paraît qu'il ne reste qu'un seul réparateur à Lyon de ces fines lamelles. On croise la **montée de la Grande-Côte** qui possède deux visages : à droite, la partie détruite sous Pradel et, à gauche, la section conservée dont on poursuit la réhabilitation.

🕯 Continuer tout droit par la **rue Neyret.** Au *nᵒ 37,* porte voûtée du XVIIᵉ siècle et un peu plus loin l'**église du Bon-Pasteur** (1876), bordée par la charmante montée Neyret. Pas beaucoup d'intérêt architectural. Même les curés n'en veulent plus ! Elle est fermée au culte et louée aujourd'hui par les étudiants des Beaux-Arts. On revient un peu sur nos pas pour emprunter la première à droite.

🏃🏃 Dans le virage, vue plongeante sur l'*ancien amphithéâtre des Trois-Gaules (plan général C3)*, construit en 19 av. J.-C. pour réunir les représentants des tribus gauloises. Il s'y déroulait des jeux, de terribles combats de gladiateurs, des fêtes populaires mais aussi des exécutions. N'est-ce pas ici même que les premiers chrétiens furent martyrisés ? La légende raconte que sainte Blandine fit partie du lot en 177. Et c'est bien connu, la légende a toujours raison. Le poteau dressé au centre de l'ovale rappelle ce tragique épisode de l'histoire de la cité. C'est aussi là que le « gentil » Caligula fit assassiner son cousin Ptolémée. Il ne reste rien des gradins ni des murs d'enceinte qui devaient ressembler au Colisée de Rome, en plus petit évidemment. Même l'ovale a été en partie amputé par l'urbanisation. De là, belle vue sur Fourvière et, dans une percée, sur les flèches de Saint-Nizier et l'hôtel-Dieu.

🏃 Allez, on récupère la *montée de la Grande-Côte (plan général C3)* qu'on... descend. On croise la *rue des Tables-Claudiennes* où furent trouvées les célèbres plaques aujourd'hui visibles au musée de la Civilisation gallo-romaine (voir plus loin la rubrique « Musées »). Au coin de la rue, sur la droite, vos yeux de poète n'auront pas manqué de se poser sur une vieille pub peinte : « Votre santé par les plantes », nous affirme-t-on ! « Pour maigrir, pour grossir, pour dormir, pour le sang, pour le foie et pour les cheveux... », un vrai programme électoral ! Peut-être la réhabilitation prévue conservera-t-elle ce petit bout de nostalgie urbaine. Poursuivons l'exploration de cette rue qui a gardé son charme ancien. Oh ! pas grand-chose, un chapelet de petits riens : un coiffeur pour dames qui n'attend plus personne face au n° 63. Au n° 65, les occupants doivent bénéficier d'un étonnant microclimat qui leur permet de faire pousser aux fenêtres citronniers et orangers, et où se plaisent oiseaux de paradis et colombes... en plastique. Plein d'humour. Au n° 71 bis, façade avec quelques éléments de bois.

🏃 À gauche, prendre la *rue Burdeau (plan général C3) :* au n° 26, façade typique avec jalousies. Juste après le n° 30, *passage Thiaffait*, « trabouler » et descendre. Courette. On re-« traboule ». Re-courette. En face, jolie fenêtre à meneaux du XVIIᵉ siècle avec les voûtes de l'escalier droit qu'on aperçoit à travers les fenêtres. Re-passage voûté et sortie au n° 17, *rue René-Leynaud.* Se retourner : superbe façade bien rénovée avec fenêtres à meneaux, ondulant légèrement sous le poids des ans. De l'autre côté de la rue, même chose. En face, au n° 12, il y a encore à regarder. Dans la courette, ensemble d'immeubles qui ondulent symétriquement.

🏃 Continuer vers l'*église Saint-Polycarpe (plan général C3),* avec son impressionnante et pompeuse façade du XVIIIᵉ siècle, ajoutée un siècle après sa construction et très bien éclairée le soir. Elle fut canardée par les révolutionnaires. Des impacts de boulets sont encore visibles sur le pilastre cannelé de droite.

🏃 S'engouffrer dans la rue de l'Abbé-Rozier, juste en face, puis à gauche la *rue Donnée.* « Trabouler » au n° 4 (classique) et sortir au n° 19, *rue des Capucins.* On pénètre là dans le quartier des soyeux (les revendeurs de soie, pas ceux qui la fabriquent). Articulation logique, c'est aujourd'hui le quartier du prêt-à-porter. Au bout de la rue, se diriger vers la place Croix-Paquet, au bas de la montée Saint-Sébastien. Au n° 5 de cette montée, allez hop ! on « traboule » à nouveau pour découvrir la *cour des Moirages,* où subsistent encore plusieurs ateliers de confection. C'était l'emplacement de l'ancien couvent des Feuillantines, dont le rez-de-chaussée de certains édifices a conservé les voûtes. Dans les étages, toujours les fenêtres très hautes et étroites. Après la cour, avant le porche de sortie, sur la gauche, pousser la porte (si elle n'est pas verrouillée) et admirer le splendide escalier droit du XVIIᵉ siècle, faisant partie du couvent des Feuillantines (normalement en cours de réhabilitation). Sortir par la petite rue des Feuillants qu'on suivra par la droite, puis la rue du Griffon sur la gauche.

🗲 *La place Louis-Pradel (centre C-D3) :* sculptures modernes et fontaine avec une phrase laconique : « Permets m'amour penser quelque folie. » Place joliment aménagée avec degrés et cours d'eau.

🗲 Filons *rue Désirée (centre C3),* bordée d'immeubles essentiellement du XVIIᵉ siècle, et empruntons la sulfureuse *rue Sainte-Catherine,* une des plus populaires de la ville pour les bars. Chaud devant en fin de soirée ! Au nᵒ 13, belle porte de chêne. En face, au nᵒ 12, imposte élégante. Poussez la porte pour « trabouler ». Dans la cour, avez-vous remarqué la grille qui peut laisser passer les individus mais pas les balles de soie ? Un système antivoleurs, en quelque sorte ! Sortir place des Terreaux, juste derrière la fontaine Bartholdi.

🗲 *L'atelier de Soierie (plan général C3) :* 33, rue Romarin, 69001. ☎ 04-72-07-97-83. Fax : 04-78-28-61-84. Ouvert du lundi au samedi de 9 h à 12 h et de 14 h à 19 h. Entrée et démonstration gratuites. Le seul atelier d'impression traditionnelle à la lyonnaise. Il s'agit de sérigraphie sur soie, d'impression au cadre. Possibilité de voir le travail en direct. Explications sur cette technique mise à la mode dans les années 1920. À l'étage, atelier de peinture à la main sur velours, mousseline ou soie, et point de vente. 10 % de réduction sur présentation du *GDR.*

🗲 Pour achever la visite du quartier des canuts, allez donc faire un tour *place Rouville,* au nᵒ 5, pour admirer la *maison Brunet (plan général B3),* maison de canuts typique, édifiée en 1825. Très haute, très vaste, elle semble dominer les pentes et la Saône. Elle joua un rôle important lors de la révolte des Canuts, où elle devint un véritable camp retranché. La garde ne put déloger les irréductibles, pourtant assiégés comme dans une forteresse. L'édifice reprend tous les éléments de la cosmologie et revêt ainsi un caractère particulièrement symbolique : 4 portes cochères, une pour chaque saison, 7 étages pour les jours de la semaine, 52 appartements rappelant les semaines, et 365 fenêtres en tout pour tous les jours de l'année. Dans chaque appartement, plusieurs métiers à tisser.

🗲 À propos, et pour en finir avec les canuts, on a un très bon point de vue sur un de leurs immeubles depuis la *passerelle Saint-Vincent (plan général C3),* celle-là même qu'empruntait, matin après matin, le Petit Chose de Daudet pour enjamber la Saône. Avant d'entrer dans le vieux Lyon, remarquer les anneaux d'amarrage le long des quais. Vous seriez venu à Lyon au XIXᵉ siècle, vous seriez certainement arrivé par bateau. De la passerelle, merveilleuse vue sur les quais de Saône et le vieux Lyon juste en face.

À voir encore dans la Croix-Rousse

🗲🗲🗲 *Les Subsistances (plan général A3) :* 8 bis, quai Saint-Vincent, 69001. ☎ 04-78-39-10-02. Fax : 04-78-30-46-35. ● www.les-subs.com ● Entrée libre. Cette initiative récente, mêlant la force d'un patrimoine à la création artistique contemporaine (sous de multiples formes), vaut absolument le détour. Ancien couvent de Sainte-Marie-des-Chaînes au XVIIᵉ siècle, grenier militaire au XIXᵉ, les Subsistances, alors dédiées à Dieu puis à l'Armée, occupent aujourd'hui un espace entièrement consacré à la culture et à l'art : 22 500 m² où l'on retrouve, à travers les nombreux bâtiments, ce qui fut autrefois le cloître, l'orangerie, les moulins, la boulangerie, l'entrepôt de stockage, etc. Le lieu, magnifique, est placé sous le signe de « l'accueillance » : accueil des artistes, logés dans les anciennes chambres des sœurs (auxquelles on accède par un escalier monumental de style Louis XIV) ;

accueil du public, invité à venir assister à tout type de spectacles et de performances. Posée au bord de la Saône, cette friche municipale au service des artistes est tout autant un laboratoire d'idées qu'un espace d'échanges. En soutenant ainsi l'ensemble de la création artistique, la ville de Lyon (par l'intermédiaire de Denis Trouxte, adjoint à la Culture sous Raymond Barre), à l'origine du projet, innove complètement.

Les explorations des artistes, dans des domaines très variés, aboutissent à des rendez-vous publics : débats, chantiers, performances ou spectacles. Des ateliers sont régulièrement organisés : visite guidée le 1er samedi du mois à 16 h ; rencontre d'artistes le 2e mercredi du mois, etc.

🔲 Enfin, dans cette ville où la gastronomie est aussi un art, il ne pouvait pas ne pas y avoir de restaurant. Logé dans un ancien bâtiment de stockage, ce dernier se tourne néanmoins vers le monde (et vers la Saône !). On n'en attendait pas moins pour un tel endroit. Ouvert tous les jours midi et soir jusqu'à 23 h, *Le Cosmos* (☎ 04-78-39-40-98) vous propose donc des cuisines du monde. Inutile d'en ajouter encore sur le cadre.

SUR LA RIVE GAUCHE

Le quartier de la Part-Dieu (plan général F4)

🍴 Sur la rive gauche du Rhône s'étend un vaste secteur – on emploie le mot secteur car il est difficile d'appeler cet endroit un quartier – qui ne fut rattaché à Lyon qu'en 1852. Il est longtemps resté rural avant d'être comme happé par la ville. L'histoire lui donne deux sérieux coups d'accélérateur : le premier au milieu du XIXe siècle, avec la construction d'une caserne (on avait sacrément peur des insurrections populaires à cette époque) et le développement d'un quartier résidentiel qui provoque le reflux d'un vieux tissu populaire et ouvrier. Le second bouleversement aura lieu dans les années 1960 et 1970, où l'on transformera la majeure partie de cet espace, après la destruction de la caserne, en une ZAC froide et méchante. Plateforme administrative, commerciale et financière. Bref, ça ne rigole pas. Un projet urbain dans lequel l'humain perd sa place, paumé qu'il est dans ce dédale de niveaux, de places sans queue ni tête, d'immeubles parfaitement disgracieux, prétentieux comme les architectes de ces années-là, incapables de regarder autour d'eux pour voir comment ont fait leurs prédécesseurs et de quelle manière intégrer un avenir dans un passé. Au centre de ce secteur, la gare de la Part-Dieu. C'est bien la seule fois à Lyon où l'on a eu envie de reprendre le train ! Enfin, juste après avoir fait des courses aux halles.

🍴 *Les halles de Lyon* (plan général E4) : 102, cours Lafayette, 69003. Ⓜ Place-Guichard. Bus n° 1. Ouvert du mardi au samedi toute la journée et le dimanche matin. Le site des Cordeliers a été détruit il y a plus de 25 ans pour faire place à un parking. La ville en a de beaux, ce n'est pas le cas de ce dernier. Quel dommage, car c'était, au dire des anciens, le cœur de la presqu'île et le ventre de Lyon. On a donc greffé ce ventre dans le quartier de la Part-Dieu, à deux pas de l'auditorium et du Crayon, la fameuse tour du *Crédit lyonnais* (crayon avec lequel on signait certainement des chèques en bois). En quittant les Cordeliers, les halles ont perdu une partie de leur clientèle. La plus populaire n'a pas suivi, ou pas longtemps, et c'est aujourd'hui la bonne société lyonnaise qui fréquente l'endroit. Flambée des tarifs (c'est sûr, au vu des prix affichés) ? Phénomène de mode, starisation de certains commerçants ? Toujours est-il que ce ventre lyonnais transplanté a muté, s'est transformé et a perdu un peu de son âme. La crise aidant, beaucoup de restaurateurs ont abandonné l'endroit pour d'autres fournisseurs, et il n'y a plus

À VOIR

guère de chance d'y croiser un chef étoilé. Cela dit, une visite s'impose, mais pas n'importe quand. Il faut y aller de préférence un matin, le vendredi, le samedi ou, encore mieux, le dimanche, lorsque les échoppes sont bien approvisionnées et la clientèle plus nombreuse. On se rend compte à ce moment précis que Lyon est encore et toujours la capitale de la gastronomie. Cependant, les halles ont mal vieilli, elles ne sont plus aux normes d'hygiène, etc. Mais leur restauration est en projet.

La Cité internationale (plan général E-F1)

🍴 Sur le quai Charles-de-Gaulle, 69006. Bus n° 4. Un projet ambitieux confié à l'architecte Renzo Piano. Exactement entre le parc de la Tête-d'Or (et d'ailleurs inspiré des serres pour l'architecture) et le Rhône, à l'emplacement de l'ancien palais de la Foire. Sur un site gigantesque de plus de 80 000 m^2 se sont regroupés, auprès des locaux d'Interpol (décentralisé de Saint-Cloud en 1989), un complexe de cinéma ultramoderne, un centre de congrès pouvant accueillir 2 000 personnes, des immeubles de bureaux, le musée d'Art contemporain (voir plus loin la rubrique « Musées »), une brasserie, un restaurant thaï (le pendant du *Blue Elephant* parisien), des parkings, un *Hilton*, ainsi qu'un casino (le 2e de l'agglomération lyonnaise après *Le Lion vert* de Charbonnières-les-Bains). En construction également, de nombreux logements et un amphithéâtre pouvant accueillir 3 000 personnes (afin de compléter le palais des congrès).

Une architecture résolument moderne et ambitieuse, que bon nombre de Lyonnais ont boudée (après l'accueil réservé à l'opéra Nouvel, il fallait s'y attendre), offusqués de voir dans leur ville s'élever des façades de brique rouge. Cet endroit fut le siège, en 1996, des réunions du G7. Précurseur quant à la mise en lumière des sites lyonnais, il faut saluer la Cité, récompensée en décembre 2000 par le jury du Festival de la Lumière. Un lieu qui vaut donc absolument le détour, de nuit !

À la découverte du 8e arrondissement (plan général F-G6 et hors plan général par G6)

🍴🍴 Le 8e arrondissement de Lyon abrite un petit quartier à l'histoire passionnante. Nouvelle zone industrielle de Lyon dès la fin du XIXe siècle, ce quartier s'est développé au travers d'industries célèbres : les usines Lumière, ou encore Berliet, qui a lancé la production des premières automobiles françaises. Des ateliers Cottin-Desgouttes, d'où est sortie la populaire « Sans-secousse », une touriste 12 CV, pourvue d'une suspension indépendante sur les quatre roues. Tandis qu'à deux pas, le moteur du premier TGV a été conçu chez Jeumont-Schneider, autrefois Schneider-Westinghouse, l'une des plus grosses usines françaises de l'industrie métallurgique. Bref, une concentration industrielle qui a engendré une réflexion sur l'habitat ouvrier. Sous l'égide d'Édouard Herriot, l'architecte avant-gardiste Tony Garnier jette les bases d'un urbanisme fonctionnel et humaniste dont le 8e arrondissement porte encore aujourd'hui les traces. Les cités-jardins n'ont pas toutes cédé la place aux immeubles résidentiels ou aux logements sociaux. Quant au patrimoine industriel, souvent d'une très grande beauté architecturale, dépêchez-vous de lui rendre visite avant qu'il ne soit détruit. N'oubliez pas que le hangar du Premier-Film ne doit sa survie qu'à la sensibilité visionnaire de quelques-uns.

🍴🍴 *L'institut Lumière (plan général G6) :* 25, rue du Premier-Film, 69008. ☎ 04-78-78-18-95. • www.institut-lumiere.org • Ⓜ Monplaisir-Lumière. Bus n° 9. Musée ouvert du mardi au dimanche de 11 h à 18 h 30. Fermé le 1er mai. Entrée : 6 € ; réductions ; gratuit pour les enfants de moins de 7 ans. Le parc Lumière est ouvert tous les jours de 8 h 30 à 19 h 30 ; la bibliothèque Raymond-Chirat est ouverte du mardi au samedi de 14 h à 18 h 30 et le mercredi de 11 h à 19 h (de septembre à juin). Les séances de cinéma : du mardi au vendredi à 19 h et 21 h, les mercredi et samedi, séance jeune public à 14 h 30, le samedi à 18 h et 20 h, le dimanche à 14 h, 16 h et 18 h. Tarif préférentiel pour nos lecteurs sur présentation du *GDR.*

« Sur l'écran apparaît une projection photographique. Jusqu'ici, rien de nouveau. Mais tout à coup, l'image de grandeur naturelle, ou réduite suivant la dimension de la scène, s'anime et devient vivante. C'est une porte d'atelier qui s'ouvre et laisse échapper un flot d'ouvriers et d'ouvrières, avec des bicyclettes, des chiens qui courent, des voitures ; tout cela s'agite et grouille. C'est la vie même, c'est le mouvement pris sur le vif », écrivait Victor Perrot, un ami des frères Lumière. Cette rue, vous y êtes. Regardez ! Suivez les traces. Louis Lumière venait de placer son nouvel appareil, le cinématographe, là, oui, devant l'entrée des usines Lumière. C'était le 18 mars 1895. Regardez la plaque. Rue du Premier-Film. C'est bien là qu'est né le cinéma. Le 29 septembre 1992, Mankiewicz mettait ses pas exactement à l'endroit où Louis dut poser les siens pour filmer la sortie du personnel des ateliers Lumière. Fermez un œil, regardez la structure du hangar, classée désormais Monument historique. Elle n'a pas changé d'un plan, mais abrite désormais une magnifique salle de projection de 270 places à la programmation audacieuse.

À quelques pas, cette imposante villa de maître, construite entre 1899 et 1901 par Antoine Lumière. Le « château de Monplaisir », comme on l'appelle ici. Une belle demeure cossue et fantaisiste, un intérieur typique de la bourgeoisie 1900. Observez ce magnifique coq sur la rampe d'escalier. Symbole du point du jour, des Lumière qui montaient... au premier étage ? 1 800 m² restaurés, transformés en musée, ouverts au public en 1978. Les visiteurs découvrent l'histoire de cette famille hors du commun, dont les inventions ne se sont pas limitées au cinéma ou à la photographie.

Accomplissement de « l'idée Lumière », le nouveau *musée Lumière* a été conçu par Dominique Païni (directeur d'expositions au Centre Georges-Pompidou, ex-directeur de la Cinémathèque française) et réalisé par l'architecte-scénographe Nathalie Crinière. Ouvert depuis juin 2003, il propose de découvrir les extraordinaires inventions d'Auguste et Louis Lumière, artistes autant qu'ingénieurs, ceci au travers des 3 étages de la villa familiale. À ne pas manquer : le *Cinématographe n° 1* qui a servi à la première projection de cinéma au monde et les *Autochromes* : les premières photographies en couleurs.

En 1982 est créé l'institut Lumière pour le cinéma, présidé par un voisin : le réalisateur Bertrand Tavernier avec, pour directeur général, Thierry Frémaux, également directeur artistique du Festival de Cannes. L'institut recouvre aujourd'hui deux missions : d'abord, faire vivre le cinéma avec des projections, des expositions (les plus grands cinéastes mondiaux ont arpenté le lieu : regardez les plaques clouées au mur, un vrai pèlerinage !) et une politique éditoriale revigorante ; ensuite, une mission patrimoniale, avec la superbe *bibliothèque Raymond-Chirat,* installée dans l'ancien atelier de peinture d'Auguste Lumière. Plus de 6 000 ouvrages accessibles à tous. Bref, un lieu magique où 24 images par seconde ne sont pas de trop. D'ailleurs, la ville de Lyon ne s'apprête-t-elle pas à annoncer le lancement d'un nouveau prix Nobel ? Celui de la meilleure œuvre cinématographique. Coupez ! Merci, Lumière.

🍸 En sortant de l'Institut des frères Lumière, on peut prendre un petit blanc sur le zinc de **La Terrasse,** 12, pl. Ambroise-Courtois, un joli petit bistrot acquis aux armes cinématographiques des frères Lumière. Flânez sur cette place au charme très provincial, dotée d'un kiosque à musique qui résonne le plus souvent du timbre des boulistes. L'été, des représentations cinématographiques sont projetées sur le mémorial des frères Lumière.

À VOIR

❦ Remonter l'avenue des Frères-Lumière (admirer, au n° 116, le fronton de l'ancien cinéma *Majestic Palace*) jusqu'à la rue Saint-Maurice. Empruntez-la. Une cinquantaine de mètres plus loin, l'église éponyme, à gauche de laquelle vous pourrez observer, au n° 8, rue *Léo-et-Maurice-Trouilhet*, deux curiosités : la façade byzanto-mauresque d'un ancien couvent (aujourd'hui une école privée) ainsi que ce **monument aux morts,** un grand bloc de béton à redans réalisé par l'architecte Tony Garnier dans les années 1920. Une femme (métaphore de la guerre ?) manifeste à travers ses formes, épée au vent et poitrine ravinée, sa puissance d'érotisme, de conquête et de destruction. Sur une face, on peut lire *Caecum Bellum* : « guerre aveugle ». Observons que cette étonnante sculpture exécutée par Jean Larrivé fait dos à l'école.

❦ À l'angle de l'avenue des Frères-Lumière et de la rue Villon, vous tombe-rez sur l'une des **anciennes maisons des frères Lumière,** qui n'habitaient pas au « château ». Cette maison privée appartient à la famille des établissements Montabert, spécialisés dans la fabrication de marteaux pneumatiques. Espérons que cette magnifique villa soit aujourd'hui protégée.
Vous pouvez vous rendre à pied (un petit quart d'heure) jusqu'au musée des Missions africaines (voir plus loin la rubrique « Musées »). Admirez en route l'**ancienne manufacture des tabacs,** conçue et réalisée par l'architecte Joseph Clugnet dans les années 1920. Ce fut, jusqu'aux années 1960, la plus moderne de France. 700 employés s'activaient, entre autres, pour la célèbre « Gauloise ». Elle abrite aujourd'hui l'université Jean-Moulin Lyon-III.

❦ **L'hôpital Édouard-Herriot** *(hors plan général par G6) :* en sortant de l'institut Lumière, remonter cette fois l'avenue Lumière vers l'est. Distant d'un petit quart d'heure de marche, cet ensemble hospitalier inscrit aux Monuments historiques en 1967 a été réalisé par l'architecte Tony Garnier. Extrêmement innovant, il s'inspire de l'hôpital Bispebjaerg de Copenhague, visité par l'architecte en compagnie du maire de l'époque, Édouard Herriot. L'ensemble adopte le principe d'une cité-jardin pour malades. Un système pavillonnaire fondu dans la nature. Les bâtiments sont regroupés selon leur spécialité mais reliés les uns aux autres, pour un plus grand confort des malades, par un immense réseau de voies souterraines. Les pavillons en béton sont de forme simple, avec des corniches saillantes recouvertes d'un toit-terrasse, rendu possible par l'invention du béton armé. Le tout dans un écrin de verdure structuré de pergolas. Notons l'orientation des pavillons, adaptés aux maux des malades. Par exemple, les tuberculeux sont au sud. En revanche, profondément athée, Garnier refusera de dessiner la chapelle. Un de ses élèves, Louis Thomas, s'en chargera. Il est intéressant de comparer cette réalisation avec la cité des États-Unis (voir plus loin).

❦ Derrière l'hôpital, possibilité d'aller faire une promenade dans le joli quartier de **Montchat.** Encore campagnard, ce quartier conserve quelques exemples des petites maisons à jardinet qui caractérisaient autrefois tout le 8e arrondissement.

❦ **La maison de la Danse** *(hors plan général par G6) :* 8, av. Jean-Mermoz. À l'origine sur les pentes de la Croix-Rousse, la maison de la Danse est depuis septembre 1992 logée dans l'ancien théâtre du 8e arrondissement. Cette imposante structure circulaire en béton armé, construite en 1968, représente un témoignage rare de l'architecture des années 1960. Soumise à un important lifting depuis, elle possède une salle de 1 100 places, ainsi qu'un studio de 300 m^2 destiné aux répétitions et à des résidences pour les compagnies. À noter qu'il s'agit du seul théâtre européen entièrement consacré à la danse. Les amateurs de danse seront ravis car, sous l'impulsion de son directeur Guy Darmet, la maison a su mettre en œuvre un programme à la fois audacieux et varié, qui laisse une place importante aux jeunes chorégraphes. Renseignements et réservations : ☎ 04-72-78-18-00. Outre ses spectacles de danse, le lieu propose également une vidéothèque, une salle vidéo de 45 places (ouverte au public les jours de spectacle) et organise des vidéo-rencontres, des ciné-danse (le dimanche, en collaboration avec l'institut Lumière) et des répétitions publiques. Enfin, l'excellent vidéo-bar-restaurant *Ginger & Fred* permet de se sustenter avant, pendant et après le spectacle.

Le quartier des États-Unis et la cité Tony-Garnier *(hors plan général par G6)*

🎭🎭 « Les États », comme on dit ici. En hommage à ces 10 000 soldats américains qui avaient stationné dans l'est lyonnais lors de la Première Guerre mondiale. Ils y avaient leurs baraquements au milieu d'un grand terrain vague. Une avenue aussi profonde qu'une coursive, bordée de platanes au feuillage vert et serré. Nous sommes dans le 8e arrondissement de Lyon, à l'entrée du boulevard des États-Unis, au cœur de la cité Tony-Garnier. 4 000 habitants. Probablement la seule cité HLM au monde que l'on visite. Cours, haies taillées, sols sablés, bancs et pergolas rythment ces immeubles pavillonnaires. Ambiance méditerranéenne. Dans les années 1920, il s'agissait de fixer une population mi-ouvrière, mi-rurale.

« Sauver l'ouvrier du taudis », foyer de tuberculose et d'alcoolisme, tel était le mot d'ordre d'Édouard Herriot, maire de Lyon à l'époque. Le quartier devenait ainsi le premier ensemble d'habitations bon marché, HBM (ancêtres des HLM, habitations à loyer modéré) réalisé en Europe. Il accompagnait l'essor industriel florissant de la ville.

Ce vaste programme d'urbanisation, fortement remanié (la construction des logements sur seulement un cinquième du terrain prévu initialement engendra une surélévation des immeubles de trois à cinq étages), est confié à l'architecte lyonnais Tony Garnier. Celui-ci substitue à la pierre de taille le ciment armé, augurant nombre d'innovations comme le couvrement des immeubles en terrasse, la simplification des formes, une approche cubiste des volumes. De 1920 à 1933, 1 563 logements, répartis en 12 îlots, sont construits pour accueillir 12 000 ouvriers. En 1933, un appartement moderne était : grand (un T2 fait 40 m²), lumineux avec des balcons circulaires, aéré avec les toilettes à l'intérieur et l'eau sur la pierre à évier, mais aussi construit dans une cité avec commerces en rez-de-chaussée.

Mais les immeubles vieillissent mal. Dans les années 1980, on parle même de détruire certaines parties du quartier plutôt que de les réhabiliter. Les locataires étant âgés, les travaux nécessitent la pose d'ascenseurs, l'installation du chauffage central (beaucoup se chauffaient encore au charbon), une salle de bains (on se lavait les pieds dans l'évier), la fermeture des balcons. Au total, près de 200 000 F doivent être déboursés par logement. Un coût élevé pour le seul Office public des HLM de Lyon, le maître d'ouvrage. Attachés à leur quartier, les habitants vont se mobiliser. La réhabilitation est enfin acceptée mais les crédits ont du mal à suivre. Comment trouver autant d'argent pour réhabiliter une cité qui était plutôt calme ? La solution des fresques s'impose aussitôt au Comité des locataires. Contact est pris avec la *Cité de la création*, un collectif d'artistes qui a signé de gigantesques trompe-l'œil au cœur de Lyon. Transformer un quartier populaire en musée urbain était un défi incroyable. « Mais quand vous êtes bien dans votre peau, vous ne vous mutilez pas », clame la *Cité de la création*.

Et c'est bien sûr l'œuvre de Tony Garnier (plans et dessins de sa cité idéale) qui est revisitée. Quoi de plus réaliste qu'un projet utopique ? L'idée séduit. Les premières peintures apparaissent (11 m de large et 21 m de haut), financées par l'Office public des HLM. Au coin des rues, le panier des ménagères

À VOIR

côtoie l'univers avant-gardiste de Tony Garnier. En 1991, c'est la consécration internationale : l'Unesco décerne à la cité Tony-Garnier le label de la « Décennie mondiale du développement culturel » pour avoir pris en compte la culture dans le développement. Des visiteurs étrangers affluent, ainsi que de nouveaux créateurs. Encouragée par l'Unesco, la réalisation des six derniers murs peints est confiée à des artistes (ivoirien, russe, égyptien, indien et mexicain), certains de réputation internationale, à l'instar du peintre new-yorkais Matt Mullican. Le thème ? Dessiner sa vision personnelle de la cité idéale. Le succès est immédiat. Sur 266 millions de francs déboursés pour la réhabilitation, un peu plus de 6 millions ont été consacrés aux fresques, soit environ 2 %. Un coût marginal mais une plus-value énorme. Les gens sont fiers de leur cité. 17 000 visiteurs chaque année. Près de 5 500 m^2 d'œuvres peintes ont été dessinées sur 25 murs. « Quand on parle du quartier des États-Unis, ce n'est plus dans les pages "faits divers" des journaux désormais, mais dans les pages culturelles, et cela n'a pas de prix », confient ses locataires.

🎬🎬 *Le musée urbain Tony-Garnier* (hors plan général par G6) : 4, rue des Serpollières. ☎ 04-78-75-16-75. Fax : 04-72-78-76-37. • www.museeurbain tonygarnier.com • Ⓜ Morplaisir-Lumière ou Grange-Blanche, puis bus n° 34, arrêt États-Unis. ♿ Ouvert du mardi au dimanche de 14 h à 18 h, le samedi de 10 h à 12 h et de 14 h à 18 h ; sur demande du mardi au vendredi de 10 h à 12 h. Tarifs : 6 € pour la visite guidée complète (musée et appartement). Tarif préférentiel sur présentation du *GDR* : 5,25 € ; réductions.

Pour bien comprendre l'histoire de ce quartier, faites donc un tour dans ce musée qui vous donnera accès à un véritable appartement des années 1930, et où l'on vous proposera la découverte des 25 murs peints illustrant la cité idéale. Plans et explications du site, cartes postales et un CD-Rom. Expositions temporaires. Un fonds informatisé consacré à l'œuvre de Tony Garnier doit voir le jour. Il sera accessible aux chercheurs, sur rendez-vous. Visites guidées des murs peints pour individuels le samedi à 14 h 30 et 16 h 30 (sauf du 31 octobre au 1er mars). Rendez-vous au musée.

– *L'appartement témoin :* 8, rue des Serpollières. À côté du musée Tony-Garnier. Visite de l'appartement (non accessible aux personnes handicapées) du mardi au samedi, sur demande au musée Tony-Garnier (2,50 €). Chouette petit trois-pièces, plutôt bien équipé, arrangé avec intelligence. Ce sont les locataires eux-mêmes qui donnèrent le mobilier pour équiper l'appartement. Qui un napperon, qui une commode des années 1930, qui une armoire... Évier en granit, vieux poêle qui chauffait les autres pièces, cuisine ouverte sur la salle à manger. C'était hier et pourtant déjà si loin. Noter la hauteur sous plafond (2,95 m) pour donner le sentiment d'espace. Mur en béton de mâchefer, mélange très léger de béton, caillou et résidus métallurgiques. Dans le couloir, dessins du projet de Garnier et photos du chantier.

– *Au n° 1, rue des Serpollières,* face au musée Tony-Garnier, on trouve trois édifices de 3 étages, premières réalisations de Garnier avant qu'on ne lui demande de revoir sa copie (voir l'histoire du quartier plus haut). Tous les autres immeubles appartiennent au projet modifié.

🎬🎬🎬 *Les murs peints :* petit tour parmi les immeubles pour découvrir les principaux murs peints. Au pied de chacun d'entre eux, explication de l'œuvre. Sur les 25 murs, les 3 premiers présentent le plan du quartier, un portrait géant de Tony Garnier (mur 2) et la vie ouvrière à la fin du XIXe siècle (mur 3), largement inspiré de Zola (opposition labeur-jouissance). Un mur, inauguré en 2000, montre des vues de la maison de l'architecte, à l'île Barbe. Sur le plan général de la cité, l'image grandiose de sa cité utopique, pensée autour d'un fleuve. 11 autres murs reprennent des éléments de la cité industrielle de Garnier réalisés à partir de ses plans-gravures, en respectant ses couleurs. On y découvre le côté dément de son œuvre (gare ferroviaire, le 6 ; projet d'école, le 10 ; marché aux vifs, qui fut d'ailleurs réalisé, le 7 ; projet de maison particulière, le 9 ; stade pour les sports athlétiques, le 15 ; intéressante vue globale du projet d'« habitations en commun entre la Guillotière et Vénissieux », le 18...). Et puis 6 murs ont été confiés à des artistes étrangers sur le thème de leur vision idéale de la ville et de l'habitat. Parmi ceux-ci, *The Ideal Russian City* (le 23). Beaucoup de vie et de couleurs, avec des maisons qui s'animent joyeusement. Le 21 est un délire mexicain haut en couleur tandis que le 20 est une illustration d'une peuplade indienne du nord de Bombay ne connaissant pas l'écriture. On y retrouve la cellule familiale, les rituels, les danses... Le choix des œuvres a fait l'objet d'une concertation étroite avec les habitants, ainsi chacun se sent-il détenteur et défenseur de cette superbe idée.

À la fin de votre visite, n'hésitez pas à vous promener dans la rue Émile-Combes (attenante à la cité). Une petite merveille de poésie au printemps ou à l'automne.

Le stade de Gerland (hors plan général par C6)

Entrée principale sur l'avenue Jean-Jaurès (au sud de la ville, sur la rive gauche du Rhône). Ⓜ Stade-de-Gerland.

Il a acquis sa véritable notoriété lors de la Coupe du monde de football de 1998 ; quelques matchs se jouèrent ici et, pour l'occasion, deux virages (nord et sud) furent entièrement restructurés et recouverts d'une toiture textile. Encore une œuvre de Tony Garnier, à qui l'on doit également la halle voisine. Bâti en 1926 sous la houlette d'Édouard Herriot, en ciment et béton armé, c'est l'un des plus vieux stades de France et le doyen de ceux qui ont accueilli des matchs de la Coupe du monde. C'est aussi, de notre point de vue, le plus beau des grands stades français, avec son architecture un peu grandiloquente et ses quatre portes munies d'arches monumentales. D'inspiration antique, il évoque quelque peu le passé romain de Lyon. Son absence de décor est volontaire et il se caractérise par ses galeries périphériques posées sur un talus végétal. En 1967, il a été inscrit à l'inventaire des Monuments historiques. Sympathique promenade ouverte autour du stade, sur une sorte de chemin de ronde. À l'entrée, quatre luminaires en forme de tourelles, aux accents Art déco.

🏃 **Le mur peint de la Coupe du monde** (hors plan général par C6) : allée Pierre-de-Coubertin. La plus récente des fresques lyonnaises, réalisée par la *Cité de la création* pendant la Coupe du monde même. Plein d'humour, le terrain se transforme vers le ben en jardin ouvrier où un papy arrose ses tomates, clin d'œil aux lopins voisins. Allusions à la vie du quartier avec des cornues, référence au pôle scientifique qu'est devenu Gerland, deux pêcheurs (allusion au Rhône). Côté foot, rappel de quelques matchs dont Iran-États-Unis, Jacquet et la Coupe, la une de *L'Équipe*... le tout très vivant.

🏃 **Le parc de Gerland, le méga phorbiaie et le skate-park** (hors plan général par C6) : à côté du stade. Ouvert de 7 h 30 à 20 h (22 h 30 en été). Belle initiative originale : mêler le patrimoine industriel à la culture. Côté jardin : 32 parcelles de jardins ouvriers conservées. Côté animation : un concert virtuel composé par Pierre-Alain Jaffrenou (matérialisé par des bornes métalliques). Ainsi, la musique se mêle aux compositions florales du paysagiste Michel Courajoud, à qui l'on a donné carte blanche pour aménager le site. Plus de 600 espèces végétales y sont plantées. On peut également y admirer la maison des Fleurs. À côté des plans de tomates, un **skate-park** a été aménagé pour les fous de roulettes : 2 500 m² en extérieur (accès gratuit) et 1 500 m² couverts (10 €).

🏃 **La halle Tony-Garnier** (hors plan général par C6) : pl. Antonin-Perrin. 210 m de long, 80 m de large et 20 m de haut. Construite entre 1908 et 1914 et inaugurée pour l'Exposition internationale urbaine, cette halle aux vifs (on

À VOIR

y accueillait les bestiaux vivants) n'était qu'une toute petite partie d'un vaste complexe d'abattoirs dont il ne reste que cet édifice. Elle fut immédiatement transformée en arsenal au début de la guerre. Elle ne reprit sa fonction originelle qu'en 1928 et fonctionna jusqu'en 1978, date à laquelle elle faillit être détruite par Louis Pradel, comme tous les autres édifices. Seule la halle fut sauvée... et classée. C'est aujourd'hui une salle polyvalente (rassemblements, expos, concerts...). Pour les concerts, acoustique médiocre mais ambiance parfois démente (Springsteen en 1999). Contrairement à ses attirances naturelles pour le béton, Garnier utilisa ici la pierre, le fer et le verre. Les pavillons latéraux sont en revanche caractéristiques de son style (toits plats).

🦟 Juste au nord de Gerland, le *quartier de la Mouche* où, entre autres, on fabriquait les célèbres bateaux, les bateaux-mouches voyons !

À voir enfin sur la rive gauche

Le quartier de la Guillotière et ses alentours *(plan général D-E5)*

Urbanisé depuis le XVIe siècle, car lui aussi détaxé. Tavernes et auberges y avaient trouvé refuge et il n'était pas cher d'y séjourner. Les routards de l'époque s'y donnaient donc rendez-vous. Il y avait là l'unique pont qui permettait de traverser le Rhône et de pénétrer dans la ville. Ainsi les voyageurs provenant de tous les horizons s'y retrouvaient-ils. On assécha les marécages et le quartier tomba dans l'escarcelle de la ville comme ses copines de la Croix-Rousse, de la Part-Dieu et de Vaise, en 1852. Digues et quais permirent de retenir les soudains épanchements du Rhône.

C'est un quartier coloré à défaut d'être très beau, car aujourd'hui comme hier la population immigrée s'y est arrêtée. Bazars, épiceries, petites échoppes donnent le ton de ce coin différent du Lyon propre sur lui. Pour le découvrir, emprunter la *Grande-Rue-de-la-Guillotière* (dite grande-rue-de-la-Guill') qui part de la place Gabriel-Péri jusqu'à la place Stalingrad et qui a conservé son tracé médiéval. Pour prendre des forces, faites tout d'abord halte à la *Friterie Marti* (voir « Où manger ? »). Ouvrez l'œil ! Encore pas mal de petites allées, de clins d'œil aux accents très populaires : portes cochères avec au fond des ateliers, cours pavées, quelques brocanteurs, et des éléments architecturaux notables qui, à défaut d'être sensationnels, rappellent que Lyon n'est pas qu'une grosse et belle ville bourgeoise mais possède par endroits quelques aspects populaires, différents de ceux de la Croix-Rousse... Dommage, mille fois dommage pourtant que certains immeubles bancals, des maisons toutes simples, témoins d'un mode de vie encore bien présent, disparaissent trop vite, même si l'atmosphère est toujours là. Les trekkeurs urbains et les amoureux d'atmosphère à la Belleville seront comblés.

🦟 Sur la *place Gabriel-Péri* commence le *quartier arabe,* où se rassemblent les anciens du secteur. Petits salons de thé-pâtisseries orientaux, pour croquer un *Doigt de fatma* ou siffler un verre de thé à la menthe. Voir l'étonnante épicerie *Bahadourian* (angle des rues Villeroy et Moncey) qui, depuis de nombreuses décennies, distribue ici des produits orientaux et même asiatiques, et attire une clientèle venue de tous les quartiers de Lyon. Épices, graines, aromates en tout genre.

🦟 Juste à côté, entre le Rhône et la rue de Marseille, s'étend un minuscule quadrilatère qui abrite une population à dominante asiatique *(rue Passet, rue d'Aguesseau, rue Basse-Combalot...)*. Même si le quartier n'a rien de particulièrement typique, gentille animation avec boutiques, restos et épiceries. Sympa, et un des seuls secteurs où les commerçants ouvrent le dimanche.

🕯 *La rue de la Guillotière :* pour une balade le nez en l'air à la Guill', poussez donc les portes, il y a toujours quelque chose à découvrir. À noter, entre les n^{os} *57* et *67,* quelques édifices typiques. Au n^o *92,* essayez de pousser la porte (digicode) pour apprécier la restauration de qualité de la charmante courette. Au n^o *102,* un passage pavé de galets du Rhône, et, presque en face, aux n^{os} *103* et *107,* l'ancien *hôtel de l'Aigle* où Napoléon Ier aurait dormi deux nuits à son retour de l'île d'Elbe. À côté, on pourra jeter un œil à l'église Notre-Dame-Saint-Louis, de style néo-classique, qui possède un bénitier du XIe siècle et quelques jolis vitraux.

Les gratte-ciel de Villeurbanne *(hors plan général par G3)*

Sur l'avenue Henri-Barbusse, à Villeurbanne. Ⓜ Gratte-Ciel *(sic!).* Possibilité de les découvrir dans le cadre des visites « Architectures contemporaines » organisées par l'office de tourisme. Dans cette ville *(Villa Urbana)* fondée par les Romains en 50 av. J.-C., un ensemble unique d'immeubles Art déco que l'on doit à l'architecte Leroux et réalisé sous le mandat du maire Lazare Goujon. L'objectif officiel : améliorer les conditions de vie des ouvriers. L'objectif officieux, pour Lazare Goujon : gagner les élections municipales de 1935. On est alors entre 1932 et 1934, Tony Garnier vient d'achever sa cité. La mode est au béton armé. À Villeurbanne, le prix des terrains augmente. Un premier projet de petites maisons est finalement abandonné pour créer cet ensemble. Mais la crise est là. Les gratte-ciel sont construits mais restent vides pendant deux ans. Lazare Goujon perd les élections au profit des communistes. Les immeubles ont coûté trop cher à la ville. Le maire a refusé de faire appel à l'État. Reste une réalisation saisissante où, l'espace d'un instant, on se croirait outre-Atlantique.

De part et d'autre de l'*avenue Henri-Barbusse,* mais aussi *rue Paul-Verlaine* et *rue Michel-Servet,* les deux tours d'entrée font 62 m et 19 étages. Les autres immeubles ont de 9 à 11 étages. Il s'agit d'une construction métallique boulonnée. Une fois le squelette monté, il est rempli de briques creuses. Une belle prouesse pour l'époque. Elle a inspiré tous les Européens. Chaque appartement dispose d'un petit balcon, d'une mini-terrasse (la plus haute culmine à 28 m), et est desservi par un ascenseur à deux vitesses. Toujours habités (1 500 appartements), ils ont gardé leur vocation d'habitations à loyer modéré et sont l'objet d'un important programme de restauration. Le soir, un éclairage bleu les met superbement en valeur.

Au fond, l'*hôtel de ville* construit entre 1929 et 1930 par l'architecte lyonnais Robert Giroux (grand prix de Rome) barre le boulevard et a également une façade sur la place Lazare-Goujon. De ce côté, il fait face à l'ancien palais du Travail du même architecte (1928), aujourd'hui le TNP (Théâtre national populaire).

🕯🕯 Profitez de la visite des gratte-ciel pour aller admirer, au 247, cours Émile-Zola, la *maison du Livre, de l'Image et du Son François-Mitterrand,* réalisée entre 1986 et 1987 par l'architecte suisse Mario Botta. Côté rue, le bâtiment donne l'impression d'un vaisseau hachuré (alternance de lignes de brique marron et blanche) où l'ouverture centrale dessine comme une bouteille dans la brique. Côté nord, la façade cylindrique révèle toute l'ingéniosité de l'œuvre : un puits central vitré sur 5 étages, qui permet d'inonder tout l'édifice de lumière naturelle. Prouesse technique, il est constitué de cinq cylindres en béton armé emboîtés les uns dans les autres. Ainsi, leur diamètre se réduit

À VOIR

de 1,20 m à chaque niveau, passant de 8 m au rez-de-chaussée à 3,10 m au 5e étage. Poids total : 193 tonnes. Autant dire que l'édifice est solide... Il abrite une médiathèque, une vidéothèque, une discothèque, un auditorium de 100 places et même une artothèque où vous pourrez emprunter des œuvres d'artistes contemporains pour vos soirées mondaines.

Les musées de Lyon

Dans la presqu'île

🎥🎥 *Le musée des Beaux-Arts (centre C3) :* 20, pl. des Terreaux, 69001. ☎ 04-72-10-17-40. ● www.mairie-lyon.fr ● Ⓜ Hôtel-de-Ville. Bus nos 1, 3, 6, 13, 19, 40, 44. Ouvert de 10 h 30 à 18 h. Fermé les mardi et jours fériés. Entrée pour les collections permanentes : 6 € ; réductions. Gratuit pour les moins de 18 ans, les étudiants jusqu'à 26 ans et les chômeurs.

Perpendiculaire à l'hôtel de ville, une longue façade aux lignes monotones rythme la place des Terreaux. Cette ancienne abbaye bénédictine des dames de Saint-Pierre a été réalisée au XVIIe siècle selon les plans de l'architecte avignonnais François Royers de la Valfenière. La monotonie de l'édifice tient en partie à des restrictions budgétaires. Regardez l'hôtel de ville en comparaison. Des dômes étaient originellement prévus sur les pavillons d'angle. Une austérité de façade, pourrait-on dire.

Traversez ces murs par le porche qui se trouve face à la fontaine Bartholdi, et vous découvrirez un cloître magnifique où l'ombre des galeries semble festonner le vert du jardin. Sérénité monacale. On se surprend même à chuchoter en compagnie de cette étrange fontaine qui repose sur un sarcophage antique. Parmi les statues figées au grand air, deux œuvres de Rodin (*L'Ombre* et *L'Âge d'airain*), ainsi qu'un bronze de Bourdelle.

Après la Révolution de 1789, les dames bénédictines sont expropriées. Le palais Saint-Pierre, sécularisé, accueille les œuvres confisquées aux émigrés et au clergé. Dès 1801, il devient un petit musée officialisé par un décret napoléonien. Mais à cette mission éducatrice s'ajoute une fonction utilitariste. Le musée doit être une source d'inspiration autant qu'un lieu d'apprentissage. Les édiles veulent relancer le commerce des manufactures lyonnaises : celles dont l'industrie est basée sur l'art du dessin, la composition du motif, l'étude de la fleur : les soieries. Grand consommateur, l'État comprend aussitôt les enjeux et envoie à Lyon – fait unique en province – quelque 110 tableaux entre 1803 et 1811. Parmi ces toiles, des Véronèse, Tintoret, Rubens, Champaigne. La peinture de fleurs est à l'honneur. Un temps. Collectionneur d'objets égyptiens, l'archéologue-conservateur François Artaud entend tout autant rappeler le rang de Lugdunum dans l'histoire nationale. Les objets collectés (mosaïques, bronzes, antiquités grecques, égyptiennes et romaines...) vont rapidement déborder le cadre utilitaire de leur présence. Tandis que l'école des Beaux-Arts donne peu à peu naissance à l'école lyonnaise et dans des champs autres que ceux pour lesquels elle avait été créée. Le palais des Arts se transforme progressivement en musée encyclopédique.

C'est aujourd'hui le plus grand musée régional français. Une merveille dans un écrin de 14 500 m² entièrement rénové par les architectes Dubois et Wilmotte. 70 salles permanentes font ainsi courir l'art pharaonique jusqu'aux peintures du XXe siècle présentées au 2e étage pour tirer profit de la lumière naturelle. En 2004, le musée a fêté le bicentenaire de son ouverture avec une série de visites gratuites et de grandes expositions.

Le rez-de-chaussée

Voir absolument l'étonnant réfectoire à l'exubérance baroque, ainsi que la chapelle, en fait, l'ancienne église Saint-Pierre dont on peut admirer sur la rue Paul-Chenavard le beau porche en pur style roman du XIᵉ siècle (seul vestige du monastère bénédictin fondé au VIᵉ siècle et entièrement rasé par les huguenots en 1562). La chapelle accueille un ensemble de sculptures des XIXᵉ et XXᵉ siècles, parmi lesquelles différentes œuvres de Rodin, dont *La Tentation de saint Antoine,* première pièce directement achetée par le musée à l'artiste. Moins connue, la superbe *Odalisque* de James Pradier, œuvre où sourd l'influence de Canova. Pradier travaillait directement sur le modèle vivant. Une méthode qui lui valut l'inimitié de Victor Hugo. Parmi les modèles, cet ancien amour de Pradier : Juliette Drouet.

Le 1ᵉʳ étage

– *Antiquités et autres ; salles 1 à 16 :* on commence par le département des antiquités égyptiennes avec de très beaux sarcophages, dont celui de *Teti-Anou* (fin de l'Ancien Empire). Les deux yeux peints – *oudjat* – sur la partie est de la cuve permettaient au défunt, couché sur le flanc gauche, de regarder la rive du Nil au soleil levant. À partir du Nouvel Empire, la cuve cède le pas au sarcophage anthropomorphe. La fraîcheur des teintes, particulièrement celle de la robe à résille rouge de Nout qui décore l'intérieur du couvercle du cercueil d'Isetemkheb, est étonnante. On trouve aussi une belle collection d'*ouchebti*. Ces petites statuettes en bois peint, en faïence bleue ou en fritte émaillée, qui ont l'apparence du défunt momifié, sont appelées à le remplacer dans toutes les corvées qui lui seraient imposées dans l'au-delà. À défaut, on s'échappera ici-bas par les deux portes monumentales en grès de Médamoud (au nord de Louqsor) et peut-être, comme en 200 av. J.-C., serons-nous sensibles à ce bras tendu de Pharaon qui accompagnait, dit-on, un formulaire liturgique d'introduction de l'offrande. Également des sculptures médiévales, dont cet extraordinaire bas-relief berrichon figurant un jongleur. La pose du corps, le drapé de la tunique et du manteau laissent pantois. À voir aussi des objets d'art d'Italie, d'Iran, de Syrie (très belle armure de tête de cheval). Trésor fabuleux (la numismatique devient une source historique de premier plan pour les chercheurs) que cette salle du Médaillier avec pas moins de 40 000 pièces : sesterces, sceaux, médailles, parmi les plus vieilles de France. Lyon, en raison de sa position géographique, concentrait les meilleurs orfèvres. Observez le fameux sceau de Chalier (1747-1793), homme politique acquis aux idées révolutionnaires mais dont « l'encre non sympathique » condamnait à mort les Lyonnais par simple apposition de sa marque. Les mobiles étaient ahurissants. On observera encore quelques faïences « stannifères » (qui contiennent tout bêtement de l'étain) pour déboucher sur la période Art nouveau : avec des pièces somptueuses de Lalique, de Gallé, de Linossier et de Marinot. Le clou étant bien sûr la chambre de Mme Guimard, donnée au musée avant la dispersion de l'ensemble du mobilier qui occupait le deuxième étage du célèbre hôtel particulier sis au 122, av. Mozart, dans le 16ᵉ arrondissement de Paris. Ne pas manquer non plus *La Seine, de Paris à la mer,* immense toile de Raoul Dufy, prêtée par le Centre Beaubourg.

Le 2ᵉ étage

– *XVᵉ-XVIIIᵉ siècles ; salles 1 à 14 :* parmi les peintures et sculptures, signalons quelques chefs-d'œuvre, *La Vierge à l'Enfant entourée d'anges,* une huile sur bois exécutée vers 1509 par Quentin Metsys et qui concentre tous les thèmes forts de la Renaissance – le jeu des perspectives, la présence de la nature utilisée comme toile de fond où la sérénité d'un beau ciel bleu fait écho à cette figure de Vierge empreinte de douceur et d'humanisme. En prime, cette palette de couleurs vives issues de procédés chimiques, caractéristiques de cette peinture flamande. Étonnamment inventive, cette gamme réduite de couleurs, blanc, noir et orange, qui compose le *Portrait d'une noble dame saxonne.* Lucas Cranach emploie un fond bleu extrêmement moderne, par endroits délavé, comme pour humaniser cette femme au visage sévère, à la mise impeccable, presque trop parfaite pour être vivante. Remarquez comment l'enchevêtrement des doigts prolonge le crevé des manches. Signalons encore la magnifique mise en scène de Véronèse, pour sa *Bethsabée au bain,* sans oublier l'étonnant portrait de saint François (la passion rend aveugle, dit-on), réalisé par le grand peintre espagnol Francisco de Zurbarán.

– *XIXᵉ-XXᵉ siècles ; salles 14 à 31 :* d'une facture prodigieuse de sobriété, *La Monomane de l'envie* est une huile sur toile exécutée par Théodore Géricault deux ans avant sa mort. Ce regard hypnotisant à force de souffrance contenue s'inscrit dans une série de portraits de fous offerte à un médecin, chef du service des aliénés de la Salpêtrière. *La Femme caressant un perroquet,* d'Eugène Delacroix, est considéré comme l'un des joyaux du musée. Plus surprenantes, les toiles de Louis Janmot, peintre lyonnais dont le fantastique puise souvent aux sources d'une mélancolie mystique : *Le Poème de l'âme.* Autre peintre lyonnais internationalement connu : Puvis de Chavannes (ne pas manquer les 4 compositions murales de l'artiste dans l'escalier de l'angle sud-est du bâtiment). En revanche, encore inexplicablement aussi mal connue, la palette expressionniste de l'un des plus grands artistes lyonnais du XXᵉ siècle : Combet-Descombe. Voir aussi le *Nave nave mahana,* première toile de Gauguin acquise par un musée français. Également quelques Bonnard, Gleizes, *La Parisienne* et la superbe *Tête de femme, Méduse,* d'une luminosité aussi irradiante qu'une icône réalisée par le peintre russe Alexeï Von Jawlensky. En contrepoint, *La Cathédrale* de Nicolas de Staël, autre peintre d'origine slave, semble opaque comme une lumière blanche tirée d'un fond noir. La matière est épaisse, assourdissante. On y suit les pas de l'artiste comme des traces d'âme laissées dans la neige. Émouvant témoignage. Le peintre se suicida l'année suivante. Dans un registre toujours iconique, *La Sainte Face* de Georges Rouault. Chef-d'œuvre absolu, légué au musée par Jacqueline Delubac en 1997. Au total, cette comédienne, qui fut un temps la compagne de Sacha Guitry, donna à sa ville natale 35 tableaux ou pastels, ainsi que trois bronzes. Braque, Miró, un grand Picasso peint en 1937 peu de temps avant *Guernica. Femme assise sur la plage* ou le *Nu aux bas rouges,* œuvre de jeunesse. Sur les cimaises également, Léger, Hartung, Fautrier, Wifredo Lam, Victor Brauner, Francis Bacon avec deux autres toiles magnifiques illustrant le « désespoir joyeux », comme il le nommait : *La Carcasse de viande* et *Étude pour une corrida.*

❧ En accès libre au 1ᵉʳ étage du musée, la *librairie* du musée des Beaux-Arts est ouverte du mercredi au dimanche de 10 h 30 à 18 h.

🎭🎭🎭 *Le musée des Tissus (plan général C5) :* 34, rue de la Charité, 69002. ☎ 04-78-38-42-00. Fax : 04-72-40-25-12. Ⓜ Ampère-Victor-Hugo. Ouvert de 10 h à 17 h 30. Fermé les lundi et jours fériés ainsi que les dimanche de Pâques et de Pentecôte. Entrée : 5 € ; réductions ; gratuit pour les moins de 18 ans. Visite guidée le dimanche à 15 h. Concerts de temps en temps. Conférences sur diapositives certains mardis à 18 h.

La capitale de la soie se devait de rendre hommage aux tissus du monde. Elle a installé dans l'hôtel de Villeroy, du XVIIIᵉ siècle, ancienne résidence du gouverneur du Lyonnais, sa superbe collection, certainement l'une des plus remarquables au monde. Ici est retracée l'histoire du tissage et du décor textile sur plus de 4 000 ans. Véritable musée de référence par sa diversité et la qualité des modèles proposés : toutes les matières (soie, laine, coton, viscose...), toutes les techniques de tissage (taffetas, satin, velours, sergé...), toutes les provenances (surtout Asie, Moyen-Orient et Europe) et toutes les époques sont présentées. Une bonne moitié des soieries provient des ateliers lyonnais des XVIIIe, XIXe et XXe siècles, car le musée se situe dans la lignée des musées d'art industriel, nés des expositions universelles. L'autre moitié concerne les textiles du début de notre ère, notamment des étoffes coptes, ainsi que des tissus et vêtements médiévaux. De nombreuses acquisitions proviennent de collectionneurs privés : Côte, Gayet, Guimet, Graf... C'est véritablement au XVIIIe siècle que la soierie lyonnaise prend son envol par rapport aux réalisations espagnoles et italiennes, en créant ses dessins propres et originaux. La ville se démarque alors par ses motifs inventifs. Vers 1730, on intègre même un décor de dentelle aux fils de chaîne et de trame. On utilise alors les techniques les plus modernes, et on ose les couleurs les plus audacieuses. Les soieries prennent du relief au propre comme au figuré. À la fin de ce même siècle, on parvient à intégrer jusqu'à 48 couleurs au tissu. Après la Révolution, le métier de Jacquard change la donne. La fabrication des tissus est simplifiée et la soie se démocratise. C'est toute cette merveilleuse histoire qu'on vous raconte ici.

Les premières salles

Elles présentent de nombreuses tentures réalisées à Lyon : chambre du roi à Versailles, tentures pour Marie-Antoinette, Catherine II de Russie (belle tenture aux paons et aux faisans). Noter la « mise en cartes » en vis-à-vis d'une tenture. Étonnant. La cour d'Espagne continue de remplir les carnets de commandes après la Révolution. Motifs néo-classiques (panneau à motif pompéien). Au début du XIXe siècle, Napoléon commande des kilomètres de tissus pour remeubler les palais nationaux et relancer l'économie lyonnaise. Merci Napo ! La salle 4 présente un ensemble étonnant – à défaut d'être très beau – de portraits en « velours Grégoire », technique singulière qui consiste à peindre les fils avant qu'ils ne soient tissés. Peut-être aurait-il fallu leur signaler que c'était plus pratique de peindre la toile après ! On abandonna la méthode, trop coûteuse.

L'étage

Il abrite une collection de vêtements liturgiques. En effet, dès les années 1830, Lyon ne se cantonne plus à fabriquer des tissus d'ameublement mais se lance dans la mode en habillant le gratin de l'Église. Voir la chasuble angélique brodée d'or qui devait coûter son pesant d'hosties. De là à travailler pour la haute couture, il n'y a qu'un pas, franchi allègrement vers 1870 par Worth (superbes robes). Noter encore en vitrine le livre de prières tissé du XIXe siècle. Seule une vingtaine d'exemplaires fut éditée. On passe au début du XXe siècle, où les soieries lyonnaises travaillent en collaboration avec Sonia Delaunay, Raoul Dufy (le cortège d'Orphée). L'artiste réalisa 4 000 modèles pour la maison Bianchini. C'est ce qu'on appelle un filon. Quelques créations récentes signées Delvaux, Lapidus, Poiret, Calder...

Superbe évocation de la période médiévale avec des *lampas* de Lucques ou cet étonnant ancêtre de la veste, le « pourpoint de Charles de Blois », très rare et très bien entretenu. Le musée possède également une salle de restauration des tissus. Collections de dentelles flamandes et italiennes et curieuse planche d'un gilet avant la découpe.

Voir également les velours italiens enrichis de bouclés d'or. Inspirés par les tissus palermitains des XIIIe et XIVe siècles, les Italiens créeront leur propre style. Les Français suivront à leur tour ces modèles. Il fallut tout de même plus d'un siècle pour que nos compatriotes imposent leurs modèles. L'un de nos plus grands maîtres, le Lyonnais Philippe de Lasalle, sévit sous le règne de Louis XVI. Une salle entière lui est consacrée au rez-de-chaussée.

Les étoffes de l'Égypte copte

En redescendant l'escalier, témoignages époustouflants des **étoffes de l'Égypte copte,** du IIIe au Xe siècle. Coussins funéraires, jambières, grands manteaux trouvés en Basse-Égypte et datant du IVe siècle pour les plus anciens... Tissus byzantins, sassanides (puissante dynastie perse), chinois, japonais d'une extraordinaire délicatesse. Admirer cette soie provenant du suaire de saint Georges ou ce fragment du suaire de saint Austremoine, évêque de Clermont, en samit façonné (VIIIe siècle). Il représente une chasse impériale. Ce tissu avait été offert à l'abbaye de Saint-Calmin de Mozac par Pépin le Bref. Le point d'orgue de la collection reste cette admirable « tenture aux poissons », réaliste, d'une incroyable finesse et utilisant une gamme de couleurs très fraîches. Également superbe manteau d'Iran « aux œillets d'Inde ».

La salle des tapis

On termine par la vaste **salle des tapis,** perses, turcs, polonais et espagnols, noués ou tissés. On peut poursuivre la visite par le musée voisin.

🧍🧍 **Le musée des Arts décoratifs :** mêmes adresse, téléphone et horaires que le précédent, mais fermé entre 12 h et 14 h. On y pénètre par le musée des Tissus. Il occupe la demeure d'hiver des Lacroix-Laval, un hôtel particulier de 1739 réalisé d'après les plans de Germain Soufflot. Sur trois niveaux, plusieurs collections provenant de donations privées, ce qui explique son éclectisme et son côté « coq-à-l'âne ». Énormément de pièces rares et superbes, ainsi que plusieurs reconstitutions de salles entières avec leurs boiseries, leurs couleurs, leurs rideaux... Sans passer en revue toutes les salles, voici les objets, les atmosphères, les œuvres qui nous ont le plus touchés. Une bonne façon de s'initier à l'ameublement et aux goûts de nos ancêtres !

– **Au rez-de-chaussée :** beaucoup de mobilier parisien, essentiellement du XVIIIe siècle, et un peu de mobilier régional présenté dans une ambiance raffinée de petits salons. Les plus grands ébénistes classiques sont évidemment exposés, comme les trois générations de la famille Hache (admirable secrétaire et superbe bureau Louis XV), Œben et Riesener. Chouettes pendules (pendule aux Chinois), à l'heure s'il vous plaît ! Un horloger passe les régler toutes les semaines !

Admirer la reconstitution du salon de Biencourt, exécuté d'après le modèle imaginé par la comtesse. Tapisseries d'Aubusson, de Bruxelles, des Gobelins, et orfèvrerie des siècles passés. Parmi les clous du musée, admirer le clavecin à double clavier de Donzelague de 1716, qu'on utilise encore certains soirs lors de concerts, la pendule en cage à oiseaux (levez les yeux), les faïences de Nevers et d'ailleurs, ainsi qu'une collection de marqueterie de paille.

Autre clou (on va bientôt pouvoir ouvrir une quincaillerie), s'arrêter devant la salle d'orfèvrerie contemporaine internationale, avec d'étonnants exemples de la créativité artistique de la fin du XXe siècle : chandeliers de Dalí, verseuse et service d'Olivier Gagnère, carafe de Sylvain Dubuisson, ingénieux service à thé et café où les éléments s'emboîtent de Zaha Hadid, remarquable travail sur la carafe de Mario Botta... Plus loin, une salle accueille un papier peint panoramique représentant Lyon en 1823. Essayer de repérer les monuments. Très à la mode au XIXe siècle.

– **Dans les étages,** encore des dizaines de chefs-d'œuvre : dans les salles 21, 22 et 23, belle collection de majoliques (faïence italienne) – Urbino, Deruta, Gubbio – des XVe et XVIe siècles, à la surprenante polychromie. Les motifs s'inspirent des mythologies grecque et romaine, ainsi que de représentations bibliques... Encore, et en vrac, de belles tapisseries d'après le

LES MUSÉES

peintre animalier Oudry, qui illustra beaucoup La Fontaine ; un lit à la polo-naise en bois sculpté et doré ; une salle à manger reconstituée et provenant de l'hôtel Régny de Lyon (noter sur la table les verres dans le rafraîchissoir). Voir aussi le cabinet privé d'après Bernard Salomon, minuscule et couvert de panneaux peints illustrant les *Métamorphoses* d'Ovide. Pour finir, la salle 30 présente les plus belles pièces du legs d'une grande collection-neuse, Mme E. Robert (1981), composé de *netsuke* (figurine faisant contre-poids aux objets attachés à la ceinture du costume traditionnel japonais), fla-cons-tabatières, *tsuba* (garde ouvragée du sabre japonais), étuis à pipe... en pierre dure, laque, ivoire, et un étonnant paravent en laque de Coromandel représentant des scènes de chasse (XVIIIᵉ siècle).

🍴 *Le musée de l'Imprimerie* *(centre C4) :* 13, rue de la Poulaillerie, 69002. ☎ 04-78-37-65-98. Fax : 04-78-38-25-95. ● www.bm-lyon.fr/musee/imprimerie.htm ● Ⓜ Cordeliers. Ouvert du mercredi au dimanche de 9 h 30 à 12 h et de 14 h à 18 h. Fermé les lundi, mardi et jours fériés. Entrée : 3,80 € ; réductions ; gratuit pour les moins de 18 ans. Visites guidées à thème d'octo-bre à juin le 1ᵉʳ dimanche de chaque mois à 15 h. Ateliers (calligraphie, litho-graphie, enluminure, etc.) ouverts au public et aux scolaires. Expositions temporaires. Appeler pour infos.

Dans l'hôtel de la Couronne, élégante demeure Renaissance qui servit d'hôtel de ville jusqu'au XVIIᵉ siècle. On y battait même la monnaie, et les échevins y avaient chacun son balcon. Même si vous ne visitez pas le musée, ce qui serait un tort, pénétrez donc pour admirer le porche voûté et la superbe galerie dans la cour (bas-relief du Rhône et de la Saône), rare vestige de cette architecture dans la presqu'île. Ce musée rassemble un grand nombre d'objets et de documents liés à la grande spécialité lyonnaise que fut l'imprimerie. Sur quatre niveaux, on vous raconte la grande aventure du livre, des origines à nos jours, et une partie conséquente est consacrée à son histoire lyonnaise. En effet, Lyon fut à la Renaissance l'un des plus importants centres d'imprimerie d'Europe et contribua de façon majeure à la diffusion de la pensée de l'époque. Chaque thème est résumé sur des pan-neaux didactiques, ce qui permet de ne pas se noyer.

Le 1ᵉʳ étage

Les origines de l'imprimerie et l'imprimerie lyonnaise au XVIᵉ siècle. On passe en revue les premiers supports écrits tels que papyrus, os, bois... ainsi que les différentes écritures (cunéiforme, runique, etc.). Puis, plusieurs incunables (ouvrages imprimés entre 1455 et 1500, aux premiers temps de l'imprimerie), de grande valeur et de toute beauté, illustrés à la main, dont une page de la Bible à 42 lignes datant de 1454, imprimée à Mayence par un certain Johann Gensfleisch, dit Gutenberg. C'est cet ouvrage qui mettra à la retraite les copistes et autres xylographes (écrivains sur bois). Superbe Bible de 1494 avec une carte... du paradis. Déjà on invente la table des matières et le logo (mis au point pour que le colporteur qui ne savait pas lire puisse savoir à qui revient l'argent d'un livre vendu), évocation de la naissance de la mise en page. Puis vient la réduction de la taille du livre, ancêtre du livre de poche, devenue nécessaire puisqu'on commence à lire hors de chez soi (voir les œuvres de Rabelais de 1564). Large évocation de l'humanisme lyonnais du XVIᵉ siècle, période pendant laquelle s'illustrèrent Étienne Dolet, Louise Labé et François Rabelais, qui font imprimer leurs œuvres à Lyon. L'esprit de la Renaissance imprègne les pages de tous les livres qui sortent des presses. Vitrines présentent les travaux des plus grands imprimeurs, comme Sébastien Gryphe, Jean de Tournes, Guillaume Rouillé, qui éditent des merveilles de textes littéraires aussi bien que religieux. Lyon devient la première ville de France pour l'imprimerie, loin devant Paris. En observant attentivement les ouvrages, on s'aperçoit que, dès le début du XVIᵉ siècle, Lyon possède une maîtrise parfaite de la technique d'impression ! Reconstitution de la presse de Gutenberg à deux coups et une curieuse petite presse de cabinet, un original du XVIIIe siècle.

Le 2e étage

On y passe en revue les progrès rendus possibles par l'invention de l'imprimerie. Avec tout d'abord la Réforme puis la Contre-Réforme, qui se jouèrent à coups de livres. Bible de Luther et importance du pamphlet (1517). Voir l'essentiel « Placard contre la messe » de 1534, imprimé à Lyon et que les disciples de Luther placardèrent jusqu'au château du roi à Blois. Ce sera un des éléments déclencheurs des guerres de Religion. Intéressante Bible polyglotte, éditée en latin, grec, hébreu et chaldéen, qui illustre bien les besoins d'ouverture intellectuelle du XVIe siècle. À cette époque, on traduit la Bible pour la faire lire à tous. Et puis, le premier livre imprimé à Lyon, le premier imprimé en français... Fin XVIe-début XVIIe siècle, naissance des gazettes, qui se situent exactement entre le livre et le magazine. Plus proche de nous, voir les premiers journaux du XIXe siècle. L'information n'est pas encore périodique. On imprime pour relater les principaux faits d'armes. Déjà de la propagande. Enfin les premiers périodiques avec la *Gazette de France*. Puis viennent *Le Progrès, La Marionnette, Gnafron...* Tiens, voici les premières notations musicales. Quelques récits de voyages vers la Terre sainte et l'Orient, où l'on présente les mœurs des gens de loin (voir le livre de voyages de Cook). Au XIXe siècle, c'est l'explosion du livre, car la population apprend peu à peu à lire. Évocation de la naissance des bibliothèques publiques et des cabinets de lectures publiques, où on lit les œuvres à la mode (Balzac, Sue, Ponson du Terrail...). En 1848, découverte de la pâte à bois qui fait baisser le prix du livre... Tous ces thèmes sont illustrés par d'exceptionnels documents originaux.

La salle des Bois Gravés

Toujours à cet étage, voir l'inestimable **salle des Bois Gravés** : il s'agit de 600 bois, absolument uniques, sur lesquels sont gravés des dessins ou illustrations, constituant des matrices en vue de l'impression. Cette collection s'étale du XVIe au XVIIIe siècle, gravée dans des blocs de buis, à Lyon, pour la Bible de Barthélemy d'Honorat (1532). On observe ainsi l'évolution au fil du temps des techniques et des supports, mais aussi du style des dessins. Superbes bois de P. Eskrich illustrant les figures de la Bible. Observer la minutie du travail en taille d'épargne, puisqu'il faut évider autour du dessin. Au XVIIe siècle, on assiste à un divorce entre l'illustration et le texte. La première perd du fond, pour se cantonner justement à son rôle d'illustration. Les dessins sont moins raffinés. Intéressants tout de même, ceux de Pierre et Nicolas Le Sueur, du XVIIIe siècle, dont on ne doute pas qu'ils devaient l'être (en sueur) après un tel boulot. Et encore, les motifs floraux de J.-B. Papillon qui relance ce procédé dans la seconde moitié de ce même siècle. Les bois gravés sont ensuite surtout utilisés pour les ouvrages à bas prix (genre calendriers), les bons graveurs travaillant alors plutôt le cuivre. Pour compléter cette collection, voir aussi, au 4e étage, les bois gravés (plus d'une centaine), la plupart de Gustave Doré (1873), pour illustrer *Gargantua* et *Pantagruel* de Rabelais. Doré dessinait, puis il faisait appel à une trentaine de graveurs différents qui interprétaient son dessin en vue de le graver.

Le 3e étage

Toute l'histoire des techniques, de l'estampe à la photogravure en passant par l'eau-forte, expliquée de manière claire. Chaque technique est illustrée d'exemples. Apparition du cylindre de pression, du cylindre de frappe... le creux, le relief. Taille d'épargne, bois de fil, bois de bout (perpendiculaire aux

fibres, ce qui évite de soulever une veine), taille-douce au burin... puis la lithographie, la chromolithographie, la similigravure, l'héliogravure... vous saurez tout sur les progrès rapides des procédés d'impression. Votre œil sagace ne sera pas passé à côté du premier tirage de la face du Christ de Mellan, du XVIIᵉ siècle, réalisée au burin en une seule spirale qui part du bout du nez. C'est comme un vinyle dont le sillon est plus ou moins creusé.
– *Stages à partir de 8 ans :* le musée propose un éventail d'activités très ludiques le mercredi après-midi et pendant les congés scolaires.
– *Stages pour adultes :* toute l'année, ateliers de gravure sur bois et lino, lithographie, calligraphie occidentale et arabe, enluminure, écriture.

🕯 *Le musée des Hospices civils de Lyon – hôtel-Dieu* (centre C-D5) : 1, pl. de l'Hôpital, 69002. ☎ 04-72-41-30-42. Fax : 04-72-41-31-42. Ⓜ Bellecour. ♿ Ouvert du lundi au vendredi de 13 h 30 à 17 h 30 toute l'année, et les 1ᵉʳ et 3ᵉ dimanches du mois, du 1ᵉʳ octobre au 30 juin. Entrée : 3,20 € ; réductions ; demi-tarif sur présentation du *GDR*. Visite guidée possible et parcours à 4 mains pour les enfants.
Ce petit musée est truffé de curiosités dignes de la boîte à trésors de tout bon apprenti sorcier. Créé en 1935, il a été installé dans l'hôtel-Dieu, en ce lieu du XIIᵉ siècle d'ailleurs toujours utilisé comme hôpital, après avoir accueilli pauvres, pèlerins et orphelins (plus de 1 400 lits au XVIIIᵉ siècle). Son emblème (celui de l'hôpital de la Charité, détruit en 1935) : un pélican qui s'ouvre le ventre pour nourrir ses enfants (2ᵉ salle).
Pour souvenir, le tour d'époque où les parents déposaient les enfants qu'ils souhaitaient abandonner. On mettait les petits dans un cylindre creux en bois, dont un côté, convexe, faisait face à la rue (principe du tourniquet), puis on actionnait une cloche afin de prévenir les sœurs. L'un des intérêts majeurs du musée réside également dans la splendide reconstitution de plusieurs salles de l'hôpital de la Charité (remplacé en 1935 par la poste centrale) et de l'hôtel-Dieu. En 1802, Soufflot avait réuni les deux institutions pour créer les Hospices civils de Lyon. Seul le clocher de la chapelle, élevé en 1666, fut conservé.
Admirer les serrureries d'époque (XVIIIᵉ siècle), entièrement recouvertes de panneaux en bois de noyer, de la deuxième salle. Les placards servaient à conserver les archives ainsi que les registres des enfants abandonnés. La salle la plus intéressante est l'apothicairerie, où l'on fabriquait la fameuse thériaque, censée guérir tous les maux dont la peste. Les chineurs seront comblés avec plusieurs centaines de pièces d'origines diverses, du XVIᵉ au XXᵉ siècle : piluliers, pots-canons pour les onguents, chevrettes pour les sirops, albarello ou « pots de Damas », une superbe collection de plats à barbe et un mortier en bronze de 230 kg. Noter aussi la fontaine à tisane en cuivre et les plats d'étain où on laissait fondre quelques pièces pour inciter les manants à l'aumône. Au plafond, un crocodile empaillé proviendrait de la chapelle du Saint-Esprit. Disposé comme ex-voto au XVIIᵉ siècle, il fut transféré dans le dôme Soufflot de l'hôtel-Dieu lorsque la chapelle fut détruite, et devint l'emblème des internes en médecine à Lyon. À présent, outre le fait qu'il amuse les enfants, il regarde les tiroirs à médicaments qui renferment des remèdes aussi étranges que l'Aristol, le Carthan ou l'Imperat.
L'autre intérêt de la visite réside en divers objets présentés par l'hôtel-Dieu, qui retracent quelque peu l'histoire du lieu et de la médecine lyonnaise. Pinces, clystères, scalpels, bistouris, forceps... jusqu'à la chaise à opération du chirurgien Larrey (médecin de Napoléon). Vive l'anesthésie (1842) et, plus récente, la péridurale ! Reprenez votre souffle et admirez le superbe alambic à élixir, les sièges de dentistes et le superbe costume intégral (à bec de corbeau) que les médecins portaient pour éviter les épidémies (la peste, notamment). Plus proche de nous mais pas moins étonnante, une galerie de photos pour illustrer la vie quotidienne de l'hôtel-Dieu, ses chambres à vingt lits ou plus, la visite des patrons avec leur cortège d'internes... Un passé heureusement révolu.

LES MUSÉES

À Fourvière et dans le vieux Lyon

🏃🏃 *Le musée Gallo-romain de Lyon-Fourvière et le parc archéologique de Fourvière* (plan général B4) : 17, rue Cléberg, 69005. ☎ 04-72-38-49-30. Fax : 04-72-38-77-42. 👤 Pas loin de la basilique de Fourvière. Ouvert du mardi au dimanche de 10 h à 17 h (18 h de mars à octobre). Fermé les 1er janvier, 1er mai, 1er novembre et 25 décembre. Bibliothèque spécialisée accessible au public. Parc archéologique ouvert tous les jours de 7 h à 19 h (21 h en été). Entrée gratuite pour le parc ; musée : 3,80 € ; réductions ; gratuit pour les moins de 18 ans et pour tous, le jeudi. Visite guidée à 15 h (1,50 € de supplément) ; rendez-vous à l'entrée du musée. Ateliers et visites thématiques pour adultes et enfants. Renseignements : ☎ 04-72-38-81-91. À voir également, de superbes expositions temporaires. Possibilité de compléter cette visite passionnante par celle du musée et du site archéologique de Saint-Romain-en-Gal (non loin de Vienne), ☎ 04-74-53-74-01. Les deux musées, aux équipes dynamiques et sympathiques, sont étroitement associés.

Inauguré en 1975, ce superbe et intelligent musée, pensé par l'architecte Bernard Zehrfuss (grand prix de Rome en 1939) et dont la structure intégrale de béton armé se marie et se fond (c'est notre avis) superbement et discrètement avec le cadre des vieilles pierres, retrace, en suivant un parcours chronologique et thématique, les premiers siècles de l'histoire lyonnaise. C'est pour cela qu'il faut commencer la visite de la ville par ci. Une rampe hélicoïdale descend en même temps qu'on avance dans le temps, et tout cela est vraiment bien fichu. Dix-sept espaces pour dix-sept thèmes abordés en glissant sur les trois niveaux de collections consacrées à la période gallo-romaine avec une intro sur la préhistoire de la région. Tous les objets sont des originaux et proviennent pour la plupart de fouilles et découvertes faites dans la région Rhône-Alpes.

On attaque, bille en tête, par un superbe sarcophage du IIIe siècle, le « Triomphe de Bacchus », trouvé à Lyon (quartier Saint-Irénée), dans un état remarquable. Décoration étonnante d'animaux, bacchantes et satyres finement ciselés. Dans le *premier espace,* la pièce maîtresse est, sans nul doute, ce char processionnel (745-735 av. J.-C.) avec ses quatre roues en bronze, produits de l'artisanat celtique, trouvés quasiment intacts à La Côte-Saint-André en Isère. Le seau sur le dessus servait au prêtre pour les célébrations. D'après certains chercheurs, il avait pour fonction d'attirer la pluie. Admirer aussi ses roues à six rayons fondues en une seule pièce (technique de la cire perdue). Plus loin, la fondation de Lugdunum, où l'on notera en particulier le buste de marbre de Plancus, fondateur de la ville en 43 av. J.-C. Sa correspondance avec Cicéron l'atteste. Maquette de Lyon au IIe siècle mais manquant de clés de lecture. Noter tout de même les nombreux temples et édifices qui couvraient la cité.

Dans l'*espace 4,* une pièce exceptionnelle : la Table claudienne, un discours gravé sur une plaque de bronze coulée à plat au Ier siècle de notre ère, et rédigé par l'empereur Claude, lyonnais d'origine, par lequel il demande aux sénateurs d'accorder aux Gaulois l'accès à la haute administration romaine et notamment au sénat. Cette faveur fut progressivement accordée. Ce texte en latin, primordial pour la compréhension du fonctionnement de l'État romain, fut retrouvé sur les pentes de la Croix-Rousse par un drapier lyonnais au XVIe siècle.

Espace 5, fragment de sarcophage intéressant où l'on s'aperçoit que les Romains n'inscrivaient jamais les dates de naissance et de mort d'un individu, mais simplement la durée de sa vie.

Évocation ensuite, *espace 9,* des religions romaine, gauloise et orientale. Le calendrier de Coligny en est la pièce maîtresse : étonnant calendrier lunaire et solaire à la fois, trouvé en fragments, comme un puzzle. Il est en langue gauloise, ce qui est particulièrement rare, mais les caractères sont latins. C'est la plus longue inscription connue en langue celtique. On note que les mois avaient 29 ou 30 jours. En s'approchant, on remarque la répétition du mot « Atenoux » qui marque la division du mois en deux. Nombreuses sculptures admirables : en vrac *Les Matres,* le dieu *Sucellus,* de beaux *Neptune, Mars et Jupiter...* Vue plongeante sur une jolie mosaïque des quatre saisons. Plus loin, belle vue sur le théâtre antique à l'extérieur par une baie vitrée, et maquettes du théâtre et de l'odéon expliquant le fonctionnement du rideau qui rentrait dans le sol, au lieu de se lever.

Espace 10 : mosaïque remarquable et passionnante sur les jeux du cirque. Une foule de détails réalistes y est révélée tout en conservant une fraîcheur artistique étonnante. Il s'agit d'une course de chars avec ses boxes de départ (à gauche et à droite), les attelages de différentes couleurs (les Lyonnais pariaient souvent sur les verts)... Remarquer au centre les personnages qui comptent les tours, et puis en haut, à gauche, un type avec un bassin d'eau qui servait à arroser la piste pour limiter les nuages de poussière et pour les soins aux accidentés ; et encore en bas, à droite, un autre muni d'une paire de ciseaux pour séparer le char des chevaux en cas d'accident. Génial !

Les espaces suivants proposent des informations sur l'économie, le commerce (espace 13), les cartes, la vie quotidienne (espace 15)... À voir, le trésor de Lyon-Vaise : argent et or du IIIe siècle.

Encore de superbes mosaïques, dont une étonnante mosaïque aux svastikas de 86 m^2. Elle ornait le seuil d'une belle demeure fouillé en 1911. Signe de bonheur universel rencontré autant dans la vallée de l'Indus que sur la poitrine de tous les bouddhas en Asie, la svastika était aussi connue des Romains. Nouvelle vue sur le théâtre par un second hublot. Vitrine de verrerie (bouteilles, balsamaire...).

Espace 16, évocation du culte des morts avec l'incinération, l'inhumation. Sarcophages, stèles et quatre superbes gros masques funéraires, des Larves, dont l'expression horrifiée, bouche largement ouverte, évoque si bien la crainte de la mort. On termine par l'arrivée du christianisme. Pour les chrétiens, la mort n'est qu'un passage puisqu'elle conduit à l'éternité. Amen. Allez, nous, on remonte par l'ascenseur !

– *Le site gallo-romain :* après la visite du musée, il faut aller se balader sur le site pour admirer le *grand théâtre* et l'odéon romains juste à côté. Le premier, édifié en 15 av. J.-C., était composé de gradins de pierre et 10 000 personnes pouvaient y prendre place. Son diamètre atteignait 108 m. Il s'adosse merveilleusement et naturellement à la colline. Il fut dégagé en 1933. Voilà pour les chiffres ! Il faut imaginer la scène couverte soutenue par trois registres de colonnes (seuls quelques tronçons furent retrouvés), et son rideau de scène s'élevant du sol (rappelez-vous la maquette dans le musée). Les notables prenaient place à l'orchestre. Comme aujourd'hui, plus on était placé haut, moins les places étaient chères. Contrairement à ce qu'on peut penser, on y jouait des farces, pantomimes et autres spectacles légers. À l'époque, le théâtre était assez mal considéré, souvent joué par des esclaves affranchis.

– C'est l'*odéon* voisin, plus intime mais comparable dans sa conception, qui abritait les spectacles comme la musique, les lectures publiques de poésie... Voir l'étonnante marqueterie de marbres polychromes qui dessinent de jolis motifs géométriques et pavent encore l'espace de l'orchestre. Les gradins étaient autrefois recouverts de calcaire. Copieusement restauré, l'odéon conserve son antique mur de soutènement.

– Tout en haut, au-dessus du théâtre, grimper parmi les vestiges et chercher ce qui subsiste de l'*aqueduc du Gier* qui menait l'eau du mont Pilat à Lyon. Il ne reste ici qu'un grand réservoir.

– *Le parc* peut aussi être un lieu pour se relaxer et de pique-niquer tranquillement, histoire de redonner vie à cet espace en attendant les décapantes nuits de Fourvière (voir la rubrique « Fêtes et manifestations »).

❀ À signaler : *Librairie-boutique.*

LES MUSÉES

🎭🎭 *Le musée Gadagne – Histoire de Lyon et marionnettes du monde*
(centre B4) : pl. du Petit-Collège (rue de Gadagne), 69005. ☎ 04-78-42-03-61. Fax : 04-78-42-79-71. ● www.museegadagne.com ● Ⓜ Vieux-Lyon.
Ouvert de 10 h 45 à 18 h. Fermé le mardi et certains jours fériés. Entrée :
3,80 € ; tarif réduit : 2 € ; gratuit pour les moins de 18 ans. Visite guidée à
thème le 1er dimanche de chaque mois, de 15 h à 16 h 30 (6,50 €). Pour les
anciens, pliants disponibles à l'accueil et, pour les mouflets, sac à dos kangourou. Visite et atelier pour malvoyants ainsi qu'activités pour jeune public.
Également des visites thématiques, parcours à thème et conférences.
À la fois *Musée d'histoire de Lyon* et *des marionnettes du monde*. Des travaux sont en cours pour le réaménagement total de cet excellent musée et la
création d'espaces d'accueil, d'expositions temporaires, d'ateliers, d'un
théâtre, d'un café et de jardins.
Avant de pénétrer dans le musée, il faut admirer cette remarquable demeure
Renaissance, une des plus vastes du quartier, élevée au début du XVIe siècle
pour le fils d'un négociant en épices. C'était l'époque où le petit commerce
marchait encore ! Puis elle fut rachetée par la célèbre famille des Gadagne,
banquiers florentins dont l'histoire raconte que leur goût pour la fête était
aussi grand que leur fortune. Bref, des huiles, de gros légumes, des gens
chez qui il faisait bon avoir son rond de serviette. Rabelais évoque leur nom
dans son *Quart Livre*. La maison (à l'origine, deux maisons) fut rachetée au
début du XXe siècle par la ville, qui y ouvrit le Musée historique de la ville de
Lyon en 1921 et le Musée international de la Marionnette en 1950.
En attendant la réouverture totale prévue à la fin de l'année 2005, le musée
Gadagne propose à partir de l'automne 2004 (retard possible, contacter le
☎ 04-78-42-03-61) les salles définitives du *Musée des marionnettes du
monde*. Elles permettront aux visiteurs de découvrir l'histoire et les différents
types de marionnettes à travers le monde.

Cette exceptionnelle collection fait une large place à notre Guignol national
mais témoigne également de la richesse de cet art dans le monde entier. En
fait, tous les pays et toutes les techniques (marionnettes à gaine, à tringle, à
fils, à tige...) ont leur place dans ce musée.
Un des clous de la visite est une impressionnante série de 31 marionnettes
originales à gaine de Guignol, né (doit-on le rappeler ?) aux alentours
de 1808. Les trois premières sont des œuvres taillées dans le bois par Mourguet lui-même. Le trio gagnant est déjà là : Guignol, Madelon et Gnafron.
Pour en savoir plus sur Laurent Mourguet, lire les infos sur sa vie dans la
rubrique « Personnages » des « Généralités » en début de guide. On ne
connaît finalement que peu de choses sur les débuts de Guignol. C'est
grâce à la création de la police des théâtres en 1852 que l'on conserve des
traces des pièces de Mourguet. Les textes devaient en effet être soumis à la
préfecture pour une éventuelle censure en amont de la représentation. Ce
qui n'empêchait nullement notre amuseur de dévier royalement de la trajectoire éditoriale pour se moquer de la maréchaussée plus qu'il n'était
annoncé. De plus, une partie des textes était improvisée en fonction de
l'actualité. Certains d'entre eux sont d'ailleurs présentés en vitrine. En analysant les visages, comme nous, vous vous interrogerez sur le fait que Gnafron et Madelon ont la bouche tordue ! Présentés de profil, les personnages
pouvaient ainsi passer du sourire à la grimace simplement en changeant de
côté. Astucieux, non ? Puis on voit apparaître de nouveaux personnages : le
juge, le Diable... Nombreuses marionnettes dues aux descendants de Mourguet. Gravures originales montrant un théâtre et son public. À noter que
celui-ci était essentiellement composé d'adultes, comme celui des *Guignols
de l'info*. On suit l'évolution de Guignol : il perd un peu son nez de cochon, il
devient plus enfantin, tandis que Gnafron semble boire de plus en plus.
Apparition de Canezou, le propriétaire de l'appart' de notre héros. Encore de
nombreux Guignol (notamment celui de Gaston Baty du théâtre Montparnasse) ; on retrouve notre Guignol à Paris, en livrée rouge et verte
puisqu'il y est valet.

On élargit ensuite le propos avec quelques jolies scènes, des marionnettes à transformations, le théâtre forain Horward (avec Diable, Polichinelle, Arlequin...). Beau Lafleur d'Amiens avec son genou articulé, car si Guignol donne le bâton, Lafleur donne des coups de pied. En vrac, encore un Polichinelle du XVIIIᵉ siècle, de Paris, à la bouche articulée ; l'une des plus anciennes marionnettes anglaises, la *old mother Shipton* (vers 1700), qui possède un trou dans le coin de la bouche pour lui laisser fumer sa pipe tranquille ; des marionnettes à fils ; un castelet du théâtre des Buttes-Chaumont... Et puis des vénitiennes à tringles richement vêtues (une bonne quarantaine), des tchèques (en bois), des africaines, des marionnettes à tiges de Java *(wayang golek)* et des *bunraku* japonais... Également des ombres turques, des *sou-kiang* (ombres chinoises), des *nang luong* (ombres thaïlandaises en peau de buffle), des *wayang-kulit* (ombres javanaises). On vous laisse découvrir le reste.

🎭 *Le musée Renaissance des Automates* (plan général B5) : 100, rue Saint-Georges, 69005. ☎ 04-72-77-75-20 ou 28. Fax : 04-72-77-75-21. ● www.automates-ema.com ● Ⓜ Vieux-Lyon. Ouvert tous les jours de 14 h 30 à 18 h. Entrée : 7 € ; réductions.
Petit musée privé rassemblant 250 automates électro-mécaniques réalisés depuis 1946 par l'atelier de Robert Ema. Comment naît un automate ? Il y en a de tous types : en pâte à papier, plastique, porcelaine... mais aussi des automates bien plus modernes, équipés de micro-moteurs électriques.
Aujourd'hui, huit personnes (mécanicien, costumière, maquilleuse, etc.) y travaillent à plein temps et réalisent environ 20 automates chaque année (compter un mois et demi pour chacun). Récemment agrandi, le musée est à présent doté de 7 salles présentant vingt scènes.
On retrouve le cirque et ses équilibristes, dompteurs, clowns, un hommage à François Rabelais (médecin de l'hôtel-Dieu de Lyon autour de 1530) avec une scène de *Gargantua*. Dans les cuisines, le rôtisseur ressemble étrangement à Paul Bocuse... Hommage également à Laurent Mourguet : Guignol ne pouvait pas ne pas être présent. Depuis septembre 2002, les tisseurs de soie de Lyon du XIXᵉ sont aussi à l'honneur. Parmi les autres scènes : reproduction des *Quatre saisons* de Millet (1814-1875) avec le laboureur, le semeur, l'homme à la houe, les glaneuses, etc. Aussi, *Notre-Dame de Paris,* la Provence, les vendanges traditionnelles dans le Beaujolais, la crèche de la Nativité, un coup d'œil sur l'Asie, un clin d'œil à Dumas et ses *Mousquetaires,* etc. Attention, derrière tous ces personnages animés se cachent parfois des personnalités bien réelles. On ne manquera pas de vous les faire découvrir.

🎭 *Le musée de Fourvière* (centre B4) : 8, pl. de Fourvière, 69005. ☎ 04-78-25-13-01. Fax : 04-72-38-28-35. Ouvert uniquement d'avril à début décembre de 10 h à 12 h 30 et de 14 h à 17 h 30. Entrée : 2,50 € ; réductions. Musée d'art sacré : expositions permanentes et temporaires thématiques (orfèvrerie, vêtements liturgiques, ex-voto...).

Sur la rive gauche

🎭🎭 *Le centre d'Histoire de la Résistance et de la Déportation* (plan général C6) : 14, av. Berthelot, 69007. ☎ 04-78-72-23-11. Fax : 04-72-73-32-98. Ⓜ Jean-Macé ou Perrache. Tramway : Centre-Berthelot. ♿ Ouvert du mercredi au dimanche de 9 h à 17 h 30. Entrée : 3,80 € ; réductions ; gratuit pour les moins de 18 ans.
Visite obligatoire car la mémoire est un devoir. L'ancienne école de médecine militaire fut, pendant les années noires, réquisitionnée par la Gestapo. C'est d'ailleurs ici même que Jean Moulin fut interrogé par Klaus Barbie. Depuis 1992, une partie de ces vastes locaux a été transformée en un remarquable lieu d'exposition. Visite commentée par écouteurs à infra-

LES MUSÉES

rouges (trilingues). Cela permet de partir et revenir à son rythme, sur des thèmes déjà abordés. Visite passionnante, interactive et particulièrement émouvante, même si les concepteurs se sont bien gardés de tomber dans le pathos. Compter environ 2 h pour cette terrible et nécessaire leçon d'histoire.

Si ceux qui ont connu la période retrouvent les témoignages et l'atmosphère de l'époque, les jeunes générations seront directement plongées dans le cauchemar des années de guerre de manière très réaliste et factuelle, grâce à une mise en scène remarquable, soutenue par des témoignages sonores ou vidéo d'excellente qualité. D'ailleurs, le centre organise régulièrement pour les scolaires des rencontres entre jeunes et résistants et/ou déportés qui témoignent de leur expérience et assurent la transmission de la mémoire. On suit un parcours de murs en ruine, d'espaces délabrés, éclairés avec justesse et enrichis de résumés très pédagogiques et d'écrans diffusant des documents uniques. Trois grands thèmes sont abordés : « l'engagement » avec les débuts de la Résistance ; « la Résistance et la Déportation » ; « l'information et la propagande ».

« L'engagement » donne quelques repères chronologiques et évoque les témoignages spontanés, rappelle les motivations des résistants, le refus de la persécution, les pleins pouvoirs donnés à Pétain, le silence du pape, sa bienveillance à l'égard de Vichy... Importante évocation du rôle des femmes et des étrangers dans la Résistance.

La Déportation est évoquée par la reconstitution d'un wagon. Nombreux documents sur la mise en place de la solution finale et toute l'industrie de la mort organisée méthodiquement par le IIIe Reich.

Pour l'information et la propagande, on a reconstitué un intérieur français où des messages surréalistes de la *BBC* provenant de Londres sont diffusés en boucle. Dans « l'espace temps » un enfant raconte « sa » guerre, avec ses mots à lui. Et puis surtout, pour clore, il faut prendre le temps de visionner les extraits du procès Barbie, qu'on conseille de voir plutôt après la visite. C'est actuellement le seul endroit en France où l'on a le droit de le diffuser.

Même si vous avez l'impression de tout savoir sur la barbarie et que vous n'avez aucune envie d'en entendre parler, il faut soutenir ce témoignage brutal et... le montrer aux enfants. C'est aussi épouvantable qu'indispensable. « Ceux qui ne se souviennent pas du passé sont condamnés à le revivre. » Le procès est diffusé à 9 h 30, 10 h 30, 12 h, 14 h 30 et 15 h 30. Durée : 45 mn. On sort de cette nécessaire visite bouleversé.

– Le sous-sol est réservé aux *expositions temporaires,* toujours excellentes et liées à la période de la guerre ou à ses répercussions actuelles.

– À noter qu'on trouve également ici un excellent *centre de documentation* ouvert à tous, au 2e étage. ☎ 04-78-72-23-11. Fax : 04-72-73-32-98. Ouvert du mercredi au samedi de 10 h à 12 h 30 et de 13 h 30 à 17 h. Fermé les jours fériés. Accès à une extraordinaire documentation (plus de 30 000 ouvrages) sur toute la période. Consultation et recherche possibles.

🏃 **Le Musée africain** *(plan général E5) :* 150, cours Gambetta, 69007. ☎ 04-78-61-60-98. Fax : 04-78-61-71-97. ● www.missions-africaines.org ● Ⓜ Garibaldi. Ouvert toute l'année sauf en août, du mercredi au dimanche de 14 h à 18 h. Fermé le 1er janvier, à Pâques et les 1er mai et 25 décembre. Entrée : 4,50 € (3 € sur présentation du *GDR*) ; réductions.

Créé par la Société des missions africaines, ce musée présente des pièces rassemblées depuis la fin du XIXe siècle par des missionnaires exerçant en Afrique de l'Ouest.

Au 1er niveau, reconstitutions de scènes de vie quotidienne (familles, mobilier usuel), une belle collection d'armes de jet et un métier à tisser traditionnel.

Le 2e niveau est consacré aux relations sociales et aux échanges commerciaux. Noter les très beaux poids akans (les Akans sont un peuple de la

Côte-d'Ivoire). Également, une belle collection d'instruments de musique (« tam-tam parleur », cora, balafon, etc.) et quelques figures de soldats ou de fonctionnaires britanniques en laiton ou en bois peint qui ne manquent pas d'humour. À voir : le trône Zinkpo, les sceptres et mises en scène de la chefferie, signes de pouvoir et de féodalité ; des récades du royaume d'Abomey (bâtons utilisés lors de manifestations festives), on passe au sceptre de Porto-Novo offert par le Portugal. Très surprenante vision apocryphe en laiton d'un *Saint Georges terrassant le dragon* dans la collection d'art chrétien. Le 3ᵉ niveau propose une approche du rapport au visible/invisible. Parmi eux, les impressionnants masques we, ethnie du sud-ouest de la Côte-d'Ivoire. Le terrible masque de justice à mâchoire mobile avec sa fraise de griffes de panthère en bois ou le masque du mendiant collectés au début du XXᵉ siècle. Les masques krou (Côte-d'Ivoire), représentés à coups de volumes géométriques, ont été une source d'inspiration constante pour le cubisme. Entre quelques masques yoruba du Bénin, saisissants par la fraîcheur de leur polychromie (objets collectés en 1900 !), on s'attardera une dernière fois devant cette étonnante statuette de chasseur baoulé (Côte-d'Ivoire) à la figure sombre, encagoulée, presque méditative au-dessus d'un vêtement de tissu rêche, croûtée à force de sang séché.

🎭🎭 **Le muséum d'Histoire naturelle** *(ex-musée Guimet ; plan général E2) :* 28, bd des Belges, 69006. ☎ 04-72-69-05-00. Fax : 04-78-94-62-25. ● www.museum-lyon.org ● Ⓜ Foch ou Masséna.
Pour des raisons de sécurité, la grande salle du muséum n'est plus accessible au public. Seules les expositions temporaires, aux thèmes variés, se visitent à l'heure actuelle, de 10 h à 18 h (fermé le lundi).
Signalons que le département du Rhône, gestionnaire des lieux, a en projet pour 2007 la mise en place d'un *pôle Sciences et Sociétés* articulé autour de 3 sites aux missions déterminées :
– *Le Centre de conservation et d'études des collections :* depuis l'automne 2002, il abrite l'ensemble des collections sur les sciences de la terre et de la vie.
– *Le musée des Confluences (ouverture prévue en 2007) :* au confluent du Rhône et de la Saône, développé par l'ensemble des milieux scientifiques, culturels et industriels, il aura pour but de définir une nouvelle approche de la science et de sa place dans la vie de l'homme. Ce futur musée devrait proposer, entre autres, des expositions sur la connaissance de l'autre, les échanges entre l'univers muséal et différents modes d'expression ainsi que des cycles de conférences.
Ce « Cristal Nuage » de 20 000 m², imaginé par les architectes autrichiens de *Coop Himmelblau*, s'inscrira dans le réaménagement annoncé du quartier du confluent au sud de Lyon.
– *Le domaine de Lacroix-Laval :* parc de 115 ha ; jardins et paysages entre ville et campagne à quelques kilomètres de Lyon. Les expositions se déclinent entre culture, connaissance, usage et imaginaire. Certaines se déroulent en extérieur, en lien direct avec la nature (voir plus loin la rubrique « Les musées des environs »).

🎭🎭 **Le musée d'Art contemporain de Lyon** *(plan général E1) :* Cité internationale, 81, quai Charles-de-Gaulle, 69006. ☎ 04-72-69-17-17. Fax : 04-72-69-17-00. ● www.moca-lyon.org ● Ⓜ Foch, puis bus n° 4. ♿ Ouvert du mercredi au dimanche de 12 h à 19 h. Visites individuelles guidées les samedi et dimanche à 16 h. Entrée : 3,80 € ; réductions ; gratuit pour les moins de 18 ans.
Face à l'une des plus belles roseraies d'Europe, celle du parc de la Tête-d'Or, un bâtiment magnifique. Le musée a gardé des années 1930 la superbe façade de l'ancien palais des congrès. Il a pris aux années 1990 la griffe de l'architecte Renzo Piano.

Les espaces intérieurs du musée sont entièrement modifiables, engendrant une muséographie à géométrie variable selon la nature et le volume des œuvres exposées.

En matière d'œuvres, pas d'héritage encombrant. Plutôt exaltant à condition d'avoir du flair et quelques idées, un brin d'humour, autant d'humilité. Travailler à la pointe de l'art permet de récupérer des choses qui ne sont pas encore des œuvres ; d'acquérir aussi à moindre coût. Avec plus de 700 œuvres, le musée possède aujourd'hui une belle collection qui permet de substituer aux pensées reçues bien des idées à faire valoir. Un courant d'expositions et d'ambitions autour d'artistes comme Paik, Laurie Anderson, Baldessari, Sarkis, Boltanski, Broodthaers, Kosuth, Filliou, Spoerri... Le musée organise toutes les éditions de la Biennale d'art contemporain depuis 1991.

🍸 Le **Café du musée** (voir « Où | mercredi au dimanche de 11 h 30 à
manger ? »), côté parc, est ouvert du | 19 h.

🖌 **L'institut d'Art contemporain** (plan général G4) : 11, rue du Docteur-Dolard, 69100 Villeurbanne. ☎ 04-78-03-47-00. ● www.i-art-c.org ● Ⓜ République. Bus n° 1. ♿ Ouvert du mercredi au dimanche de 13 h à 18 h d'octobre à mai et de 13 h à 19 h de juin à septembre ; nocturne le jeudi jusqu'à 20 h. Entrée : 4 € ; réductions. Visites commentées les samedi et dimanche à 15 h.

À cet endroit sont réunis, dans une école désaffectée, le Nouveau Musée et les Fonds régionaux d'Art contemporain. Un peu excentré mais vaut tout de même le détour pour les amateurs. Programme des expositions (une centaine depuis 1978) tout à fait éclectique mais toujours de haut niveau, qui met en avant des artistes majeurs (Boetti, Buren, Graham, Weiner, On Kawara...), des groupes (Aperto, Identité, Coté Sud) ou de jeunes artistes. La collection FRAC Rhône-Alpes est visible partout dans la région, à Nantua, Saint-Donnat, Saint-Paul-Trois-Château...

– Même si elle n'était pas ouverte aux touristes, tous les Lyonnais déplorent l'incendie de la **bibliothèque universitaire de Lyon** (BU) en juin 1999. Dans cette ville d'imprimeurs amoureuse de la chose écrite, la perte de plusieurs milliers d'ouvrages uniques est une catastrophe pour les chercheurs et les thésards du monde entier.

Les musées des environs

🏛🏛 **Le musée Henri-Malartre – musée de l'Automobile :** château de Rochetaillée-sur-Saône, 645, rue du Musée, 69270. ☎ 04-78-22-18-80. Fax : 04-78-22-69-60. ♿ Sur la rive gauche de la Saône, à 11 km au nord de Lyon (route D 433, bus TCL n°s 40 et 70). Ouverture du guichet de 9 h à 17 h (18 h en été). Fermé le lundi (sauf les lundis fériés), à Noël, le Jour de l'An et la dernière semaine de janvier. Entrée : 5,30 € ; réductions ; gratuit pour les moins de 18 ans.

Il était une fois un casseur d'automobiles nommé Henri Malartre. Un beau jour de 1931, on lui apporta une *Rochet-Schneider* de 1898, et le casseur se dit qu'il n'avait pas le cœur à la démonter. Ainsi naquit l'idée de ce formidable musée de l'Automobile. Après la guerre, passée dans le maquis puis en déportation, Henri Malartre continue son œuvre. Il récupère, retape, restaure des véhicules anciens et achète un château du XVe siècle surplombant la Saône, ancienne propriété des comtes de Lyon. En 1960, M. Malartre inaugure son musée, qu'il vendra à la ville de Lyon en 1972. Aujourd'hui, le musée possède 150 voitures construites entre 1890 et 1986, mais aussi des motos, des cycles, des véhicules de transport en commun, des accessoires, etc. Parmi tous les modèles, une vingtaine de pièces uniques au monde.

Les collections sont réparties en deux lieux. Le château lui-même abrite les véhicules les plus anciens. Et quelle surprise d'admirer une *Cottereau* de 1899 avec son toit-parasol, la carrosserie en rotin de la *Hugot* de 1897, ou les roues élastiques Beaujeu de la *Corre* de 1904, exposées dans des pièces parquetées, équipées de cheminées et de plafonds à caissons. Encore dans le château, les cycles, dont un vélo tout en bois, la *Souplette,* et un autre ayant appartenu à Anquetil, ainsi que de magnifiques motos de marques oubliées mais rutilantes de chrome. Dans le parc, un hall, qui aurait besoin de subventions pour boucher ses fuites (avis à la mairie de Lyon), accueille des véhicules plus récents mais non moins rares : *Renault Vivastella* des frères Lumière, *Mercedes* blindée d'Hitler (4 780 kg à vide !), *Hispano-Suiza* du général de Gaulle, *Packard* 1955 d'Édith Piaf, entre autres merveilles plus anonymes de l'âge d'or de l'automobile. Également des voitures de course, dont deux offertes par le mythique Amédée Gordini, des prototypes (celui de la 2 CV) et d'antiques tramways et funiculaires lyonnais. Souvent des expositions tournantes, toujours sur le thème de l'automobile.

Les personnes qui travaillent au musée veillent à l'entretien (notez l'état des selleries) et au bon fonctionnement des véhicules qui, pour beaucoup, quittent le château pour participer à des rallyes ou des rencontres. Que serait une automobile qui ne roulerait pas ? Ce superbe musée, tant par son cadre que par ses collections, ravira les amateurs du genre et étonnera les autres.

🎗 *Le musée Antoine-Brun :* pl. de l'Église, 69280 Sainte-Consorce. ☎ 04-78-87-14-86. À une douzaine de kilomètres au nord-ouest de Lyon. Ouvert le dimanche ; d'avril à octobre, de 15 h à 18 h ; de novembre à mars, de 14 h à 17 h. Fermé à Pâques, en août et à Noël. Entrée : 2 € ; gratuit jusqu'à 12 ans.

Antoine Brun (1822-1900) est un personnage pour le moins singulier. Propriétaire et agriculteur né à Sainte-Consorce, il abandonne assez vite le travail de la terre, faisant occasionnellement le sabotier pour les gens de la région. Taciturne et peu sociable (d'ailleurs, il ne buvait jamais, dit-on, ce qui est bien la preuve qu'il ne tournait pas rond...), il passe son temps à sculpter. Son grand-œuvre ? Rien moins que la reconstitution de Lyon, quartier par quartier, et dans ses moindres détails. Une maquette gigantesque dont, malheureusement, il ne reste presque rien. Mais emporté par son élan, il s'attaque à un projet insensé : lui qui n'avait aucune formation artistique, ne voyageait jamais et avait pour seule documentation les journaux de l'époque et quelques gravures, entreprend de reproduire les 500 plus beaux monuments du monde. Le palais impérial de Saint-Pétersbourg, l'église russe de Jérusalem, la basilique Saint-Pierre de Rome, le palais Mafra au Portugal, l'université de Stockholm, la tour Eiffel ou le Capitole américain, tous réalisés en bois de tilleul patiemment sculpté et gravé.

Il ne reste plus que 150 pièces présentées dans la petite salle du musée, les autres ont disparu, perdues ou détruites. Mais ces chefs-d'œuvre sont un témoignage étonnant d'une vie passée à rêver.

🎗 *Espaces d'exposition de Lacroix-Laval :* 69280 Marcy-L'Étoile. ☎ 04-78-87-87-00. ♿ Ouvert de 10 h à 17 h. Fermé le lundi, ainsi que les 1er janvier, 1er mai, 1er novembre et 25 décembre. Entrée : 3,80 € ; réductions ; gratuit le jeudi pour tous.

En 1723, un monsieur de Lacroix, trésorier de France, achète la belle demeure des seigneurs de Laval, bâtie au XVIe siècle. Ami de Soufflot, l'architecte du Panthéon qui édifiera également à Lyon un hôtel particulier, aujourd'hui *musée des Arts décoratifs,* Lacroix demande à celui-ci de remanier le château. Les travaux sont à peine terminés que les révolutionnaires de 1789 saccagent la somptueuse maison de campagne des Lacroix, devenue Lacroix-Laval. Le château, plusieurs fois modifié, restera tout de même dans la famille jusqu'en 1942. Le domaine passe ensuite de main en main, manque de devenir un campus, jusqu'à ce que le Conseil général du Rhône le rachète, aménage le parc, restaure le château et y installe une précieuse collection de poupées, acquise auprès d'une antiquaire, Denise Sembat, lyonnaise d'origine, qui consacra toute sa vie à sa passion, la poupée.

Au travers d'une muséographie moderne et parfois interactive, outre la beauté intrinsèque des poupées (principalement du XIXe siècle) et de leurs meubles, vaisselle (sublime) et accessoires, des vitrines thématiques étayées par des panneaux pédagogiques trilingues donnent un éclairage original sur les poupées et leur rôle psychologique et social.

Parallèlement, le **domaine de Lacroix-Laval** propose une saison culturelle, « Cultures au vert », qui investit, au rythme des saisons, l'ensemble du parc et les nouveaux espaces d'exposition du château.

|●| **L'Orangerie de Sébastien :** dans une annexe du château de Lacroix-Laval. ☎ 04-78-87-45-95. Fax : 04-78-87-45-96. Fermé les dimanche soir, lundi et mardi. Congés annuels : pendant les vacances scolaires de février et la 1re quinzaine d'août. Grand choix de menus, de 21 à 50 €. Une partie du château abrite un restaurant. Plusieurs salles en enfilade, élégamment restaurées, dont certaines sont parfois réservées pour des réceptions, et une formidable terrasse dans la cour du château. C'est là que vous pourrez boire le thé après la visite (car on en sert) ou dîner aux beaux jours. Cuisine française assez travaillée, avec quelques idées intéressantes. Bon accueil.

🏛 **Le musée Ampère et de l'Électricité :** 69250 Poleymieux-au-Mont-d'Or. ☎ 04-78-91-90-77. Fax : 04-78-89-44-23. De Lyon, prendre la direction de Neuville-sur-Saône. Ouvert de 9 h à 12 h et de 14 h à 18 h. Fermé le mardi. Tarif préférentiel sur présentation du GDR : 3 €. Audiovisuel.

Nous sommes dans la maison de jeunesse d'Ampère. Pour y voir plus clair sur ce Lyonnais qui réalisa de nombreuses expériences sur l'électromagnétisme et dont on peut ici observer les instruments particulièrement variés. Certains peuvent même être utilisés par les visiteurs.

Les marchés

Les marchés de produits frais sont des lieux de haute importance à Lyon. Imaginez ! C'est le point de départ de la cuisine, la trame de toute l'histoire culinaire. Pensez si c'est sérieux.

– **Le marché du quai Saint-Antoine** (centre C4) : 69002. Se prolonge sur le **quai des Célestins.** Tous les matins du mardi au dimanche. C'est ici et pas ailleurs que tous les grands viennent se servir. Ici et pas ailleurs que tous les petits producteurs du Rhône vendent leurs produits. Ici et pas ailleurs qu'il vous faudra venir pour soupeser, ausculter, comparer tous ces légumes, toutes ces cochonnailles, toutes ces volailles, bref, toutes ces victuailles à l'indiscutable fraîcheur qui composent les petits plats lyonnais.

– **Le marché de la Croix-Rousse** (plan général B-C2) : bd de la Croix-Rousse, 69004. Tous les matins du mardi au dimanche. Marché bio le samedi. Plus petit que celui du quai Saint-Antoine, plus populaire, plus vivant également. Il fait partie de l'image du quartier.

– **Le marché du quai Victor-Augagneur** (plan général D4) : en bordure du quartier de la Guillotière, 69003. Également tous les matins du mardi au dimanche. Le troisième marché de Lyon.

– **Les halles de Lyon** (plan général E4) : 102, cours Lafayette, 69003. On en parle dans le texte consacré au quartier de la Part-Dieu. Ouvert du mardi au jeudi de 7 h à 12 h et de 15 h à 19 h, les vendredi et samedi de 7 h à 19 h, et les dimanche et jours fériés de 7 h à 12 h.

– Sur le *boulevard des États-Unis (hors plan général par G6)*, **place du 8-Mai-1945,** grand marché alimentaire les mardi et jeudi, et marché général le samedi.

Les parcs et lieux de détente de Lyon et à proximité

Le parc de la Tête-d'Or *(plan général E1-2) :* 69006. ☎ 04-72-69-47-60. Ⓜ Foch. Bus nos 4, 27, 36, 41, 47. L'ensemble du parc est ouvert de 6 h à 21 h (23 h d'avril à septembre) ; le jardin zoologique, de 8 h ou 9 h à 18 h. Entrée gratuite. Location de barques et de pédalos, vélos multiplaces, piste de mini-kart. Balade autour de l'île, avec visite commentée, en petit train touristique sur rail tracté par une locomotive de 1948, *La Dauphinoise.* Départ du vélodrome. Tarifs : 1,80 € par personne. Parmi les institutions, le *Carrousel* enfantin, deux manèges dont le plus vieux date de 1895 et possède même son site Internet (● www.maneges.com ●). Également un restaurant avec une belle terrasse qui donne sur le lac et plusieurs buvettes. Il y a sept entrées pour pénétrer dans le parc, mais la plus belle est en bas du boulevard des Belges, au bord du Rhône. Beau travail de ferronnerie dans le style XVIIIe siècle.

Mais au fait, pourquoi la *tête d'or* ? C'est la légende qui veut qu'un trésor, une tête de Christ en or, ait été caché dans cet espace. Personne n'a jamais rien trouvé, et ce n'est pas faute d'avoir cherché. Le parc conserva le nom de cet improbable trésor.

Les Lyonnais parlent de leur parc comme du poumon de la ville. L'air que l'on y respire n'est pourtant pas celui de la montagne. Cela n'empêche en rien le parc de la Tête-d'Or d'être le rendez-vous de nombreux citadins, un peu comme les New-Yorkais vont à Central Park, pour faire du sport, se promener, bouquiner, se faire bronzer, ne rien faire ou... faire des rencontres.

Au total, plus de 2 millions de visiteurs franchissent ses grilles chaque année pour explorer sur 105 ha un jardin municipal, un jardin botanique, un zoo, plusieurs roseraies et un impressionnant *monument aux morts.*

Là encore, c'est le duo Tony Garnier-Jean Larrivé (sculpteur), pour la réalisation de ce cénotaphe représentant des ombres portant un cercueil. L'*île aux Cygnes*, où se trouve ce monument, est le pendant de la toile du peintre suisse allemand Arnold Böcklin, *L'Île aux morts.* Ce qui n'était vraisemblablement pas sans courage de la part de l'architecte. N'oublions pas que les morts sont ici les Lyonnais tombés pendant la guerre de 1914-1918. Et que Böcklin, gloire nationale en Allemagne, était le chantre romantique aux accents méditerranéens de l'âme germanique.

Autre curiosité, la *Vacherie du parc* : cette étable était destinée aux enfants nécessiteux du quartier. Cette construction est importante car c'est la première commande exécutée par Tony Garnier pour la ville de Lyon entre 1904 et 1905. Première utilisation du béton et du ciment armé. Belle façade à redans. Une vacherie semblable à une usine. Peut-être une belle métaphore architecturale de la vache à lait.

Ce parc a même un directeur, pour la bonne coordination de ce petit monde, ce qui est unique en France ! Quelques chiffres encore : plus de 8 800 arbres, 750 animaux (sans compter les écureuils, les pigeons et les poissons du lac), 5 000 m^2 de serres (qui flirtent avec les hôtels particuliers de l'avenue Verguin).

Des couleurs, des odeurs, une ambiance différente à chaque saison. La mélancolie de l'hiver et les cygnes qui se perdent sur la neige, les premières fleurs du printemps, l'ombre épaisse et fraîche des arbres en été, puis les couleurs chatoyantes de l'automne. Quatre saisons, quatre parcs.

La visite de la *roseraie,* à l'époque de la floraison, est également un grand moment pour les amateurs. Inaugurée en 1964 par Grace de Monaco, elle s'étend sur plus de 5 ha et compte 60 000 rosiers. On va donc de « Lancôme » à « Dolce Vita » en passant devant « Le Rouge et le Noir ». Et puis on s'arrête un instant auprès de « Maria Callas ». Quand on approche son nez, elle sent bon. Quand on approche l'oreille, chut, n'entendez-vous pas, elle chante... Autant de roses, autant d'hommages.

🏃🏃🏃 *Le jardin botanique et les serres du parc de la Tête-d'Or* (plan général E-F2) : 69006. ☎ 04-72-82-35-00. ● www.jardin-botanique-lyon.com ● Ⓜ Masséna ou Foch. Bus nᵒˢ 41 et 36. ♿ Le jardin botanique en plein air est ouvert de 8 h (7 h 30 de mars à août) à 11 h 30 et de 13 h à 17 h (18 h de mars à août). Jardin alpin : de mars à novembre de 8 h à 11 h 30. Les serres : toute l'année de 9 h à 16 h 45 (sauf la serre de Madagascar, qui ferme entre 11 h 30 et 13 h 30). Entrée gratuite. Visites commentées gratuites les lundi, mercredi et vendredi. Toute l'année, départ à 9 h 30 pour les grandes serres ; de mars à novembre pour le jardin alpin, départ à 14 h.

Le jardin botanique de Lyon a été fondé en 1796 sur les pentes de la Croix-Rousse. Lorsque le parc de la Tête-d'Or fut créé en 1856, le maire de l'époque décida de l'y transférer. Il comprend les serres (petites, grandes et celle des plantes de Madagascar) et le jardin de plein air, une dizaine de collections sur des thèmes différents : arbustes, bambous, pivoines, roseraie, jardin d'hiver, jardin alpin, arboretum, fougeraie, école de botanique, serre des plantes carnivores, etc.

Commencez votre visite par les *grandes serres,* face à la statue du botaniste lyonnais Jussieu. Le pavillon central, une belle poussée de métal de 21 m de haut, date de 1880 et a été classé Monument historique en 1985. Vous êtes au cœur d'un vaste jardin tropical où les cinq continents sont représentés. De milieu tempéré en milieu chaud et humide, 1 250 variétés de plantes, dont 70 plantes utiles, offrent une promenade de tous les sens. N'arrachez pas les feuilles mais respirez-les, votre nez pourra retrouver le parfum du poivre, de la cardamome, du jojoba, du curcuma. Le patchouli vous rappellera le camphre. Saviez-vous que les clous de girofle poussent sur des arbres ? Parmi les espèces les plus rares, découvrez un caméila centenaire, un cycas de plus de 180 ans (quand on apprend que cette plante existait déjà au temps des dinosaures, on la trouve toute jeunette !). À voir aussi, les étranges fruits bleus du peliosanthe, l'acajou, le bambou le plus rapide du monde (jusqu'à un mètre de poussée par jour !). À côté, la serre des camélias, à visiter en début d'année lors de la floraison. Très grande variété. Voir aussi les petites serres chaudes (collection de bégonias, coin des orchidées, hévéas, rhododendrons, philodendrons, etc.). Depuis début 2003, une serre spéciale Madagascar est également ouverte au public : nombreux cactus et agaves, dont l'étonnant agave Victoria Reginae qui produit une fleur enchanteresse. Terminez votre visite par la serre aux plantes carnivores (130 espèces) et demandez au jardinier de vous raconter une de ces fantastiques histoires de plantes programmées pour attraper des insectes (et non vos doigts !). Vous en voulez une ? Parmi toutes les plantes exposées dans cette serre, l'une d'elles bouge comme une véritable mâchoire. Lorsque l'insecte s'y pose, la plante se referme et il est prisonnier. À vous de la trouver !

On peut ensuite se promener au *jardin botanique de plein air.* À l'instar des peintures du musée des Beaux-Arts ou des tapisseries du musée Gadagne, sa création se conjugue avec la volonté d'alors de proposer des modèles de fleurs aux canuts. Cela explique sûrement l'impressionnante variété florale : plus de 300 pivoines différentes (collection de rang national), 120 espèces de rosiers sauvages et 400 autres variétés (et saviez-vous qu'il existait également des droits d'auteur pour les créateurs de roses ?). Toutes ces fleurs sont classées, des familles les plus anciennes (renonculacées/anémones) aux plus évoluées (orchidées).

🎥🎥 *Le Grand Aquarium :* 7, rue Stéphane-Déchant, 69350 La Mulatière. ☎ 04-72-66-65-66. ● www.aquariumlyon.fr ● Accès : bus n° 15 depuis la place Bellecour ; arrêt La Mulatière. Ouvert pendant les vacances scolaires (toutes zones) de 10 h à 17 h (jusqu'à 18 h le week-end) ; le reste de l'année, le week-end uniquement de 10 h à 18 h. Entrée adulte : 11 € ; 7 € jusqu'à 15 ans ; gratuit pour les moins de 4 ans. Tarif étudiant : 9 €. Compter 2 h de visite. Pour les enfants, ateliers éducatifs autour de nombreux thèmes (l'atelier « bord de mer », par exemple), plus spécifiques pendant les vacances scolaires.

Quelques coups de nageoire séparent Lyon des océans. 10 000 poissons, 30 aquariums, de quoi faire tourner la tête des spectateurs, ébaubis par la diversité des espèces venues de toutes les mers de la planète. Une découverte ludique et très pédagogique.

La visite commence par les poissons d'eaux douces, avec notamment une vedette locale, plus connue en quenelles : le brochet, armé de 721 dents ! Puis les écrevisses, souvent cachées sous la nasse de pêche, côtoyant les anguilles et les crabes géants du Japon. Bassin suivant, on se retrouve nez à nez avec un véritable monstre, un silure glane, le plus gros poisson pêché dans le Rhône. À défaut d'être beau, c'est un véritable mastodonte de 2,27 m et de 80 kg !

Mais le clou de la visite, ce sont les 11 requins qui évoluent derrière les vitres du plus grand aquarium (8 m de haut), autour d'une épave reconstituée. Les 3 espèces présentes (requins à pointe noire, en surface, requins à pointe blanche, en profondeur, et le requin nourrice) ne sont pas omnivores. Il n'empêche qu'on ne disputerait pas la place des soigneurs chargés de les bichonner ! Les raies, les petits poissons demoiselles, un poisson ballon bien rigolo et d'autres variétés cohabitent tranquillement.

On découvre ensuite le domaine des poissons d'eaux douces tropicales. Des petits gabarits aux couleurs extraordinaires : poissons-clowns, chirurgiens, poissons-vaches (aux cornes surprenantes), poissons-coffres, anges, papillons, demoiselles rayées... Jetez un œil au tétra aveugle, qui s'est entièrement adapté à son milieu lorsqu'il fut prisonnier des lacs souterrains il y a quelques millions d'années. Mais aussi de voraces piranhas, des poissons scatophages, quelques coraux, une vilaine murène, une rascasse volante aux formes tarabiscotées, un poisson-pierre (ou synacée) dont les mortelles épines dorsales en font le plus dangereux poisson du monde... Également un bassin tactile où les enfants peuvent caresser turbots, raies, roussettes, étoiles de mer... Bref, une fabuleuse plongée les pieds au sec pour découvrir le monde fabuleux de Némo !

🎣 *Le parc de Miribel-Jonage – Les Eaux Bleues :* Ⓜ Laurent-Bonnevay, puis bus n° 83 (le parc est desservi par le bus uniquement de mai à octobre). On y accède en voiture par le périphérique, direction Bourg-en-Bresse et Genève. Le troisième rendez-vous des Lyonnais et banlieusards, avec le parc de la Tête-d'Or et le parc de Bron-Parilly. Au total, 300 ha encadrés par les bras artificiels du Rhône et les canaux de Miribel et Jonage. Routes goudronnées ou chemins de terre pour les cyclistes, un immense îlot de verdure et des plans d'eau. À quelques minutes du centre-ville. On va sur une des plages (il y a aussi une plage naturiste), on se baigne, on bronze et, quand il y a du vent, on fait même de la planche à voile. Un peu partout dans le parc ont fleuri des guinguettes et baraques à frites, car on vient ici pour une heure ou pour la journée. C'est aussi le rendez-vous de toutes les communautés étrangères de Lyon, avec une forte présence d'Asiatiques qui viennent y pique-niquer et jouer. Chouette, on peut donc également manger exotique à certains stands.

🎣 *Les bords de Saône et l'île Barbe :* en remontant tranquillement les bords de Saône, vous découvrirez l'île Barbe soit en faisant une croisière sur la Saône, soit en allant dans le Beaujolais, que vous montiez par la rive

MARCHÉS, PARCS, GUIGNOLS

droite ou par la rive gauche de la Saône. C'est l'occasion d'une petite halte agréable. Pour les plus fortunés d'entre vous, cela peut aussi être une promenade digestive en sortant d'un déjeuner chez *Bocuse* (voir « Où manger dans les environs ? »). Jadis, l'île vivait au rythme d'une abbaye dont seuls quelques communs subsistent. Une centaine de moines vivaient ici. Aujourd'hui, on peut encore voir l'église Notre-Dame, qui date du XIIe siècle. Quelques familles argentées occupent à présent les lieux, ainsi qu'un restaurant gastronomique. Dès la tombée de la nuit, l'île est joliment éclairée, mais autant vous prévenir, si vous désiriez y faire un tour *by night,* les voitures qui y circulent ne sont pas là pour le tourisme. L'endroit est devenu le rendez-vous des couples échangistes. Mais le libertinage n'a-t-il pas souvent fait bon ménage avec les gens de robe ?

– En poursuivant plus au nord, on découvre les guinguettes des bords de Saône, où se déroulent les dimanches lyonnais.

🔫 *Le domaine de Lacroix-Laval :* 69280 Marcy-L'Étoile. À une douzaine de kilomètres au nord-ouest de Lyon, par la N 7, puis direction Charbonnières et route de Saint-Bel (suivre les fléchages). Bus TCL 98, depuis Gorge-de-Loup ou Tassin-la-Demi-Lune. Train direction Charbonnières, au départ des gares Saint-Paul ou Gorge-de-Loup. Parc ouvert de 6 h à 22 h (de 7 h à 20 h l'hiver). Gratuit. À cheval sur plusieurs communes, ce parc gentiment vallonné de 115 ha offre aux familles et aux sportifs l'occasion de grandes balades dans la verdure et plein d'activités estivales. Petit train (☎ 04-72-26-18-13), promenade en calèche ou à dos de poney (☎ 06-81-73-05-15 ; uniquement les mercredis, samedi et dimanche, les jours fériés et pendant les vacances scolaires), parcours de santé, parcours pédagogique, etc. Avec en prime une programmation culturelle : expos, concerts, cinéma, parcours botaniques, etc. (voir ci-dessus la rubrique « Les musées des environs »).

Où voir Guignol ?

– *Le Guignol de Lyon et la compagnie des Zonzons* *(centre C4) :* 2, rue Louis-Carrand, 69005. ☎ 04-78-28-92-57. Ⓜ Saint-Jean, Vieux-Lyon ou Hôtel-de-Ville. Bus n°s 1, 3, 19, 20, 21. Spectacles tout public : 8 € ; 6 € pour les enfants ; spectacles adultes en soirée : 13 € ; réductions sur présentation du *Guide du routard.* Fermé en août pour cause de tournées. Sous la salle Molière. Une équipe de passionnés, totalement dévouée à la cause de Guignol. Ces Zonzons ne se contentent pas de maintenir en vie des marionnettes, ils les intègrent dans la vie culturelle lyonnaise. Plusieurs spectacles tournent, pour l'immense plaisir d'un large public, de 3 à 103 ans et plus. Des décors superbes, de la musique et des couleurs travaillées, un vrai travail de pro. Guignol et Gnafron prennent quelques libertés pour commenter la vie politique de leur cité, comme ils le faisaient déjà bien avant leurs cousins éloignés de la chaîne cryptée. Ils jouent, chantent aussi, du gospel, du reggae, du rap, et, en avril, ils invitent des cousins étrangers lors de la Biennale des marionnettes « Moisson d'avril ! ». À ne manquer sous aucun prétexte. Tout au long de l'année, ateliers de fabrication et de manipulation de marionnettes.

– *Le Guignol du parc* *(plan général E2) :* ☎ 04-78-93-71-75. Entrer par la porte de la Tête-d'Or située en haut du boulevard des Belges ; le théâtre est derrière le parc aux Daims. Représentations les mercredi, samedi, dimanche, jours fériés et vacances scolaires à 15 h, 16 h, 17 h et 18 h. Prix du spectacle : 3 € pour les adultes ; 2,50 € pour les enfants. *Le Déménagement* et *La Rivière de diamants* sont deux des pièces du répertoire classique de Guignol qui ont fait et font rire les enfants depuis des générations. On n'est pas sûr qu'ils comprennent toujours l'argot des gones, que l'accent ne rend pas plus compréhensible, mais les coups de bâton, ils adorent. Tant que les enfants riront, Guignol vivra.

MARCHÉS, PARCS, GUIGNOLS

– **Guignol, un gone de Lyon, compagnie Daniel Streble** (plan général C2) : 65, bd des Canuts, 69004. Salle La Ficelle (1ᵉʳ étage). ☎ 04-72-32-11-55. Ⓜ Hénon. Du guignol traditionnel. Spectacles enfants ou adultes (car il ne faut pas oublier qu'au départ, Guignol s'adresse aux adultes, avec des histoires longues et complexes). Tarifs : 6,50 € (spectacles enfants) et 13 € (spectacles adultes) ; réductions pour les lecteurs du GDR.

– **Théâtre Guignol « Les Bons M'amis » :** troupe itinérante. Infos : ☎ 04-78-29-16-25.

À FAIRE

– **Croisières sur la Saône :** la société Navig'inter (plan général B6), 13 bis, quai Rambaud, 69002 (☎ 04-78-42-96-81 ; fax : 04-78-42-11-09. ● www.na viginter.fr ●) organise tout un tas de promenades en bateau sur la Saône. Croisière d'environ 1 h (île Barbe, Confluent 1 h 15), de jour ou de nuit avec illuminations ; dîner-croisière (à partir de 37 €), prolongé par une soirée dansante le week-end sur demande de groupes ; ou journée entière en bateau jusqu'à Trévoux (au nord) ou Givors et Vienne (au sud) ; à partir de 43 €. Pour ces deux dernières destinations, le passage d'une écluse demeure le moment fort. Attention, certaines promenades n'ont pas lieu l'hiver. Sur présentation du guide, 10 % de remise sur les promenades du service régulier au départ du quai des Célestins.

– **Lyon à rollers :** pour ceux qui aiment rouler en compagnie, l'association Générations Roller organise des randonnées ouvertes à tous, tous les vendredis soir. Boîte vocale : ☎ 06-78-10-99-58 (0,30 €/mn) et 06-71-32-62-23 (Frédéric Sylvestre). ● www.generationsroller.assoc.fr ● Pour les débutants débrouillards, le rendez-vous est donné à 21 h, place Bellecour (sous la queue du cheval), pour une randonnée d'environ une heure et de 10 km en moyenne. Retour, donc, place Bellecour, à 22 h 15 où la relève est prise par les plus sportifs pour une rando de 25 km. Pour ceux qui n'aiment pas les surprises, le parcours, changeant tous les vendredis, est indiqué sur le site Internet de l'association. Les protections (genouillères, coudières et protège-poignets) sont vivement recommandées. Participation gratuite, mais l'adhésion de 15 € par personne est vraiment conseillée car elle a droit à une assurance, à un tee-shirt et à 10 % de remise dans les magasins spécialisés. Et puisqu'on a toujours les meilleurs tuyaux, on vous en filera un : au 21, rue d'Algérie, 69001 (sur la place des Terreaux), le magasin Le Cri du kangourou (☎ 04-72-00-99-10 ; fax : 04-78-29-31-06) vous prête aimablement tout le matériel nécessaire pour la randonnée du vendredi soir, à condition de le rendre le samedi matin avant 11 h. Sinon, vous pouvez le louer ou l'acheter (on peut vous assurer que dans ce magasin de 300 m² vous trouverez tout le matos pour faire du roller).

– **La cité des Antiquaires** (plan général F1-2) : 117, bd de Stalingrad, 69100 Villeurbanne. ☎ 04-72-69-00-00. Ouvert les jeudi, samedi et dimanche de 10 h à 19 h ; du 1ᵉʳ juin au 31 août, fermeture à 13 h le dimanche. Longer le parc de la Tête-d'Or par le boulevard des Belges qui devient l'avenue Verguin ; au bout, tourner à gauche sous le pont de chemin de fer, c'est à 300 m sur la droite. Un vrai centre commercial de l'antiquité, sur deux niveaux, avec atrium et escaliers roulants. Pour les amateurs de meubles, peintures et beaux objets de tous styles. C'est le 2ᵉ passage obligé après la rue Auguste-Comte, qui est dans la presqu'île. L'avantage de la cité, pour les néophytes et les curieux, est qu'elle permet d'aller librement d'un stand à l'autre. On ne pousse pas à chaque fois la porte d'un magasin, donc on se sent plus libre.

– *Les puces du Canal :* 1, rue du Canal, 69100 Villeurbanne. ☎ 04-78-79-15-92. Prendre le périphérique en direction de Genève, puis sortir à Villeurbanne Croix-Luiset. Suivre le fléchage « Puces du Canal » en repassant sous le périphérique, direction Villeurbanne-Saint-Jean. Ouvert les jeudi, samedi et dimanche matin, de 8 h à 13 h. On y va d'abord pour l'ambiance, le folklore. Mais, comme dans tous les marchés aux puces, on fouille, on chine et on fait parfois de bonnes affaires. 400 stands environ, professionnels et particuliers confondus, certains sous abris, les autres en plein air. L'hiver et par temps pluvieux, on patauge dans la gadoue, on se réchauffe en buvant un chocolat chaud ou en mangeant une merguez. Des puces, on repart toujours avec un petit quelque chose, un vieil ours en peluche, un meuble ou une pièce détachée introuvable. Alors, que vous soyez collectionneur ou curieux, n'oubliez pas de marchander.

Fêtes et manifestations

– *Le marché de la Création :* se tient tous les dimanches sur les quais de Saône, de Saint-Jean à Saint-Paul. Le rendez-vous des artistes et des artisans de toute la région Rhône-Alpes, des peintres, des sculpteurs, des potiers, mais aussi des graveurs de prénom sur grain de riz, des calligraphes, etc. Pour dépenser trois sous ou un mois de salaire, on trouve de tout sous les arbres des quais de Saône.

– *Le Salon international de la restauration, de l'hôtellerie et de l'alimentation (SIRHA) :* une année sur deux, fin janvier. Bien sûr, ce salon est le rendez-vous de tous les pros de la restauration et des métiers de bouche, mais avec le temps, de plus en plus de gastronomes s'y rendent. Cette manifestation a été très médiatisée grâce au « Bocuse d'Or », concours de cuisine qui fait s'affronter devant les fourneaux des chefs du monde entier. Vous y croiserez sûrement quelques grands chefs étoilés, de France et d'ailleurs.

– *L'été – Les pentes :* depuis six ans, dans les cours et sur les places de la Croix-Rousse, de nombreux concerts et pièces de théâtre ouverts à tous durant tout l'été. Le programme est disponible à l'office de tourisme.

– *Voyage musical d'hiver à Lyon :* 5 concerts regroupés sur un week-end de janvier et organisés dans la salle Molière ; 18, quai de Bondy, 69005. ☎ 04-78-22-57-56. Rencontres de musique de chambre autour d'un compositeur, avec des artistes de très haut niveau.

– *La foire de Lyon :* tous les ans pendant dix jours fin mars, à Eurexpo, av. Louis-Blériot, 69680 Chassieu. ☎ 04-72-22-33-44. Autoroute direction Chambéry-Grenoble, sortie Eurexpo. Ⓜ Laurent-Bonnevay, puis navette TCL. Une foire absolument immense qui réunit un large public de particuliers et professionnels. Tourisme, bricolage, décoration, sports, multimédia, jardinage, gastronomie, etc. On trouve toujours une bonne raison d'y aller. C'est la vitrine annuelle de milliers d'entreprises, qui y installent leur stand et leurs meilleurs vendeurs. Une journée à la foire prend en général des airs de marathon, mais on peut manger, boire sur place, parfois même gratuitement aux stands qui organisent des dégustations.

– *La journée nationale de la Cuisine :* fin mai, tous les ans. Pour goûter la cuisine des plus grands.

– *Les nuits de Fourvière :* de début juin à mi-septembre. Renseignements et programme à l'office de tourisme, qui propose également des formules à la carte comprenant spectacles, dîner, hébergement, visites et transport. L'amphithéâtre romain de Fourvière s'anime tous les soirs avec une programmation éclectique et de grande qualité. Sous le ciel étoilé, on peut voir évoluer une troupe de danseurs polynésiens, le ballet Béjart, assister à un concert de Terence Trent D'Arby ou à un récital de Montserrat Caballé.

– *La fête Renaissance des Penons et la brocante du vieux Lyon :* deux fêtes traditionnelles qui se déroulent respectivement le 3e week-end de mai et les 2e et 3e dimanches de juin et donnent un cachet particulier au quartier Saint-Jean. Touristes, mais aussi Lyonnais envahissent le secteur piéton, loin du bruit de la circulation. Point d'orgue : reconstitution du mariage d'Henri IV et de Marie de Médicis.

– *Les invites de Villeurbanne :* juste à la sortie est de Lyon. Les invites durent en général trois jours, fin juin. ☎ 04-78-03-67-33 ou 04-78-68-13-20. Décapant. Concerts, spectacles, podium, théâtre en salle ou dans la rue, plusieurs points dans la ville.

– *La Biennale de la danse et d'art contemporain :* en septembre, à tour de rôle, une année sur deux. Renseignements : ☎ 04-72-07-41-41. Lyon prend une place de plus en plus importante au fil des années dans le domaine des arts. Pour commencer le troisième millénaire, les deux biennales ont eu lieu simultanément, réunissant les plus grands de la danse et de l'art contemporain. Événements à ne rater sous aucun prétexte, pour les connaisseurs mais aussi pour ceux qui souhaitent mieux comprendre ou découvrir ces disciplines. Nous encourageons les plus timides et réfractaires à s'y rendre. Sur place, on laisse les préjugés et les idées préconçues au vestiaire et on se laisse surprendre, émouvoir devant un spectacle ou devant une œuvre. En général, on n'en ressort pas indemne, et les a priori en ont pris un sérieux coup.

– *Les Musicales :* en septembre. Renseignements : ☎ 04-72-00-20-98. Festival de musique de chambre.

– *La foire aux Tupiniers :* mi-septembre, dans le quartier Saint-Jean. Le plus important marché européen de poteries, où se réunissent les plus grands artisans. Vous l'aurez compris, on ne vient pas ici acheter sa poubelle de table, mais pour découvrir des artistes doublés de véritables techniciens. Que vous aimiez les poteries vitrifiées, émaillées ou vernissées, vous découvrirez sans doute cette discipline encore mal connue en vous promenant dans les venelles du quartier Saint-Jean.

– *La vogue de la Croix-Rousse :* de fin septembre au 11 novembre. C'est la vogue des marrons et du vin bourru (le vin blanc doux nouveau), qui a lieu toutes les années à l'automne et dure un mois. La fête foraine se déroule sur le boulevard de la Croix-Rousse, qui se parfume pour l'occasion à la barbe à papa et aux marrons chauds. Ne pas manquer de faire un tour sur la grande roue installée au bout du boulevard. D'en haut, la vue est absolument magnifique. Malheureusement, le quartier s'embourgeoise, les riverains ont signé une pétition pour obtenir un couvre-feu. Quel dommage !

– *Les illuminations du 8 décembre :* voir la rubrique « Le plan Lumière » dans le chapitre « Architecture » des « Généralités ». Voir également « La basilique de Fourvière ».

– *Le Festival de musique ancienne du vieux Lyon :* chaque année au mois de décembre. Renseignements : ☎ 04-78-38-09-09, ou 5, pl. du Petit-Collège, 69005 (de 10 h à 12 h et de 14 h à 18 h). Consacré à la musique ancienne, ce festival conjugue musique et patrimoine avec des concerts de virtuoses dans des lieux exceptionnels telle la chapelle baroque de la Trinité.

A FAIRE

NOS NOUVEAUTÉS

AFRIQUE DU SUD (oct. 2004)

Qui aurait dit que ce pays, longtemps mis à l'index des nations civilisées, parviendrait à chasser ses vieux démons et retrouverait les voies de la paix civile et la respectabilité ? Le régime de ségrégation raciale (l'apartheid), en vigueur depuis 1948, a été aboli le 30 juin 1991. En 1994 – c'était il y a 10 ans – les Sud-Africains participaient aux premières élections démocratiques et multiraciales jamais organisées dans leur pays. Après 26 années de détention, le prisonnier politique le plus célèbre du monde, Nelson Mandela, devenait le chef d'État le plus admiré de la planète. La mythique « Nation Arc-en-Ciel » connaissait un véritable état de grâce. Pendant un temps, le destin de l'Afrique du Sud fut entre les mains de trois prix Nobel. Le pays se rangea dans la voie de la réconciliation. Même si ce processus va encore demander du temps, une décennie après, l'Afrique du Sud, devenue une société multiraciale, continue d'étonner le monde.

L'Afrique du Sud n'a jamais été aussi captivante. Voilà un pays exceptionnel baigné par deux océans (Atlantique et Indien), avec d'époustouflants paysages africains.

Des quartiers branchés de Cape Town aux immenses avenues de Johannesburg, des musées de Pretoria à la route des Jardins, du macadam urbain à la brousse tropicale, ce voyage est un périple aventureux où tout est variété, vitalité, énergie ; où rien ne laisse indifférent. Des huttes du Zoulouland aux *lodges* des grands parcs, que de contrastes ! N'oubliez pas les bons vins de ce pays gourmand qui aime aussi la cuisine élaborée. Les plus aventureux exploreront la Namibie, plus vraie que nature, où un incroyable désert de sable se termine dans l'océan. Et ne négligez pas les petits royaumes hors du temps : le Swaziland et le Lesotho.

ISLANDE (mars 2005)

Terre des extrêmes et des contrastes, à la limite du cercle polaire, l'Islande est avant tout l'illustration d'une fabuleuse leçon de géologie. Volcans, glaciers, champs de lave, geysers composent des paysages sauvages qui, selon le temps et l'éclairage, évoquent le début ou la fin du monde. À l'image de son relief et de ses couleurs tranchées et crues, l'Islande ne peut inspirer que des sentiments entiers. Près de 300 000 habitants y vivent, dans de paisibles villages côtiers, fiers d'être ancrés à une île dont la découverte ne peut laisser indifférent. Fiers de descendre des Vikings, en ligne directe. Une destination unique donc (et on pèse nos mots) pour le routard amoureux de nature et de solitude, dans des paysages grandioses dont la mémoire conservera longtemps la trace après le retour.

NOS NOUVEAUTÉS

BORDEAUX (mars 2005)

Ouf ! ça y est... Bordeaux a son tramway. Grande nouvelle pour les voyageurs qui retrouvent la ville débarrassée d'un chantier qui la défigurait, et aussi pour les Bordelais qui peuvent enfin profiter d'un superbe centre piéton. Car Bordeaux est une aristocrate du XVIIIe siècle que la voiture dérangeait. Elle offre au piéton des ruelles que parcourait déjà Montaigne, quand il en était le maire.

Passé la surprise des superbes façades des Chartrons, des allées de Tourny et du Grand Théâtre, vous irez à la recherche du Bordeaux populaire et mélangé. Vous irez faire la fête dans les zones industrielles portuaires réhabilitées, vous irez parler rugby place de la Victoire avec des étudiants à l'accent rugueux qui font de Bordeaux la vraie capitale du Sud-Ouest (pardon, d'Aquitaine).

Bordeaux est une aristocrate qui aime aussi s'encanailler. Elle aime ses aises, sa liberté, et ne cesse de regretter la victoire des Jacobins sur les Girondins.

Et le vin ? Il est partout et pas seulement le bordeaux, car ces gens sont chauvins, certes, mais aussi curieux, et puis ils considèrent, à juste titre, que tout vin du monde est fils de Bordeaux.

POLOGNE ET CAPITALES BALTES (avril 2005)

Depuis leur entrée au sein de la grande famille européenne, les anciens pays de l'Est suscitent beaucoup de curiosité. On connaissait déjà ce grand pays qu'est la Pologne, avec Cracovie, une vraie perle de culture ; Varsovie ; le massif des Tatras ; les rivages de la Baltique où s'échoue l'ambre fossilisé ; et les plaines encore sauvages de Mazurie où broutent les derniers bisons d'Europe. Mais que dire alors des pays que l'on nomme baltes ? Lituanie, Estonie, Lettonie... On les mélange encore un peu mais, très vite, on distingue leurs différences : Vilnius, la baroque au milieu de collines boisées, Tallinn et son lacis de rues dominées par les flèches des églises, Riga, sa forteresse face à la mer et ses édifices Art nouveau. Malgré les 50 ans de présence soviétique, vous serez surpris par la modernité de ces villes et par le dynamisme qui anime leurs habitants.

NOS NOUVEAUTÉS

FLORENCE (mars 2005)

Florence, l'une des plus belles villes d'Italie, symbole éclatant de l'art toscan du Moyen Âge à la Renaissance. Peu d'endroits au monde peuvent se vanter d'une telle concentration de chefs-d'œuvre, s'enorgueillir d'avoir donné autant de génies : Michel-Ange, Botticelli, Dante et tant d'autres... Mais Florence n'est pas seulement une ville-musée, c'est aussi un endroit où les gens vivent et s'amusent.

Perdez-vous dans les ruelles de l'Oltrarno du côté de San Niccolo ou de Santa Croce, des quartiers encore méconnus des touristes mais peut-être plus pour longtemps. Et pour guide d'introduction à la gastronomie locale, ne manquez surtout pas les marchés de San Lorenzo et de Sant'Ambrogio. Faites-y le plein de cochonnailles, de fromages et de légumes. Et si le désir de découvrir les vins de la région vous prend (grand bien vous fasse !), attablez-vous dans une *enoteca* (bar à vin) pour déguster un *montanine*, accompagné d'*antipasti* dont seuls les Italiens du cru ont le secret !

Et quand vient le soir, partez à la découverte de la vie nocturne, de ses rues mystérieuses. Des quartiers endormis se réveillent, s'échauffent... Laissez libre cours à vos envies...

LILLE (mai 2005)

Lille, ville triste, grise, laminée par la crise ? Que de poncifs, que de lieux communs ! Peu de villes ont autant changé en une vingtaine d'années. De son centre médiéval à ses banlieues de brique, Lille a vécu (et vit toujours) une métamorphose formidable, dépoussiérant les façades flamandes de la Grand-Place et du vieux Lille, dressant d'aventureux immeubles au cœur du futuriste quartier d'Euralille. Lille est une ville où l'art est partout, jusque dans les stations de son métro ! Rubens, Dirk Bouts et Goya voisinent au musée des Beaux-Arts, l'opéra donne à nouveau de la voix, les musiques d'aujourd'hui se jouent sur une multitude de scènes, les anciennes courées accueillent de jeunes plasticiens. À Lille, toutes les expressions culturelles sont vécues au quotidien. Et aux comptoirs de bars en quantité – du plus popu au plus branché – comme au marché du quartier multiethnique de Wazemmes, on constate que convivialité n'est pas ici un mot vide de sens.

**Cour pénale internationale :
face aux dictateurs
et aux tortionnaires,
la meilleure force de frappe,
c'est le droit.**

L'impunité, espèce en voie d'arrestation.

Fédération Internationale
des ligues des Droits de l'Homme.

www.fidh.org

TBWA\CORPORATE\NON PROFIT - © C. Sherburne/Photolink/Photodisc

m'man, p'pa, 'faut pô laisser faire !

HANDICAP INTERNATIONAL

titeuf "totem" de nos 20 ans

Pour découvrir l'engagement de Titeuf
et nous aider à continuer :

www.handicap-international.org

La Chaîne de l'Espoir

Ensemble, sauvons des enfants

Depuis 1988,
La Chaîne de l'Espoir s'est donnée pour mission d'opérer en France ou dans leur pays d'origine des enfants gravement malades des pays en développement en attente d'un acte chirurgical vital.

Parce qu'il n'y a pas d'avenir sans enfance

6000 enfants opérés depuis 1988

Vous pouvez envoyer vos dons à :
La Chaîne de l'Espoir
96, rue Didot - 75014 Paris
Tél. : 01 44 12 66 66 - Fax : 01 44 12 66 67
www.chaine-espoir.asso.fr

Association de bienfaisance assimilée fiscalement à une association reconnue d'utilité publique

routard
ASSISTANCE
L'ASSURANCE VOYAGE
INTEGRALE A L'ETRANGER

VOTRE ASSISTANCE « MONDE ENTIER » LA PLUS ETENDUE

RAPATRIEMENT MEDICAL **ILLIMITÉ**
(au besoin par avion sanitaire)
VOS DEPENSES : MEDECINE, CHIRURGIE, (env. 1.960.000 FF) **300.000 €**
HOPITAL, GARANTIES A 100% SANS FRANCHISE
HOSPITALISE ! RIEN A PAYER… (ou entièrement remboursé)
BILLET GRATUIT DE RETOUR DANS VOTRE PAYS : **BILLET GRATUIT**
En cas de décès (ou état de santé alarmant) **(de retour)**
d'un proche parent, père, mère, conjoint, enfant(s)
*BILLET DE VISITE POUR UNE PERSONNE DE VOTRE CHOIX **BILLET GRATUIT**
si vous êtes hospitalisé plus de 5 jours **(aller - retour)**

Rapatriement du corps – Frais réels **Sans limitation**

RESPONSABILITE CIVILE «VIE PRIVEE» A L'ETRANGER

Dommages CORPORELS (garantie à 100%) .... (env. 6.560.000 FF) **1.000.000 €**
Dommages MATERIELS (garantie à 100%) .... (env. 2.900.000 FF) **450.000 €**
(dommages causés aux tiers) (AUCUNE FRANCHISE)
EXCLUSION RESPONSABILITE CIVILE AUTO : ne sont pas assurés les dommages
causés ou subis par votre véhicule à moteur : ils doivent être couverts par un contrat
spécial : ASSURANCE AUTO OU MOTO.
ASSISTANCE JURIDIQUE (Accident) .... (env. 1.960.000 FF) **300.000 €**
CAUTION PENALE ....(env. 49.000 FF) **7500 €**
AVANCE DE FONDS en cas de perte ou de vol d'argent (env. 4.900 €) **750 €**

VOTRE ASSURANCE PERSONNELLE «ACCIDENTS» A L'ETRANGER

Infirmité totale et définitive (env. 490.000 FF) **75.000 €**
Infirmité partielle – (SANS FRANCHISE) **de 150 €** à **74.000 €**
(env. 900 FF à 485.000 FF)
Préjudice moral : dommage esthétique (env. 98.000 FF) **15.000 €**
Capital DECES (env. 19.000 FF) **3.000 €**

VOS BAGAGES ET BIENS PERSONNELS A L'ETRANGER

Vêtements, objets personnels pendant toute la durée de votre voyage à l'étranger :
vols, perte, accidents, incendie, (env. 6.500 FF) **1.000 €**
Dont APPAREILS PHOTO et objets de valeurs (env. 1.900 FF) **300 €**

À PARTIR DE 4 PERSONNES
TARIFS
"Spécial Famille"
Nous consulter Tél : 3260 AVI (0,15€ / minute)

INDEX GÉNÉRAL

••

- A -

- B -

- C -

– D-E –

– F-G –

– H-I –

– J –

– L –

– M –

– N-O –

– P-Q –

– R –

– S –

– T –

– V –

OÙ TROUVER LES CARTES ET LES PLANS?

les **Routards** parlent aux **Routards**

Faites-nous part de vos expériences, de vos découvertes, de vos tuyaux.
Indiquez-nous les renseignements périmés. Aidez-nous à remettre l'ouvrage à jour.
Faites profiter les autres de vos adresses nouvelles, combines géniales... On adresse
un exemplaire gratuit de la prochaine édition à ceux qui nous envoient les lettres les
meilleures, pour la qualité et la pertinence des informations. Quelques conseils cependant :
– Envoyez-nous votre courrier le plus tôt possible afin que l'on puisse insérer vos
tuyaux sur la prochaine édition.
– N'oubliez pas de préciser l'ouvrage que vous désirez recevoir.
– Vérifiez que vos remarques concernent l'édition en cours et notez les pages du guide
concernées par vos observations.
– Quand vous indiquez des hôtels ou des restaurants, pensez à signaler leur adresse précise et, pour les grandes villes, les moyens de transport pour y aller. Si vous le pouvez, joignez la carte de visite de l'hôtel ou du resto décrit.
– N'écrivez si possible que d'un côté de la lettre (et non recto verso).
– Bien sûr, on s'arrache moins les yeux sur les lettres dactylographiées ou correctement écrites !

Le Guide du routard : 5, rue de l'Arrivée, 92190 Meudon

E-mail : guide@routard.com
Internet : www.routard.com

Les **Trophées** *du* **Routard**

Parce que le *Guide du routard* défend certaines valeurs : Droits de l'homme, solidarité, respect des autres, des cultures et de l'environnement, les Trophées du Routard soutiennent des actions à but humanitaire, en France ou à l'étranger, montées et réalisées par des équipes de 2 personnes de 18 à 30 ans.
Pour les premiers Trophées du Routard 2004, 6 équipes sont parties, chacune avec une bourse et 2 billets d'avion en poche, pour donner de leur temps et de leur savoir-faire aux 4 coins du monde. Certains vont équiper une école du Ladakh de systèmes solaires, développer un réseau d'exportation pour la soie cambodgienne, construire une maternelle dans un village arménien ; d'autres vont convoyer et installer des ordinateurs dans un hôpital d'Oulan-Bator, installer un moulin à mil pour soulager les femmes d'un village sénégalais ou encore mettre en place une pompe à eau manuelle au Burkina Faso.
Ces projets ont pu être menés à bien grâce à l'implication de nos partenaires : le Crédit Coopératif (● www.credit-cooperatif.coop ●), la Nef (● www.lanef.com ●), l'UNAT (● www.unat.asso.fr ●) et l'Agence Nationale pour les Chèques-Vacances (● www.ancv.com ●).
Vous voulez aussi monter un projet solidaire en 2005 ? Téléchargez votre dossier de participation sur ● www.routard.com ● ou demandez-le par courrier à Hachette Tourisme - Les Trophées du Routard 2005, 43, quai de Grenelle, 75015 Paris, **à partir du 15 octobre 2004**.

Routard Assistance *2005*

Routard Assistance, c'est l'Assurance Voyage Intégrale sans franchise que nous avons négociée avec les meilleures compagnies, Assistance complète avec rapatriement médical illimité. Dépenses de santé, frais d'hôpital, pris en charge directement sans franchise jusqu'à 300 000 € + caution + défense pénale + responsabilité civile + tous risques bagages et photos. Assurance personnelle accidents : 75 000 €. Très complet ! Le tarif à la semaine vous donne une grande souplesse. Tableau des garanties et bulletin d'inscription à la fin de chaque *Guide du routard* étranger. Si votre départ est très proche, vous pouvez vous assurer par fax : 01-42-80-41-57, en indiquant le numéro de votre carte bancaire. Pour en savoir plus : ☎ 01-44-63-51-00 ; ou, encore mieux, sur notre site : ● www.routard.com ●

Photocomposé par Euronumérique
Imprimé en France par Aubin n° L 67368
Dépôt légal n° 48637-9/2004
Collection n° 13 - Édition n° 01
24/0141/2
I.S.B.N. 2.01.24.0141-4